国家高端智库
NATIONAL HIGH-END THINK TANK

上海社会科学院重要学术成果丛书·专著

中国期货市场百年发展史

历程、作用与展望

A Century of Development History of China's Futures Market

Course, Role and Outlook

施楠 /著

上海人民出版社

本书出版受到上海社会科学院重要学术成果出版资助项目的资助

编审委员会

主　编　权　衡　干春晖

副主编　姚建龙　吴雪明　刘　芸

委　员（按姓氏笔画顺序）

王　健　叶　斌　刘　炜　汤蕴懿　杜文俊

李宏利　李　骏　李　健　佘　凌　沈开艳

沈桂龙　张树平　张雪魁　周冯琦　周海旺

赵蓓文　姜佑福　袁筱一　黄凯锋

总　序

当今时代,百年变局与大国崛起交织演进,为中国带来新的机遇、挑战与思考。全球科技创新与产业变革以前所未有的速度、强度和深度重塑国际格局,国内新能源、人工智能等产业迅猛发展,深刻更新着国人的思想观念与知识体系。与此同时,全球粮食安全、环境污染、地区冲突等挑战频发,威胁国际安全,中国的发展与世界的稳定前所未有地深度交织,凸显构建人类命运共同体的紧迫性。当前中国,正经历华夏历史上最为广泛而深刻的发展变革,投身人类历史上最为深远宏大的实践创新。这一伟大变革时代,也必然是哲学社会科学深刻变革与创新发展的时代。习近平总书记深刻指出,要"以中国式现代化全面推进强国建设、民族复兴伟业","加快构建中国哲学社会科学自主知识体系",这为全国哲学社会科学的发展指明了科学路径与前进方向。

上海社会科学院作为首批国家高端智库建设试点单位,始终坚持以习近平新时代中国特色社会主义思想为指导,聚焦以中国式现代化全面推进强国建设、民族复兴的重大实践问题开展深度研究,注重以党的创新理论为旗帜引领学术研究和学科建设,将习近平新时代中国特色社会主义思想中重大概念、原创性思想观点、原理性理论成果作为核心元素纳入研究体系,突出"两个结合",深入推进学科发展与智库建设相融合。值"十五五"规划开启之际,上海社会科学院持续实施重要学术成果出版资助计划,推出"上海社会科学院重要学术成果丛书",旨在提升科研水平、扩大学术影响、促进成果转化，更好地服务社会、贡献国家。

该丛书涉及哲学社会科学经典学科、新兴学科及"冷门绝学"，包括学术专著、译著、研究报告以及论文集等多种形式，既包含学术理论的深化探索，也涵盖应用实践的开拓创新；既有对世界大势的前瞻研判，也有对中国发展路径的深刻洞察；既注重优秀历史文化脉络的系统阐释，也聚焦新时代伟大变革的深度解析。作者群体中既有经验丰富的资深学者，也有崭露头角的青年才俊，更有成果丰硕的科研骨干。丛书力求从一个侧面展现上海社科院的学术追求与智库水准，持续推进知识、理论、方法创新，致力于出成果、出思想、出影响。

学无止境，术无终极。上海社科院要成为哲学社会科学创新的重要基地和具有国内外重要影响力的高端智库，必须深学笃行习近平总书记关于哲学社会科学的重要论述，牢牢把握正确的政治方向、价值取向和学术导向，聚焦我国经济社会发展中的重大理论和实践问题，为推进中国式现代化、全面建设社会主义现代化国家、加快建成具有世界影响力的社会主义现代化国际大都市提供更高水平的学术支撑与智力支持。我们的使命光荣、责任重大，未来必须踔厉奋发、笃行不息。

上海社会科学院常务副院长、国家高端智库首席专家

目　录

下篇　新时代中国期货市场发展展望

上篇

中国期货市场
百年发展历史

第一章
绪　论

在全球政治经济格局深度调整与中国经济转型的关键时期,期货市场作为现代金融体系的重要组成部分,其发展态势备受关注。国际上,地缘冲突、贸易摩擦频发,国际期货市场格局加速演变,定价权争夺愈发激烈,监管协同与市场开放成为新趋势;在国内,实体经济转型、金融市场改革深入推进,"双碳""一带一路"等国家战略与倡议实施,对期货市场功能发挥提出更高要求。在此背景下,系统研究中国期货市场发展具有重要意义。本书立足国际国内双重背景,梳理中国期货市场百年历程,分析其在经济转型中的作用,探索未来发展路径,以期为理论创新和实践发展提供参考。

第一节　研究背景

一、国际背景

(一) 全球政治经济动荡风险传导加剧

21 世纪以来,国际政治经济格局进入深度调整期,地缘冲突与贸易摩擦成为影响期货市场的核心变量。2018 年开启的中美贸易摩擦不仅导致双边关税壁垒高筑，更引发全球产业链重构，大豆、原油等大宗商品供应链稳定性受到冲击。中美贸易冲突覆盖各类大宗商品，其中农产品期货首当其冲，芝加哥商品交易所（CME）的大豆期货波动率在 2019 年一度突破40％，创 2008 年金融危机以来新高。这种政策驱动的市场波动通过期货市场的价格发现功能快速传导，中国大豆进口企业通过大连商品交易所的豆粕期货进行套期保值，2019 年相关合约成交量同比增长 27％，凸显期货市场在对冲贸易政策风险中的关键作用。

俄乌冲突的爆发进一步重塑全球能源与农产品期货市场格局。作为全球第三大玉米出口国和最大葵花籽油供应国，乌克兰的出口中断导致芝加哥期货交易所（CBOT）玉米期货价格在 2022 年 3 月单日涨幅达 7.2％，创十年最大涨幅。与此同时，布伦特原油期货价格突破 130 美元/桶，推动上海国际能源交易中心的原油期货主力合约持仓量突破 50 万手，中国期货市场首次在国际能源价格形成中发挥显著影响。这种地缘冲突引发的供应链风险，促使中国企业加速利用境内外期货市场进行跨市场风险管理，2022 年中国企业参与境外期货套保的资金规模同比增长 43％。

（二）国际期货市场格局演变与定价权争夺

国际期货市场经历了从商品期货主导到金融期货引领的结构性转变。20 世纪 70 年代以前，农产品和工业原料期货占据全球交易量的 80％以上，但随着布雷顿森林体系崩溃和金融自由化浪潮，芝加哥商品交易所于 1972年推出外汇期货，开启了金融期货发展序幕。截至 2023 年，全球金融期货交易量占比已达 71％，其中利率期货和股指期货分别占 39％和 32％，而商品期货仅占 29％。这种格局演变对中国期货市场提出双重挑战：一方面需要加速金融期货产品创新，另一方面需要在传统商品期货领域争夺定价话语权。

美元主导的国际定价体系面临多元化挑战,非美元期货市场崛起成为重要趋势。1983 年纽约商业交易所(NYMEX)WTI 原油期货以美元计价,确立了"石油美元"体系的核心地位。但 2018 年上海国际能源交易中心推出人民币计价的原油期货后,其成交量迅速跻身全球前三,2023 年日均成交量达 120 万手,人民币结算比例超过 40%。这种计价货币多元化趋势不仅削弱了美元定价的垄断地位,更为中国争取大宗商品定价权提供了制度载体。印度大宗商品交易所(MCX)黄金期货、日本东京工业品交易所(TO-COM)橡胶期货等非美元期货市场的发展,共同构成对传统定价体系的挑战,推动全球期货市场形成多中心定价格局。

（三）国际金融监管协同与市场开放趋势

2008 年金融危机后,国际期货市场监管体系发生深刻变革,《巴塞尔协议Ⅲ》和国际证监会组织(IOSCO)的《衍生品监管指引》推动全球监管协同。美国《多德—弗兰克法案》要求场外衍生品集中清算,欧盟《金融工具市场指令Ⅱ》(MiFIDⅡ)强化投资者适当性管理,这些监管变革倒逼中国期货市场加速规则对接。2019 年中国期货市场监控中心加入国际清算银行(BIS)的全球中央对手方协会(CCP12),标志着中国期货市场监管标准与国际体系的深度融合。

主要经济体期货市场开放呈现差异化路径,为中国提供了经验借鉴。美国通过《多德—弗兰克法案》限制银行参与商品期货自营交易,推动市场专业化;英国脱欧后加速建设伦敦国际金融期货期权交易所(LIFFE),强化欧洲市场枢纽地位;新加坡交易所(SGX)通过与芝加哥商品交易所合作推出跨境原油期货合约,实现亚洲市场与欧美市场的时区衔接。这些国际经验表明,期货市场开放需要与本土产业需求、金融市场发展阶段相匹配,中国在 2021 年推出的 QFII/RQFII 参与金融期货交易制度,正是这种适应性开放的体现。

二、国内背景:经济转型攻坚与期货市场重塑

(一) 实体经济转型与风险管理需求升级

中国经济从高速增长转向高质量发展阶段,产业结构升级对期货市场提出了更高要求。2012—2022 年,中国制造业增加值占国内生产总值(GDP)的比重从 32.2% 下降至 27.7%,而高技术制造业增加值占比从 9.4% 提升至 15.6%。这种产业结构变迁带来风险管理需求的结构性变化。传统制造业对钢铁、煤炭期货的套保需求逐步稳定,而新能源产业对锂、钴等稀有金属期货的需求爆发式增长。2022 年碳酸锂期货上市首年成交量即突破 1.2 亿手,成为服务新能源产业的关键风险管理工具。

农业现代化进程中的价格风险对冲需求尤为迫切。中国粮食产量连续 8 年稳定在 6.5 亿吨以上,但小农户占比仍达 98%,面临"价贱伤农"与"价高伤民"的双重挑战。2016 年起试点的"保险＋期货"模式至 2023 年已覆盖 28 个省份,保障农户超 120 万户,涉及玉米、棉花等 18 个品种,累计赔付金额达 87 亿元。这种创新模式将期货市场价格发现功能与保险产品风险转移功能结合,成为金融服务乡村振兴的重要抓手,也凸显了期货市场在农业风险管理中的不可替代性。

(二) 金融市场改革与期货市场定位提升

中国金融体系从间接融资主导转向直接融资与间接融资协调发展,期货市场作为风险管理枢纽的地位日益凸显。社会融资规模中直接融资占比从 15.9% 提升至 23.8%,股票和债券市场规模分别增长 2.3 倍和 3.1 倍。与此相配套,期货市场成交量从 14.5 亿手增长至 75.1 亿手,成交额从 171 万亿元增长至 581 万亿元,年均复合增长率分别达 18.3% 和 13.7%。这种规

模扩张背后是金融市场对风险对冲工具的刚性需求,2022年沪深300股指期货的套保效率达89％,有效降低了股票市场系统性风险。

利率与汇率市场化改革推动金融期货创新加速发展。2013年贷款基础利率(LPR)改革启动,2015年人民币汇率形成机制完善,市场利率和汇率波动性显著增加。对此,中国金融期货交易所先后推出5年期、10年期和2年期国债期货,2023年国债期货成交量达2.8亿手,成为商业银行利率风险管理的核心工具。外汇期货的筹备工作也在加速,2022年中国外汇交易中心推出人民币对美元期权交易,日均成交量突破50亿美元,为外汇期货上市奠定了市场基础。

（三）制度建设突破与市场生态完善

《期货和衍生品法》的出台标志着中国期货市场法治建设迈入里程碑。该法于2022年8月1日实施,首次在法律层面明确期货交易的定义,将衍生品交易纳入统一监管框架,确立中央对手方(CCP)制度和交易者适当性管理要求。法律实施后,期货市场投资者保护基金规模从2021年的110亿元增长至2023年的165亿元,期货公司客户权益保障能力显著增强。同时,该法为期货市场国际化预留制度空间,允许符合条件的境外机构在境内从事特定品种期货交易,2023年境外投资者在原油期货中的持仓占比已达12％。

期货市场监管体系从分散管理转向集中统一。2017年建立的“五位一体”监管体系(证监会、派出机构、交易所、监控中心、期货业协会)实现监管资源整合,2023年证监会期货监管二部的设立进一步强化了机构监管与市场监管的协同。这种监管优化带来市场运行质量提升,2022年期货市场异常交易处理效率同比提高35％,客户保证金安全存管率保持100％。同时,分类监管制度推动期货公司差异化发展,2023年AA类期货公司数量从

2012 年的 16 家增至 25 家,行业集中度 CR10 从 32%提升至 41%。

(四)国家战略实施与期货市场使命

"双碳"目标下绿色期货创新成为新增长点。中国承诺 2030 年前实现碳达峰,2060 年前实现碳中和,推动能源结构加速转型。2021 年广州期货交易所成立,聚焦绿色发展主题,2023 年推出的碳排放权期货模拟交易累计成交量达 560 万吨,为全国碳市场提供价格发现参考。同时,上海期货交易所的低硫燃料油期货、大连商品交易所的棕榈油期货等绿色相关品种成交量年均增长超 20%,期货市场在引导资源向低碳领域配置中的作用逐步显现。

"一带一路"倡议下期货市场国际化步伐加快。中国与沿线国家的货物贸易额从 2013 年的 1.04 万亿美元增长至 2022 年的 2.07 万亿美元,催生了大量跨境风险管理需求。2018 年推出的原油期货引入境外交易者,2023 年其交割仓库已延伸至新加坡、富查伊拉等国际枢纽港口,人民币计价的原油期货价格已成为中东原油现货贸易的重要参考。同时,郑州商品交易所的 PTA 期货、大连商品交易所的铁矿石期货等品种也逐步实现国际化,2023 年境外客户在 PTA 期货中的持仓占比达 8%,服务"一带一路"沿线纺织产业链企业超 2 000 家。

三、研究价值与现实意义

(一)理论创新维度

现有期货市场理论研究存在三大缺口:一是对发展中国家期货市场演进规律的系统性研究不足,现有理论多基于欧美市场经验;二是对社会主义市场经济条件下期货市场功能发挥机制的探索不够,缺乏中国特色的理论框架;三是对期货市场与国家战略协同发展的研究不深,难以指导实践创新。本书通过梳理中国期货市场百年发展历程,结合"双碳""一带一路"等国家战略实施,有望在期货市场制度变迁理论、发展中大国定价权培育路径、社会主义期货市场功能理论等方面实现突破。

（二）实践指导维度

当前中国期货市场发展面临五大现实挑战:定价权缺失导致大宗商品贸易"高价进口、低价出口"现象仍然存在,2022 年中国铁矿石进口价格比国际市场均价高 11%;金融期货品种体系不完善,利率期货、外汇期货覆盖不足;期货市场国际化水平有待提升,境外投资者持仓占比不足 5%;市场参与者结构失衡,机构投资者占比仅 23%;期货市场服务实体经济的深度不够,中小企业套保参与率不足 15%。本书通过历史经验总结和国际比较分析,将为这些实践难题提供解决方案,助力期货市场更好地服务高质量发展。

（三）历史与战略维度

站在百年未有之大变局的历史节点,中国期货市场发展具有双重战略意义:从金融安全视角看,健全的期货市场是维护国家经济安全的重要屏障,可避免"卡脖子"领域的价格操控风险;从国际竞争视角看,强大的期货市场是提升中国在全球资源配置能力的关键支撑,助力人民币国际化进程。本书通过系统梳理中国期货市场从晚清萌芽到新时代腾飞的历史脉络,揭示市场发展与国家命运的内在联系,为构建中国特色期货市场理论体系和实践路径提供历史镜鉴。

综上所述,中国期货市场发展的国际国内背景已发生深刻变化,既有全球经济秩序重构带来的挑战,也有国内经济转型催生的机遇。在此背景下,深入研究中国期货市场的历史演进、功能发挥与未来路径,不仅具有重要的理论创新价值,更能为服务实体经济、维护金融安全、提升国际竞争力提供实践指导，这正是本书研究的核心价值所在。

第二节　中国期货市场相关研究的综述

一、对近代中国期货市场的研究

近代中国期货市场的发展历程曲折且充满时代特色，是中国金融现代化探索的重要缩影。众多学者从不同角度对其进行了研究，主要集中在期货市场与交易所的萌芽、发展与兴衰，剖析其规则制度，阐述历史沿革与特点，探讨功能与矛盾，分析中外市场关联等。这些研究从历史、经济、文化等多维度，勾勒出近代中国期货市场的发展脉络与复杂面相，为理解中国金融市场的演进提供了丰富视角。

杨荫溥（1930）梳理了清末至19世纪30年代上海期货交易的萌芽与发展史。作者将早期探索分为19世纪末西商主导的时期与20世纪初行业工会的非正式交易，并认为上海证券物品交易所是上海诞生的首家正式期货交易所，研究重点记录了1921年起期货交易所的激增与"信交风潮"。研究详细整理了早期上海期货交易所的运作特征，包括交易标的与合约设计，以及风险控制和监管雏形。作者认为早期期货交易为民族工业提供价格发现与风险对冲工具（如纱厂通过棉花期货锁定成本），推动上海成为远东金融中心。但因制度缺陷、投机过度、监管滞后等问题，多次引发市场动荡，反映出近代中国金融市场在创新与规范间存在的矛盾。上海证券物品交易所等机构的实践，为后续期货市场发展奠定了规则基础，但直至20世纪30年代，期货交易才逐步回归服务实业的本质。

杨荫溥（1932）比较完整地介绍了1929年前旧中国期货市场的产生、发展,阐述了期货市场的社会功能和运作机制。作者首先叙述了清末商品经济催生上海金业公所空盘交易等期货雏形,再详析 1920 年上海证券物品交易所成立开启规范化,1921 年"信交风潮"致交易所激增后整顿,形成上海金业、华商证券等主要交易机构,交易品种涵盖标金、公债、棉花等,论证民国公债与标金期货为世界最早的金融期货。

朱彤芳(1984)阐述了中国交易所的历史沿革,从世界最早的交易所到旧中国首个交易所北平证券交易所,再到上海证券物品交易所成立及 1921 年"信交风潮"。研究介绍了旧中国交易所的经营特点,包括政府特许、时间商品限制等。介绍了交易所经营商品的四个理论条件,以及对于投机的狭义与广义解释。研究介绍了旧中国交易所组织形式分为会员和股份两种,并对比其特点优点。最后附英、美、日交易所历史沿革,如英国伦敦交易所、美国纽约商品交易所、日本东京及大阪证券交易所等。作者认为旧中国第一个正式交易所是北平证券交易所,但未明确是否有期货交易,而 1920 年 7 月,上海证券物品交易所成立,主营证券、棉花、棉纱等期货,定期交易期限 1—6 个月,允许"掉期"延期并结算差价,标志着期货交易规范化开端。

王恩良等(1993)以概念、组织、流程、计算和监管为逻辑主线,既涵盖期货交易的理论基础,又详述规范操作细则,同时通过法规与案例强化实务指导性,形成了从历史到现代、从规则到实操的完整知识体系。作者以上海证券物品交易所为典型,介绍交易所的规则制度、运作方式,并附有当时政府颁布的《证券交易法》《物品交易所条例》。

叶万春(1994)聚焦对 1949 年前中国期货市场的反思。20 世纪 20 年代上海证券物品交易所成立标志着规范化开端,但 1921 年"信交风潮"暴露盲目扩张弊端,140 余家交易所骤减至 12 家,反映出市场投机性与监管缺位的矛盾。当时虽形成金业、纱布等专业交易所,但后因战争停业,战后畸形繁荣因恶性通胀与政府管制而实质消亡。作者指出,旧中国期货市场失败源于三重矛盾:一是市场发育脱离商品经济基础,盲目模仿西方交易所导致资源错配;二是制度创新依赖市场自发驱动,政府立法滞后;三是投机过度侵蚀市场功能,如标金、公债期货沦为投机工具,未发挥价格发现作用。

张春廷(2001)围绕民国时期期货相关内容,讲述了1920—1921年上海华商证券交易所进行公债等现货与期货交易,经历抗战时期停业后于1943年复业的情况。抗战结束至南京政府后期,上海期货市场经历短暂繁荣后迅速衰败。1945年上海华商证券交易所实行延期交割,股票期货和套利交易兴旺起来。1946年上海证券交易所开办"递延交割"和试办套利交易,1947年4月行政院取缔"递延交割",禁止期货交易,导致股价暴跌。

沈开艳(2003)整理了旧中国期货市场的兴衰历程与发展特点。旧中国期货市场历史从19世纪末外商在上海设交易所,1918年北平证券交易所成立,1921年上海交易所激增后因"信交风潮"大量倒闭,抗战前后有所波动,最终到1949年后被取缔。作者认为旧中国期货特点是制度创新由市场驱动,金融期货先于西方发展,政府重视但法规执行不力,推动了民族工商业和上海金融中心地位确立,不过存在行业色彩浓、品种杂乱、投机性强等先天不足之处。

常远(2007)认为抗战胜利后,上海期货市场畸形繁荣,投机行为活跃。但这种繁荣源于通货膨胀和货币的流动性过剩,是投机资金泛滥的结果,并没有发挥期货市场价格发现、套期保值、优化配置社会资源,促进实体经济发展的社会功能。

常远(2011)介绍民国时期中国期货市场,包括清末商品经济催生期货雏形,如上海金业公所空盘交易,到1920年上海证券物品交易所成立标志规范化开端,1921年"信交风潮"致交易所激增后整顿,形成上海金业、华商证券等主要交易所，交易品种涵盖标金、公债、棉花等，论证民国公债与标金期货为世界最早的金融期货。到抗战爆发后交易所停业，战后上海证券交易所虽复业但仅存股票现货及"递延交割"等变相期货，因恶性通胀和政府管制，期货市场实质上已消亡。作者剖析了交易所公司制、保证金制度等组织特点，以及政府立法与监管演变，揭示了战争、政策干预等对期货市场的致命冲击。

邢全伟(2018)以时间为轴梳理新中国成立以前的期货市场内容，从晚清时期1891年西商上海股份公所具交易所雏形，1905年上海众业公所成立，有现货和期货交易雏形，中国本土同业公会也内生出期货交易所初级形态。再讲述民国时期，1920年7月上海证券物品交易所成立标志着期货市场的开端，1921年上海交易所激增后整顿，1929年政府颁布法规，1936年剩15家交易所，交易品种集中于农产品等，制度渐完善。交易所在战争爆发后停业，战后上海期货市场畸形繁荣，1949年后因计划经济等彻底消亡。

潘连贵(2019)介绍近代上海金融市场与茶会文化的紧密联系。上海开埠后，茶会成为商贾洽谈生意的重要场所，早期黄金市场交易最初无固定场所，金业商人约定茶楼为集合地，后于1902年形成最早的黄金市场。黄金交易初期为现货交易，按重量、成色论价。华商证券业在辛亥革命后以惠芳茶楼为交易场所，1914年上海股票商业公会成立，进入"公会时代的证券市场"，出现现期与定期交易。但此"定期交易"属远期交易范畴，尚未形成标准化期货合约机制。1921年上海华商证券交易所成立后，交易渐趋规范。

李泉等(2020)则认为近代中国期货业发展可分为晚清时期期货业的萌芽、北洋政府时期期货业的盲目发展和国民政府时期期货业的畸形发展三个阶段。中国期货交易源于20世纪后随着民族工商业的逐步崛起，各行业内成立了行业工会并开始进行期货交易。1914年秋，北洋政府批准成立了上海股票商业工会，进行现货和期货交易，期货交易进入"工会时代"。而上海证券物品交易所的成立标志着期货交易正式进入"交易所时代"。

对近代中国期货市场的实证研究较为稀缺。魏忠（2008）聚焦近代上海标金期货市场，基于1921—1935年伦敦白银市场与上海标金市场每日收盘数据，运用计量经济学方法展开实证分析。研究发现，1921—1931年两市场存在双向因果关系，相互影响，伦敦银价每下降1%，上海标金价上升0.52%，且短期内标金价格向长期均衡状态调整的速度较为迅速。作者认为世界金本位制的放弃和南京国民政府对市场的强制干预，是导致中国国内与国外金融市场隔离的主要内外原因。论文还指出，上海标金期货市场是一个开放型、国际性的金融市场，对当今上海重建国际金融中心有着重要的借鉴意义。

二、对新中国成立后到改革开放以前期货市场的研究

新中国成立后至改革开放前，中国期货市场的发展轨迹与经济体制变革紧密相连。陈云曾指出资本主义商品交易所的两重性，主张研究并谨慎利用期货工具进行保护性操作。计划经济体制下，企业缺乏独立产权，价格机制僵化，期货市场因失去经济基础而消亡。多位学者研究表明，这一时期国内期货市场基本空白，虽在"文化大革命"后期偶有利用国际期货市场进行套期保值的尝试，但规模有限，整体发展受制于计划经济体制，期货市场的核心功能未能有效发挥。

陈云指出，"国际市场上的交易所是投机商活动场所，但也是一种大宗商品的成交场所。所以，资本主义市场的商品交易所有两重性。我们买卖又大都经过中间商，不管采取哪种中间商形式，进出口价格许多是参照交易所价格来确定的。过去我们没有这样利用过交易所，这次也是利用私商进

行的。对于商品交易所,我们应该研究它,利用它,而不能只是消极回避"。"至于利用交易所做期货,陈云认为,这仅是保护性的措施,以免受损失。我们是社会主义国家的对外贸易,绝不做投机倒把买卖。利用交易所要十分谨慎,可能有得有失,但必须得多失少"(熊亮华,2005)。

马源平(1999)认为计划经济体制下不存在且不需要期货市场。计划经济以生产资料公有制为基础,通过国家指令性计划管理国民经济,企业作为政府附属物,无独立产权和市场主体地位,仅按计划指标生产,产品由国家统购包销,不承担市场风险。此体制下,市场竞争机制缺失,价格仅为核算工具,具有计划性与固定性,无法反映供求波动风险,风险由国家统一承担或掩盖。整个经济活动纳入计划管理体系,实行计划生产、分配与消费,无需市场调节,更无需期货市场这种高级市场形式。这一结论被传统计划经济理论与实践证实,凸显了计划经济与期货市场的根本对立。

常远(2011)以制度变迁为主线,将1949年后中国期货市场发展分为期货市场消亡与境外期货利用两部分。新中国成立后,政府查封上海证券交易所,打击金银投机。1952年"五反"运动后,天津、北京证券交易所停业,期货市场法律基础因《共同纲领》废除旧法而丧失。计划经济体制下,企业无独立产权,价格由国家制定,期货市场经济基础消失。"文化大革命"后期,中美关系缓和,中国利用国际期货市场进行原糖、黄金贸易套期保值,但整体利用规模有限,属于计划经济体制下的边际尝试。

邢全伟(2018)认为,1949年后至改革开放前,中国期货市场经历了从消亡到偶有境外利用的过程。1949年新中国成立后,基于计划经济体制无需期货市场及稳定物价的现实需求,期货市场被视为投机工具而遭关闭。1952年"三大改造"后,期货交易所作为资本主义工商业彻底停业。此阶段,国内实行计划生产、分配与消费,企业无独立产权,价格由国家制定,期货市场失去存在基础。不过，在社会主义建设时期，中国曾少量利用国外期货市场对黄金、白糖等开展国际贸易套期保值，但影响甚微。总体而言，这一时期期货市场在国内处于空白状态，仅在极有限的国际贸易中偶有境外期货市场的利用，其发展完全受制于计划经济体制。

李泉等（2020）认为1949年6月10日上海证券大楼中的所有交易终结以及天津证券交易所于1952年7月停止营业，标志着我国期货业发展脉络暂时中断。作者指出改革开放前，中国期货业在半殖民地半封建社会背景下发展，虽在风险缓冲等方面有一定积极意义，但因商品经济滞后、自然经济主导，核心功能未充分释放，投机行为蔓延，整体发展成效不佳。

三、对改革开放以来期货市场的研究

改革开放以来，中国期货市场随经济体制转型逐步复苏，从1990年郑州商品交易所试点起步，历经三十余年发展，已成为金融体系的重要组成部分。学界对期货市场的研究伴随实践演进不断深化，初期聚焦交易所兴建与市场规则探索，如刘鸿儒、叶万春等学者对市场萌芽阶段的不规范问题及整顿路径展开探讨；2000年后研究向国际化、功能优化等方向拓展，涉及价格发现、风险管理、服务实体经济等多元维度。现有研究既系统梳理了市场从盲目扩张到规范发展的制度变迁，也深入分析了其在国民经济中的地位与金融体系中的作用，同时直面法律滞后、国际化不足等现实挑战。然而，相较于对现实功能与创新路径的探讨，关于期货市场发展历史的系统性研究仍显薄弱。本章基于学界成果，从市场演进、经济地位、金融功能等维度，梳理改革开放以来中国期货市场的研究脉络与实践启示。

（一）从改革开放初期期货市场的兴建及其未来发展趋势角度研究

刘鸿儒认为在起步阶段，中国期货市场以远期合约交易为主，与标准期

货合约存在本质差异,交易规模小且不规范,尚处于"萌芽状态"。同时中国期货市场缺乏统一全面的法律法规,仅依靠《期货经纪公司登记管理暂行办法》等单项法规,监管体系尚未健全。市场存在交易所盲目扩张,经纪公司违规、欺诈等诸多乱象,部分期货公司违规代理国际期货业务等问题。刘鸿儒提出优先发展商品期货,暂缓金融期货;以改造现货市场为基础,规范远期合约交易;制定符合国际标准且具操作性的法律法规;严格经纪公司管理等监管与发展方向(钱又伟,1994)。

叶万春编著的《中国期货市场》系统梳理了中国期货市场的历史脉络、制度演进及实践探索,重点围绕其建立初期的背景、挑战与规范化进程展开论述。该书以 20 世纪 80 年代末价格双轨制改革催生对期货市场需求为开始,介绍了 1990 年郑州粮食批发市场率先引入期货交易机制,标志着中国现代期货市场的起步。随后总结了深圳有色金属交易所(1992 年)和上海金属交易所(1993 年)成立初期,中国期货市场盲目扩张、规则混乱等问题。该书重点介绍了 1993 年后国务院针对初期市场无序状态展开的两轮整顿,特别是 1999 年推出《期货交易管理暂行条例》,确立了证监会、期货业协会和交易所的三级监管体系。书中强调期货市场的核心功能是价格发现与风险管理。2010 年沪深 300 股指期货的推出,标志着金融期货的突破,形成商品与金融期货并行的格局。叶万春指出,中国期货市场的建立是计划经济向市场经济转型的重要实践,其初期探索虽伴随风险事件,但通过政府主导的"边发展边规范"路径,成功构建了现代市场雏形,为后续国际化奠定了基础(叶万春,1994)。

张庆修(1993)指出,中国期货市场在 20 世纪 80 年代末至 90 年代初起步,是计划经济向市场经济转型的产物。改革开放后,随着商品价格逐步由市场调节,期货市场的需求逐渐显现。1990 年后,中国陆续建立了郑州粮食批发市场、上海金属交易所、深圳有色金属交易所等试点单位，这些市场引入了期货交易机制，为向现代期货市场过渡奠定了基础。文章还分析了期货交易的基本特征，包括标准化合约交易、保证金制度、投机者的作用以及严格的运行规则。同时，文章提出了发展期货市场所需的金融对策，包括建立高效的结算系统、为交易客户提供资金支持、完善风险保障系统、搞活金融市场以及金融部门参与期货交易等。这些对策旨在通过金融服务支持期货市场的健康发展，并推动其与金融市场的深度融合。

常清（2001）围绕中国期货市场发展展开研究，探讨其在经济发展中的地位、作用及相关理论。中国期货市场产生于 20 世纪 90 年代，是经济发展和体制改革的必然结果，在发展过程中经历了方案研究、现货试点、期货试点和治理整顿等阶段。通过与国外期货市场对比，发现中国期货市场具有发展迅速但初期盲目、经纪业起步早等特点。同时，书中分析了期货市场的管理和立法模式，提出应走"一边发展期货市场，一边加强管理，先制定管理条例，后立法"的道路。此外，还对期货合约设计、交易和交割规则进行研究，指出存在的问题并给出改进建议，强调中国期货市场发展需处理好十大关系，以实现战略目标。

邢全伟（2018）系统梳理了中国期货市场从晚清萌芽到现代创新发展的演变历程，将其划分为五个阶段。萌芽阶段（1891—1952 年）始于晚清，以上海股份公所和北平交易所为标志，但受战乱和计划经济影响，新中国成立后中断。重启阶段（1988—1993 年）伴随改革开放，郑州粮食批发市场引入期货机制，但交易所盲目扩张导致投机乱象，政府于 1993 年启动整顿。规范阶段（1993—2003 年）通过合并交易所、削减品种、建立统一监管体系（如证监会），初步形成市场框架。稳步阶段（2004—2013 年）以品种扩容（棉花、股指期货）、夜盘交易和国际化为重点，市场功能深化。创新阶段（2014

年至今)推出期权产品,加速国际化(如中欧交易所),但面临法律滞后、服务实体经济不足等挑战。文章指出,中国期货市场历经从自发探索到政府主导的制度变迁,逐步向成熟市场嬗变,但需突破监管僵化、国际化短板等瓶颈以实现高质量发展。

（二）研究中国期货市场在中国国民经济中的地位

沈开艳(2003)着重对中国期货市场运行与发展中出现的理论与现实问题进行分析,涵盖市场理论、发展历史、实践问题及对策等内容。作者认为期货市场是市场经济体系中要素市场的重要组成部分,是市场体系建立和发展的关键环节。它促进了中国市场体系的发育与完善,在经济体制转型中,为市场机制发挥资源配置基础性作用提供了重要保障。同时,有助于形成现货市场与期货市场相互匹配,商品市场、生产要素市场、期货市场协调发展的市场格局,有利于开展合理竞争,建立新的市场秩序,促进国内市场与国际市场融合,使我国市场经济体系融入国际经济体系。作者将中国期货市场的发展历程分为旧中国与新中国两个时期进行梳理。

高伟等(2009)回顾了中国期货市场自20世纪80年代末以来的发展历程,将其划分为初期发展(1988—1993年)、清理整顿(1993—2000年)和逐步规范(2000—2009年)三个阶段。中国期货市场发展面临交易所与会员权责失衡、期货公司缺乏融资权、新品种上市审批烦琐、散户主导市场结构等问题。作者认为中国期货市场在政府主导下逐步规范,但仍需突破制度瓶颈以实现服务实体经济与国际化目标。提出加强法制建设(如出台《期货法》)、推动交易所公司制改革、赋予期货公司金融属性权利、优化品种上市机制、发展金融衍生品及加强农业信息化等建议。胡俞越(2020)回顾了中国期货市场发展历程,从初创(1988—1991年)、探索(1992—2000年)、规范(2001—2010年)到全面发展阶段(2011—2020年),取得诸多成就,如品种体系健全、监管创新、服务实体经济功能深化、对外开放加快等。作者认为中国期货市场发展面临机遇与挑战，工业化中后期利于建设全球定价中心，金融科技助力服务实体经济，但"资管新规"冲击财富管理功能，社会普及度不高。未来，国家应提升期货市场战略高度，融入"一带一路"，行业需落实立法、完善制度、优化投资者结构。

（三）现代金融市场中的期货发展研究

常远（2007）系统梳理了中国期货市场的百年发展历程。将发展阶段划分为新中国成立前的期货市场自然萌芽，新中国成立后，计划经济下期货市场因缺乏经济基础而消失，仅在外贸中尝试利用国际期货避险。改革开放后，随着价格双轨制改革，期货市场重启，历经理论研究（1988—1990年）、试点与整顿（1990—2000年）两大阶段。2000年后政策转向"扶大限小"，逐步推出大宗商品期货，2006年金融期货交易所成立，标志着市场进入多元化发展阶段。文章指出，期货市场需与成熟市场经济、完善法规相适配，其发展既不可超前亦不能滞后于实体经济需求，最终目标是服务国民经济风险管理与资源配置。

严敏等（2009）通过向量误差修正模型、公共因子模型和双变量EGARCH模型，对沪深300股指期货市场与现货市场的价格发现功能及波动溢出效应进行了研究。结果表明，指数期货和现货价格间存在长期协整关系与短期双向Granger因果关系。现货市场在价格发现中起主导作用，期货市场的价格发现能力相对较弱。两者间不存在显著的非对称双向波动溢出效应，但期货市场对非均衡状态的反应更为敏感和剧烈。文章建议进一步完善我国证券市场法律法规和交易制度，以促进股指期货市场的价格发现功能和有效性。李江和林小春（2010）运用向量误差修正模型等方法，对沪深300股指期货市场与现货市场的价格发现及波动溢出效应进行了实证研究。发现两者存在长期协整关系和短期双向 Granger 因果关系,但股指期货市场价格发现能力弱,现货市场几乎是其四倍。且现货市场对期货市场存在波动溢出效应,期货市场对现货市场则不存在这种效应。原因可能是我国股指期货市场处于起步阶段,市场不够成熟,投资者参与度不高。作者建议监管部门推出 Mini 型股指期货合约、放宽机构投资者入市交易活动限制,以促进股指期货更好地发挥价格发现和套期保值作用。

常清(2004)指出我国期货市场在恢复性发展过程中面临一些理论误区。"市场规范论"方面,价格上涨是由国内经济增长、需求结构变化和国际市场因素导致,并非期货市场炒作,指责价格暴涨暴跌、过度投机缺乏依据。"上市品种条件论"中,以体制、经济、期货及现货市场条件不成熟为由延缓新品种上市不合理,应按国际惯例改革上市机制。"逼仓论"认为,试点时期的"多逼空"是特殊历史产物,当前的"空逼多"说法不成立,持仓量大并非逼仓。"市场操纵论"强调要准确界定操纵行为,避免误判。剖析"中国特色论"认为我国期货市场虽有体制转化特征,但应遵循市场规律,逐步与国际惯例接轨。

陈海强等(2015)基于沪深 300 指数高频数据,将股市跳跃分解为大跳和小跳,分析后发现股指期货交易不会增加大跳强度但能平抑大跳幅度,从而减少大跳风险,却因投机交易增加小跳强度进而增加大小跳风险。该研究表明股指期货对股市跳跃风险的影响具有双刃剑效应,研究结果有助于增进人们对股指期货功能、市场微观结构和信息效率的认识,对健全我国股指期货功能具有重大意义。

刘玄等(2021)认为党的十九届五中全会提出新发展格局战略后,我国金融期货市场稳步发展,产品体系不断完善,业务规则持续优化,监管机制和技术运维水平提升,服务现货市场和实体经济的功能显著。但仍存在产品体系不完备、对内对外开放滞后、功能发挥不充分等问题。未来需以新发展格局思想为指导，扩大对内开放，推进双向开放，通过产品、投资者、制度开放提升有效供给，构建国际化规则体系，以更好地服务新发展格局。

（四）在中国商品期货市场方面

孙秀玲（2017）基于现货市场竞争程度和完善程度分析中国生猪期货市场发展条件，指出中国生猪现货市场规模大、替代品少且替代弹性低、市场集中度低并逐步整合、价格波动频繁、交易主体独立性高，总体有利于期货市场发展，但存在物流和信息体系不健全、区域市场整合程度不一、交易主体规模偏小等问题，建议支持规模化养殖、发展中介组织、完善物流和信息体系，以促进期现货市场协调发展。

苏玉峰（2016）从我国主要农产品"期货化"分析入手，指出玉米、棉花"期现比"接近美国，大豆、小麦等差距较大，且我国农产品期货市场交易者主体中套期保值者和投机者均不足，市场体制存在准入制度限制多、交易制度待改进、监管体制不完善等问题，进而提出增加期货种类、推广"延津模式"引导农民参与、优化投资者结构、完善监管体制等四方面的政策建议。

梁巨方等（2017）分析发现，我国股票、债券与商品期货间存在时变非对称相关，将商品期货纳入投资组合可降低尾部风险，获取多样化收益。其中农产品期货指数在最小尾部风险组合中权重较高，这意味着监管部门放开商品期货投资准入，有利于金融机构对冲尾部风险和实现商品期货市场风险管理功能。

（五）我国期货市场发展在完善金融体系的作用方面，也有比较多的研究

李泉等（2020）将中国期货市场发展历程分为萌芽与初步发展阶段（20世纪初—1949年），曲折发展阶段（1949年—21世纪初）与创新发展阶段

（21 世纪后）。中国期货市场实现了三大发展成就，一是交易品种不断丰富，已包含农产品、农产品期权、工业品、金属、能源化工产品、股指、国债等65 个交易品种；二是成交规模稳步扩大，2018 年成交量和成交额较 10 年前大幅增长。三是中国期货价格如铜、铁矿石、PTA 和油脂油料等逐步发挥重要国际影响力。研究认为中国期货市场存在四方面不足：一是法律制度不健全，缺乏完善的期货市场交易法律制度，如《期货法》尚未出台；二是市场层次与盈利模式单一，大多数中小型期货公司盈利主要依赖经纪业务，业务结构和盈利模式相同，同质化竞争严重；三是交易所体制僵化，我国四家期货交易所中只有中国金融期货交易所是公司制，与国外领先交易所相比在监管、服务和创新等方面存在较大差距；四是"大而不强"和国际化程度低，期货行业整体实力有待提升，缺乏国际竞争力，国际化服务能力不足。同时研究提出了四方面建议：一是完善期货行业和期货市场法律制度体系建设，提高现有条例等的法律层级，积极推进《期货法》立法；二是大力发展机构投资者，丰富投资者结构，引导产业客户参与套期保值；三是优化期货市场环境，推动期货交易所公司化改制，加强交易所之间的合作；四是加快研究开发新产品，发展商品期权、商品指数、碳排放权等新的交易工具。

张宗新等(2019)基于中国金融周期视角，通过信息传递机制和交易者行为维度，研究引入国债期货合约对现货市场稳定效应，发现我国国债期货市场已实现抑制现货市场波动功能，能降低金融周期波动冲击，改善现货市场深度和套保交易是其发挥稳定功能的微观路径，但投机交易和波动溢出效应会助长现货波动，正负期现基差对国债波动影响具有非对称特征，据此提出优化交割细则、完善投资者结构等政策建议。

期货市场的监管机构也开始出版各类研究报告、年鉴等资料，中国期货业协会及证监会期货部编辑出版了《中国期货市场发展研究报告》以及中国证券监督管理委员会编辑出版了《中国资本市场发展报告》,中国证监会还出版了《中国期货市场年鉴》。这些书籍和研究报告为中国期货市场的研究提供了重要的史料。

(六)在期货发展中期货立法和监管方面的研究

刘晓农等(2010)指出完善的期货基本法是期货法律制度发展水平的标志,美国、德国、新加坡等发达国家期货市场法律体系各有特点,美国有《商品期货交易法》等法律,德国依靠《证券交易法》等调整期货交易,新加坡有《证券期货法》等法规,这些国家在投资者保护、交易所自律监管等方面的做法,对中国期货立法的启示在于要注重投资者保护,由期货交易所负责上市新品种,强化交易所自律监管并维护集中统一监管体制。

叶林等(2015)认为我国《期货法》调整范围的界定应采用"核心规制与延伸监管"思路,核心规制上,明确期货交易标的是采用对冲交易机制的期货合约,其标的是决定合约价值的基础资产,以规制核心交易模式;延伸监管上,将《期货法》作为衍生品基本法律,通过中央对手方制度把有类似期货风险的场外衍生品纳入调整,明确判断标准和主体,从标的类型、交易程序和功能等角度划分《期货法》与《证券法》的调整范围。

胡光志等(2016)认为近年来我国期货市场操纵案件增多且手段复杂化,2015年"6·26股灾"暴露了股指期货防范跨市场风险的不足,我国期货市场操纵立法存在认定标准模糊、预防机制不科学、法律责任分配欠妥、多元化纠纷解决机制不成熟、监管协调机制非常态化等问题,而英美在认定标准、预防机制、法律责任、纠纷解决和协调机制方面有成熟经验,我国应借鉴英美经验,明确市场操纵认定标准,建立科学预防机制,构建合理法律责任体系,推进多元化纠纷解决机制,建立稳定协调机制,以完善期货市场操纵立法。

第二章
近代中国期货市场发展历史

清末至民国时期,中国期货市场在半殖民地半封建的社会背景中萌芽与演进,历经晚清、北洋政府、国民政府及新民主主义革命时期,形成了独具特色的发展轨迹。这一阶段的期货市场既受西方殖民经济冲击,又与民族工商业发展相互纠缠,呈现出华商与西商交易所并存、期货萌芽并与现货交易混合运行的复杂格局,成为近代中国经济转型的特殊缩影。

第一节　晚清时期的期货萌芽

一、商品经济的嬗变与动力

晚清商品经济的转型以外国资本主义入侵为关键催化剂,在19世纪40年代至20世纪20年代间经历了三个阶段的结构性演变,形成了传统经济解体与近代化探索并行的复杂格局。

（一）19世纪40—60年代:外力冲击下的经济结构松动

鸦片战争后,西方列强通过不平等条约打开中国市场,商品经济在双重压力下开始转型。清政府统治区的军事工业率先突破手工生产模式,1861

年安庆内军械所引入蒸汽机制造枪炮,1865 年江南机器制造总局装备车床、刨床等近代设备。至甲午战争前,共制造各类枪支 5.1 万余支,各类火炮 585 尊,水雷 563 具,各类炮弹 120 万余发,铜引 441 万余枚,标志着机器生产在军事领域的落地(韩洪泉,2017)。与此同时,太平天国统治区尝试制度创新。1853 年《天朝田亩制度》提出"凡天下田,天下人同耕",通过土地公有与"圣库制度"试图重构小农经济秩序;1859 年《资政新篇》则突破性地主张发展机器工业、修建铁路、设立银行,成为中国最早的资本主义经济纲领。这一阶段,外国商品输入使传统手工业逐渐解体,如纺织品成为广州与上海主要的进口商品(左正,2002),促使自然经济开始瓦解。

(二)19 世纪 70—90 年代:洋务运动驱动的商品经济萌芽

洋务派以"求富"为目标创办新式企业,催生了早期商品经济要素。1872 年轮船招商局作为中国首家股份制企业,通过发行股票募集资本 100 万两,开创近代证券融资模式;1878 年开平煤矿采用机器开采并修建铁路运输,1881 年唐胥铁路通车;1880 年上海机器织布局正式成立,至 1890 年初开始投产,利润优厚,后虽经火灾破坏,最终成为官督商办的华盛机器纺织总厂(胡滨,1986)。这些官督商办企业引入股份制度,推动上海平准股票公司(1882 年)等机构诞生,1883 年中国第一次股市危机爆发前,成交空前活跃(田永秀,2000),证券交易与商品贸易形成联动,标志着商品经济向金融化延伸。

(三)19 世纪末—20 世纪 20 年代:半殖民地化下的畸形繁荣

甲午战争后,列强通过资本输出加深经济控制,同时国内抵制洋货运动与新政政策刺激商品经济扩张。1905 年"抵制美货"运动中,上海商人成立"劝用国货会",推动本地棉纱、面粉等商品风行(杨天亮,1991);1903 年商部成立后颁布《公司律》,股份制有限公司大量出现,1903—1907 年间注册登记的 127 家公司中,股份有限公司为 98 家,占总数的 78％(贾孔会,1999)。这一时期,商品经济呈现典型的半殖民地特征。中国铁路、航运主要控制在外资手中,商品定价权长期受制于伦敦、纽约市场。一方面,汉口茶叶、天津棉花等大宗商品交易规模扩大;另一方面,原料出口与工业品进口的"剪刀差"持续扩大,反映出依附型经济的深层矛盾。

(四) 嬗变本质:外力催化与内生响应的交织

晚清商品经济的演变始终伴随外国资本主义冲击与本土经济主体的被动适应。从军事工业机器化到股份制企业兴起,再到抵制运动下的市场抗争,商品经济的每一步突破都带有救亡图存的色彩。但由于封建生产关系与殖民经济体系的双重束缚,这一时期的商品经济未能形成独立的发展路径,反而成为西方资本主义的附庸,为民国时期期货市场的畸形发展埋下了伏笔。

二、晚清期货市场的萌芽

期货市场是国家经济发展到特定阶段的产物,其本质是通过远期交割协议帮助市场主体规避价格风险的金融机制。晚清时期作为中国期货市场的萌芽阶段,其产生既源于国内经济结构变革的内在需求,也受到殖民入侵带来的外部冲击,呈现出独特的发展轨迹。

晚清期货市场的萌芽主要以远期交易形式出现,并未形成独立的交易体系,而是依托股票市场起步,最终在上海租界的交易所中正式成型。随着华商交易所的陆续设立,近代期货市场逐渐分化为华商与西商两大交易体系,二者与现货市场形成紧密的互补关系。这一特征决定了研究近代期货市场必须置于交易所与金融市场的整体框架中,通过分析其子市场的互动关系揭示其发展逻辑。

从交易所维度看,晚清交易所兼具现货与期货交易功能,其诞生标志着中国近代期货市场的形成。19 世纪末,洋商与日本机构先后在租界及东北等地设立外资交易所,形成中外交易体系并存的格局。其中,1905 年创办的上海西商众业公所尤为典型,其不仅主营股票债券交易,更首次明确规范了远期交易规则。该交易所持续运营至 1941 年,是近代中国存续时间最长的交易所(朱荫贵,2004)。

中国期货交易萌芽于股票证券市场。鸦片战争后,外资企业与官督商办企业(如 1872 年李鸿章创办的轮船招商局)广泛采用股份制,推动股票交易日益活跃。1882 年 10 月 24 日,上海平准股票公司成立,作为中国首家专业股票经纪机构,初期仅开展现期交易。后因市场风险爆发导致股价暴跌,证券市场发展一度停滞。梁启超在《敬告国中之谈实业者》(1910)中指出:"中国实业赖有二大机关焉以夹辅之:一曰股份懋迁公司,二曰银行。"1894 年甲午战争后,他进一步倡议设立"股份懋迁公司"(即证券交易所)(宋承国,2010),虽未立即落地,却为后续华商交易所的建立奠定了思想基础。

第二节　北洋政府时期的期货市场

晚清时期梁启超关于设立华商交易所的倡议已埋下思想伏笔,至国民政府建立后,创办华商交易所的呼声再度高涨。1912 年 3 月 5 日《物品交易所条例》的颁布,为华商交易所的开办提供了制度基础。北洋政府时期成为中国期货市场发展的关键阶段:从公会中的期货交易萌芽,到交易所时代的规模化发展,虽经历"信交风潮"的冲击,却为近代期货市场奠定了重要制度与实践基础。

一、期货市场的初次形成与制度演进

辛亥革命后,近代企业与民族资本的发展推动股票发行规模扩大,日交易量激增催生固定交易场所的需求,中国期货市场由此萌芽。股票交易的发展历经三个阶段(陈正书,1985)。

茶会时代上海商人以茶楼为据点定期聚会,通过"茶会"形式洽谈股票转让,形成最初的交易场所。

随着股票交易繁盛交易组织进入公会时代,"上海股票商业公会""上海机器面粉公会""上海金业公所"等行业组织相继出现,其中面粉公会与金业公所在现货交易基础上开启期货交易,标志着期货交易的正式诞生。此时期货交易主要存在于商品市场,证券市场较少涉及。

民国初年,资产阶级代表与有识之士呼吁开办华商交易所,北洋政府先后颁布《证券交易所法》《物品交易所条例》等法规,将华商交易所筹建纳入规范化发展轨道,标志着期货交易进入交易所时代,但当时政府对交易所并不具备有效管理(钱小安,1995)。

二、华商期货交易所的双重发展路径

(一)证券交易所的制度创新与区域布局

北京证券交易所与上海华商证券交易所分别以"成立最早"与"经营最久"著称,形成区域交易中心,此外在天津等地也有交易所布局。

北京证券交易所于 1918 年 6 月成立,是中国最早成立的民族交易所。交易所由北洋政府公债大量发行催生,旨在促进政府债券流通,服务于北洋政府财政需求,故被称为"财政市场"。交易标的以政府债券为主要交易对象,同时涉及部分企业股票。除定期交易外,首创"便期交易",期限通常为一周，卖方可在期限内灵活选择交割时间。成立初期依托北洋政府公债发行，交易较为活跃，公债交易在业务中占较大比重。1927年国民政府建都南京后，证券市场地位逐渐下降。1939年，北平证券交易所歇业，退出历史舞台。作为中国首家民族证券交易所，北平证券交易所标志着民族资本在证券市场的初步探索，为后续华商交易所的发展提供了制度与实践参考（匡家在，1994）。

上海华商证券交易所于1920年7月1日成立。由于1918年日商在上海开办"取引所"，华商被骗资财巨多，上海民族资产阶级发起设立交易所。1941年太平洋战争爆发，华商所停业，1943年9月29日在汪伪政府财政、实业两部"饬令"下复业。华商所交易对象包括证券、棉纱、花布、金银、杂粮、皮毛等，交易方式分为现期交易、定期交易和约期交易。在华商所成立后，华商纷纷从日商"取引所"撤出，不久日商"取引所"于1927年宣告停业，在一定程度上削弱了外国银行在上海的势力。华商所成为华商投融资的主要途径，对振兴民族实业做出了贡献。但国民政府利用其发行公债筹军费，给交易所的良性发展带来危机。投机者通过本所股交易和套头活动，引发"民十信交风潮"，大批交易所和相关银行、钱庄破产倒闭（徐兵，2018）。

20世纪20年代初，国民党多次发行国库券和公债，同时受上海证券市场影响，天津开始筹建证券交易所。天津证券花纱粮食皮毛交易所1921年10月1日开业，经营证券、花纱、杂粮、皮毛交易，实际以证券交易为主，旨在推动本地证券交易，促进政府公债流通。1922年受上海证券物品交易所倒闭影响停业。交易所主要交易对象为本所股票期货、国内公债（如"九年整理金融""整理六厘""五年六厘""七年短期""七年长期"等）。天津证券花纱粮食皮毛交易所是天津早期尝试建立的正规证券交易所之一，为本地证券交易提供了组织化平台，一定程度上推动了天津证券市场的早期探索。

但由于存在严重投机性质,交易规模小且不规范,对市场实际影响有限(王爱兰,2001)。

(二)物品交易所的专业化与市场拓展

黄金、面粉、纱布等交易所的出现,丰富了交易品种,标志着中国期货市场正式进入专业化时期。

上海金业交易所由金业公会改组而来,于1921年正式成立,成为标金交易主要场所,至1937年"八·一三"事变,金业交易所停止营业,未再复业。20世纪30年代,上海金市交易量仅次于伦敦、纽约,成为世界第三大金市,价格影响全球金融市场。交易所主要交易标金,成色为97.8%,每条重漕平10两,以"平"为交易单位(1平=10条)(傅为群,2004)。上海金业交易现货与期货交易并存,并且期货成为主要交易模式。

1919年,为打破日商对上海面粉和小麦市场原料及成品价格的控制,维护民族资本利益,增强华商在面粉行业的市场话语权,上海商界人士发起筹建上海面粉交易所。其前身为上海机制面粉公会贸易所,1920年3月1日改组为中国机制面粉上海交易所,8月14日正式对外营业,后更名为上海面粉交易所。交易所主要交易面粉和麸皮,交易方式有现货和期货两种。期货交易部分采用先付定金到期取货的办法,且有明确的保证金制度。上海面粉交易所成为抗战前中国最大的面粉市场,其成交价格影响全国面粉和小麦市价,一定程度上稳定了国内面粉市场价格,为民族面粉产业提供了相对公平的交易平台,促进了面粉行业的发展。作为中国人建立的首家期货交易所,上海面粉交易所开创了中国期货交易的先河,为后续其他商品期货交易的发展提供了经验和借鉴,推动了中国近代商品交易市场的发展和完善(季铭,1996)。

受1914—1922年中国棉纺织业"黄金时代"推动,1918年日商开办"取引所"操纵棉纱市场,在华商纱厂联合会支持下,上海华商纱布交易所于1921年7月1日正式开业。1927年因"期纱交割案"停市4个月,11月复业,1937年"八·一三"事变后停业,1942年因战争环境及营业期限到期解散。上海华商纱布交易所交易品种主要以16支人钟牌标准棉纱为核心的棉纱、棉花等,交易模式包括现期交易与1—6个月的定期交易,设立证据金制度应对价格波动。上海华商纱布交易所推动了棉纺织市场规范化,制定棉花棉纱标准等级表,推动交易制度化,成为东亚纱花市场中心。交易所削弱日商取引所影响力,1927年后日商交易所相继倒闭,华纱交易主导权增强。但定期交易被用于买空卖空,1921年"信交风潮"、1937年"纱交风潮"加剧了市场波动(刘素敏,2018)。

三、信交风潮:期货市场的第一次系统性危机

"民十信交风潮"是1921年冬天上海因交易所和信托公司滥设引发的破产风潮,当时上海交易所数月内增至140家,信托公司12家,资本总额超全国银行总资本,这些机构互炒股票、违规交易,加上北洋政府监管不力、法令执行困难,最终在年底因资金链断裂爆发危机,百余家交易所仅存6家,信托公司仅剩2家,此次风潮暴露了投机狂热、政府监管缺失及殖民势力干预等问题,成为中国金融史上惨痛教训(陈争平等,1994)。

1914年北洋政府农商部颁布《证券交易所法》,为大批交易所的设立提供了法律基础。而一战后中国工商业不景气,集中于上海的社会游资转向金融和期货投机。1920年7月上海证券物品交易所开业,半年内收益率近100%,带动上海华商证券交易所、机制面粉交易所等相继获利,引发设所狂潮。

1921年5月起新设交易所逐月增加,至11月上海交易所达140家,信

托公司达 12 家。筹集资本总额远超全国银行总资本,形成畸形膨胀的投机资本。交易所与信托公司合谋,以各自股票作为投机筹码和押借款项。许多交易所将本身股票放在本所交易,发起人空认股份后高价抛售。1921 年底临近年关,债主清账讨债,市面资金紧缺,银行和钱庄收缩信贷。买空卖空者资金链断裂,交易所和信托公司相继倒闭,形成恶性循环。最终上海证券物品交易所等少数机构幸存,中国期货市场遭遇了首次重大挫折。信交风潮后,市场信心严重受挫,交易活动陷入停滞。

北洋政府时期期货市场存在多方面问题,首先是制度缺陷,发展过速与管制缺失导致投机泛滥,法令因租界等因素执行困难。其次,过度投机引发经济泡沫破裂,当时期货交易社会基础薄弱,商家缺乏交易本质认知,盲目跟风加剧市场波动(丁玉萍,2007)。

第三节　国民政府时期的期货市场

国民政府时期的中国期货市场发展与国家政治局势紧密关联,依据历史脉络可清晰地划分为三个阶段:全面抗日战争爆发前的探索阶段、全面抗日战争期间的动荡阶段,以及抗日战争胜利后的短暂复苏阶段。这三个阶段既相互独立又彼此关联,共同构成了这一特殊历史时期期货市场的发展图景。

一、全面抗日战争爆发前(1928—1937 年)

1928 年 6 月,南京国民政府实现了形式上的国内统一。在 1928—1937 年这十年间局势复杂严峻,国内内战频发,1931 年抗日战争爆发。与此同时,世界主要资本主义国家遭遇经济危机,这一系列因素共同导致了国内外经济形势的剧烈变动。期货市场作为服务于现货市场的重要组成部分,在这十年间经历了政府的介入与改革,虽然过程充满波折,但也取得了一定的发展成效。1937年全面抗战爆发,使中国的期货市场不得不暂时关闭,中断了其原本的发展进程。

(一)规章制度的完善与期货市场的整合

南京国民政府成立后,交易所的发展迎来了新的机遇与挑战。国民政府对证券行业给予了高度关注,一方面积极支持交易所的发展,另一方面为了遏制市场的过度投机行为,改善交易所管理混乱的局面,先后颁布了《公司法》《交易所法》等一系列法律法规。这些法律的颁布实施,极大地加强了对交易所的整合力度和对期货市场的监管强度(宋承国,2010),为证券市场的深层次发展奠定了制度基础。

经过一系列的整顿措施,期货市场逐渐走向规范化,市场规模也有所收缩。至抗日战争爆发前,全国的交易所已形成以上海交易所为核心,且主要集中于少数大宗商品交易的格局。例如,新《交易所法》强调设立集中性,一定程度上有利于减少信息搜集和中介成本、加大证券流动性、便于政府管理。《交易所法》允许股份有限公司或同业会员组织两种交易所形式,具有一定的组织形式灵活性。而其经纪人制度较1914年《证券交易所法》更为科学,对发行人、投资者和市场运行秩序都有积极意义。此外,《交易所法》对定价机制进行了一定探索,尝试通过立法规范证券定价,有助于维护市场秩序(周晓,2014)。

(二)取缔风波与上海期货市场的中断

1930年6月7日,上海特别执行委员会的两位常务委员认为,国内金价的大幅上涨是资本帝国主义国家进行经济掠夺的表现,因此提议撤销上海标金市场。这一消息传出后,立即遭到了各交易所内部人员的强烈反对,双方各执一词,争论不休。尽管最终政府由于考虑到金融市场的复杂情形,难以准确明晰金价高涨的本质原因,使得此次取缔风波不了了之,但从本质上讲,此次风波深刻反映了当时国内国际复杂的经济形势,也为之后标金期货市场的衰落埋下了隐患(戴建兵等,2003)。

1932年1月28日,日本为了转移国际视线并获取更大的经济利益,发动了"一·二八"事变。这一事件的爆发,直接中断了当时作为期货市场中心的上海的期货交易,使得期货合约的继续履行面临巨大困难。在这种不稳定的时局下,交易所被迫采取应对措施,按照十日内的平均结盘价进行平仓结算,各交易所也因此停业2—4个月不等。在这场战火引发的危机中,交易所作为交易的中间方,不可避免地承担了相应的责任,这一具有不可抗力性质的风险事件,无疑是对当时国民政府统治下的期货市场的一次严峻考验(周育民,1999)。

(三)标金期货的萎缩与公债市场的平淡

在1920—1930年的十年间,上海金业交易所呈现出一片繁荣昌盛的景象。然而,在之后的十年里,金业交易所却逐渐走向衰败。据统计,1934—1936年三年间,标金成交量大幅下降94.7%,与之形成鲜明对比的是,标纱成交量上升120.1%,标花成交量上升53.3%,标粉、标麦的成交量则相对稳定。从营业额角度来看,1937年上海金业交易所甚至出现了亏损情况,而同期华商纱布交易所的营业额却占据了58.2%的比例,由此可见标金期货的落魄处境。

标金期货的大幅度萎缩并非偶然,其本身的汇率期货性质是重要原因之一。当时,中国主要的外贸国家纷纷放弃金本位制,这使得汇率期货失去了存在的意义,黄金不再作为外汇的中间桥梁。随着各个主要资本主义国家金本位制的崩溃，国际贸易对黄金的需求急剧减少，黄金自然也就无法再作为套期保值的货币。另一方面，金本位制的废除引发了白银风潮，导致国内大量白银外流。为了解决流动性短缺的困难，国民政府于1935年进行了法币改革，这一改革正式终结了市场对标金期货的需求(赵千懿，2019)。

除了标金期货，由国民政府发行的公债期货买卖也日益平淡。1934—1936年间，公债期货交易量同比下降51.1%。政府采取了以新发行的单一公债换回33种旧有公债的措施，公债种类的大量减少，使得原有的利用多种公债交易进行套利的策略不再适用，买卖利润大幅减少，投机行为也随之减少(孙建华，2011)。

(四) 全面抗战爆发前的管控与交易所平仓

华商纱布交易所在"信交风潮"中幸存，成为民国重要的棉纱资金交易平台，直至1937年8月因日军发动的"八·一三"事变关闭。1936年10月至1937年初，纱布市价上扬，不法商人操纵市场，致纱价暴涨，"空头"大户亏损，引发风潮。此过程中，交易所内经纪人亏损超千万元，交易停滞，还波及面粉等行业，华商面粉交易所停市，民族工业受损。事件引发社会关注，国民政府颁布《取缔上海纱交所投机办法》，从经纪人委托、纱厂登记、交易检查等方面规范交易，但执行效果不佳，投机仍屡禁不止(裴世东等，2018)。

随后，国民政府又连续颁布了有关撤销面粉交易、粮交易的种种办法，其核心要点概括起来主要有两点：一是经纪人只能接受本交易所的委托进行期货买卖；二是必要时，政府可直接介入期货市场，对交易所的买卖价格进行限制。除此之外，国民政府还颁布了《非常时期安定金融办法》《巩固金融办法纲要》等多项经济法规与条例，将金融活动纳入统制经济的管理框架。

在经济形势动荡的局面下,国民政府一方面严禁社会资金投入期货交易领域,另一方面试图借助强制性措施对市场价格进行调控。但此类做法严重损害了期货市场的运行基础,在此情形下,证券交易所与物品交易所已难以维持正常运营(常远,2009)。

二、全面抗日战争期间(1937—1945 年)

全面抗战爆发后,政府公债交易冷落,股票成为保值手段,华商股票交易开始活跃。1937 年前后,专门经营股票的公司从五六家增至七十余家,股票市价开始在报纸上刊登。彼时上海租界相对稳定,初期外股主要交易标的为中外资金集中的外股买卖。1941 年 12 月太平洋战争爆发,日军占领租界,外股交易被日伪禁止,伪华商证券交易所于 1942 年正式开幕,专做华商股票,首批审查核准上市的股票达 50 种,后增至 100 种。

全面抗战期间,股票交易额从 1937 年的 1 亿元上涨到 1945 年的 100 亿元,增加了 100 倍,部分股票价格波动剧烈。全面抗战初期股票交易分散,由各股票公司自由买卖,后伪交易所实行"便交"(每周交割一次),类似期货交易,投机者利用时间差进行套利。汪伪政府试图通过控制股市疏导游资、稳定金融,但政策反复(如条例未真正实施),实际目的是搜刮物资、打击后方经济。监管未能抑制投机,反而因游资泛滥和政府纵容,使股市投机愈演愈烈(张晓阳,1999)。

西商众业公所在经历短暂停业后重新复业,并且获得了空前的发展,直到太平洋战争爆发前,它一直是上海唯一开业的交易所。太平洋战争爆发后,日军进入租界,禁止公债和外股交易,西商众业公所也被迫关闭。

1945 年 1 月,四市商会在北平召开,同时召开的还有银行业公会和钱业公会代表会议。经过这些会议的讨论,证交所的组织经营原则得以制定。

会议结束后,华北有价证券交易所开始筹备开业,交易所的地址经过大修后,于 1945 年 8 月 27 日在天津正式开业。但令人遗憾的是,该交易所于 1946 年 4 月 15 日停业,开业时间仅有 7 个多月。华北有价证券交易所未实际开展期货交易,仅规定现货与期货两种交易方式,但全程仅进行现货交易(林榕杰,2012)。1945 年 8 月 15 日,日本宣布无条件投降,不久之后,伪政府扶持下的伪上海华商证券交易所彻底停业。

三、抗日战争胜利后(1945—1948 年)

抗日战争胜利后,时局也逐渐变得相对稳定。证券交易开始逐渐复苏,并慢慢地活跃起来。

1946 年 9 月 3 日,上海证券交易所股份有限公司正式成立,这是一所官商合办的机构。交易所的章程明确规定其营业范围包括现货交易和期货交易。由于成立初期股市疲软,业务冷清,上海证券交易所为了刺激交易市场,开办了一种具有期货交易特征的"递延交割"业务。1947 年 2 月 10 日,一种新的期货交易办法——蓝牌交易——应运而生,它与递延交割业务互为补充,为期货投机者进行期货交易提供了更加便利的条件(陈支农,1994)。

1948 年 3 月 14 日,天津证券交易所开办。然而,1948 年秋,政府对金圆券币制进行了全面而深入的改革,并明确告知上海和天津这两座城市中的证券交易所停止营业。此外,政府还明令禁止开展"递延交割"业务,不允许进行场外交易。这些政策的出台,导致上海证券交易所股价迅速下跌,股票市场迅速走向灭亡,天津证券交易所也按照规定停市(林榕杰,2004)。直至上海解放后证券期货交易被取缔。

新中国成立以前中国期货市场规模相对较小,但在少数品种上实现了一定的突破。然而,制度上的创新并没有带来市场的蓬勃发展,由于受到帝国主义政治和经济的双重压迫,该时期的期货市场发展处处受到限制。尽管如此,它仍为后来的期货市场发展奠定了重要基础,在整个中国期货市场发展的历史阶段中起到了关键作用。

综上所述,新中国成立之前,我国出现了众多交易所,以下介绍一些具有代表性的交易所。

上海证券物品交易所:该所由孙中山于 1916 年 12 月首次倡议设立,1920 年 7 月 1 日正式开业,是我国筹办时间最早的交易所。起初的交易品种较为丰富,到 1928 年,交易物品只剩下标金、棉花和棉纱三种。1929 年 6 月起,不再进行棉花和棉纱交易,转而从事证券交易。

上海华商证券交易所:成立于 1920 年 11 月,是经营时间最长的交易所。其前身是上海股票商业公会,交易的证券以公债为主,定期交易以两个月为限。

上海华商纱布交易所:成立于 1921 年 7 月,在抗战爆发前的棉花和棉纱交易市场中规模最大的交易所。交易物品有棉花、棉纱和棉布三种,但实际上市的只有棉花和棉纱两种,定期交易最多以六个月为限。

上海金业交易所:于 1921 年成立,前身是上海金业公会,交易所交易的物品有各国金块、金币标金、赤金和国内矿金四种,实际上市的只有标金,定期交易以两个月为限。

中国机制面粉上海交易所:于 1921 年成立,前身是上海机器面粉公会贸易所,交易物品有机制面粉及麸皮,定期交易期限为三个月。

上海杂粮油饼交易所:于 1921 年成立,交易物品有米、谷、豆、麦、油、饼、芝麻等,定期买卖以四个月为限。

北平证券交易所:成立于 1918 年,是我国最早成立的证券交易所。根据 1927 年的情况，在场交易证券全都是公债；由于政治局势不稳，未做定期交易，只做现货交易。

滨江粮食交易所：成立于 1922 年，设在黑龙江省哈尔滨市，交易物品有大豆、小麦、面粉、豆油、豆饼和杂粮六种，交易方式有现期、定期和约期三种。

滨江货币交易所：成立于 1922 年，以"各种货币买卖之担保，对买卖双方收取佣金为营业目的"，交易方法有定期交易和现钞交易两种，其中主要采用定期交易的方式。

天津证券花纱粮食皮毛交易所：成立于 1921 年，由北洋政府农商部批准成立，地址在大胡同南口旧海关道署。该所名义上的交易品种有证券、花纱、杂粮和皮毛，实际上主要经营证券，并且以竞争买卖法进行交易。

华北有价证券交易所：于 1945 年 8 月 27 日正式开业，上市股票有 26 种，但其实每天交易的只有 5 种，1946 年 4 月 15 日停业。

天津证券交易所：华北有价证券交易所停业之后，国民党政府为了引导社会游资，于 1948 年 3 月 14 日成立了天津证券交易所。1948 年 8 月 15 日，全国各市场及交易所停市，之后天津证券交易所也没有再开业。

第三章
新中国成立前后到经济高速发展阶段期货市场发展

第一节　新中国成立前后到改革开放前期货市场探索(1949—1978 年)

　　1949 年新中国成立后,中国经济在战争废墟上开启了曲折的探索历程。新中国成立之初,政府在恢复经济的同时,因旧中国期货市场的投机性与新政权稳定经济的目标相悖,逐步关闭或改造旧有交易所,转向以现货交易为主的市场治理模式。而到 20 世纪 70 年代,随着对外贸易规模扩大,计划经济下的现货交易在国际大宗商品采购中暴露出价格风险问题,促使中国在白糖、黄金等交易中尝试"期货＋现货"的组合策略,陈云等领导人更从国家经济安全角度肯定了期货市场的工具价值。这一时期从取缔投机性期货交易到探索利用期货规避风险的转变,既反映了特定历史条件下经济体制的制约,也为改革开放后期货市场的重建积累了实践经验,构成了中国期货市场发展史的重要序幕。

一、新中国成立前后的经济恢复与市场治理（1949—1952 年）

1949 年新中国成立时，国民经济因长期战争摧残已濒临崩溃。数据显示，1949 年现代工业仅占工农业总产值的 17%，主要工业品产量较历史峰值大幅下滑：煤炭减产 48%、钢铁减产 83%—86%、棉纺织品减产超 25%，农业亩均产量下降 25%。为扭转困局，政府推行新民主主义经济体制，通过稳定物价、统一财政等举措恢复经济秩序。但受计划经济体制与期货市场投机性的双重影响，1949—1952 年间，政府对旧中国遗留的期货交易所采取关闭或改造政策，使其转型为现货交易市场。

1949 年 3 月，上海证券交易所在"疏导游资、稳定经济"的名义下复业，但股票交易清淡，成交稀薄。新中国成立前夕，国民政府为弥补财政赤字（尤其是军费支出）推行的扩张性财政政策，在缺乏实体经济支撑的情况下引发恶性通货膨胀。截至 1949 年 5 月，物价指数较 1937 年 6 月上涨 36 807 亿倍，"金圆券"信用崩溃导致市场排斥纸币，人民币在上海地区甚至沦为银元辅币。投机资本借机通过上海证券交易所操纵银元价格，10 天内银元价格翻倍，13 天内物价涨幅达 2.7 倍，严重阻碍了人民币的市场流通。随着上海解放临近，国民党政府财经两部下令上海证券交易所停业。1949 年，上海解放后，新政权查封了上海证券交易所大楼，标志着旧中国证券市场的终结（白丽健，2000）。

上海证券交易所是国家金融垄断资本扩张的产物。南京政府为干预和控制国民经济，于 1946 年重设该所，其资本由原股东认 60%、国家金融机构认 40%，经营宗旨和决策均受政府主导。政府的支持推动使其成立时达到新高度，如统一市场、扩大资本、规范管理等，还在经营阶段给予诸多便利。但过度监管也带来负面影响，如证据金风波致股市疲软，停办递交业务使游资冲击物价、堵塞企业融资渠道等。虽然该交易所形式先进但独立性差,股票行市波动大,未能正常履行职能,沦为政府棋子(罗友山,2002)。

新中国成立前后,中央政府在打击投机势力的同时,也认识到证券交易所在吸纳社会游资、缓解物资市场冲击方面的积极作用,先后开设天津证券交易所与北京证券交易所,但并未涉及期货业务。1949 年 6 月 1 日,改造后的天津证券交易所开业,成为新中国首家证券交易所,主要交易公司股票,其证券发行有效吸纳了社会游资。据记载,1949 年 6 月该交易所日均证券交割金额达 2 750 余万元,占面粉市场成交额的 55%、纱布市场的 60%。1952 年鉴于其吸纳社会游资的任务已完成,政府关闭天津证券交易所(王绍华,1992)。同期改造的北京证券交易所于 1950 年 2 月开业,1950 年 2—12 月间成交金额 178.4 万元,交割总额 11.25 万元(交割比例 28.5%)。但因投机资本聚集导致资金周转困难,其融资功能被削弱,于 1952 年 10 月彻底关闭。至此,新中国初期改造的交易所均退出历史舞台(刘利,2003)。

二、社会主义建设探索时期的期货业务探索(1952—1977 年)

改革开放前中国面临计划经济体制的困境与经济发展的结构性矛盾。1953 年"一化三改"战略实施后,高度集中的计划经济体制确立,国家统一定价与物资调拨制度使企业丧失了市场主体地位。尽管计划经济推动了重工业体系的初步建立,但资源配置效率低下问题日益凸显:1952—1972 年中国经济增长率虽达 64.5%(人均 34%),但钢铁生产成本较苏联同期高 40%,经济增长依赖"高投入、高积累"的粗放模式。

20 世纪 70 年代,中美关系缓和(尼克松访华)与重返联合国等事件,为中国外交打开了新局面。1973 年对外贸易额突破百亿美元(109.76 亿美元),1974 年增至 145.68 亿美元(为 1970 年的 3.18 倍)。随着化纤、化肥设备及彩色显像管技术等国外先进设备的引进，中国与世界经济的联系日益紧密，但计划经济下的现货交易模式在大宗商品采购中暴露出缺陷：国际市场可通过中国年度计划推测采购规律，导致化肥、白糖等商品价格周期性波动（如春节前下跌、3 月外汇计划出台后暴涨），严重影响外贸成本与经济稳定。

1973 年，国家下达五丰行年内采购 47 万吨白糖的任务，当时国际市场白糖供给紧张、价格飙升。在陈云的指导下，五丰行采取"期货＋现货"组合策略：先在伦敦、纽约交易所买入 26 万吨期货（82 英镑/吨），同时向澳洲、巴西等地采购 41 万吨现货（89 英镑/吨）。国际市场因中国集中采购预期推动糖价暴涨至 105 英镑/吨，五丰行通过期货平仓获利 240 万英镑，不仅完成了采购任务，还规避了价格风险。

1971 年美元与黄金脱钩后，陈云敏锐地判断黄金作为硬通货的保值潜力，建议动用瑞士银行外汇储备购买黄金。1973 年外贸部门通过黄金交易与期货操作累计赚回 30 亿美元（超过 1972 年出口总额 26.4 亿美元），有效保障了国家外汇安全。陈云明确指出，"利用交易所做期货是保护性措施，非投机行为"，强调期货市场在规避价格风险、优化资源配置中的工具价值（熊亮华，2005）。

白糖与黄金期货的成功实践，印证了期货交易在国际贸易中的风险管理价值。1975 年外贸部在香港设立专门机构开展期货贸易，国有企业逐步参与国际期货市场，但内地期货市场尚未正式建立。这一阶段的探索为改革开放后期货市场的重建积累了经验，也凸显了建立本土期货市场以服务国家经济安全的迫切性。

第二节　中国期货市场重建与快速发展阶段
（1978—1993 年）

1978 年改革开放的浪潮开启了中国经济体制的深刻变革，也为期货市场的重建与发展埋下了历史伏笔。这一阶段（1978—1993 年）既是中国从计划经济向市场经济转型的探索期，也是期货市场从理论争议走向试点实践的关键初创期。在价格双轨制引发的市场波动、企业风险管理需求激增的现实背景下，期货市场作为价格发现与风险规避的重要工具，被纳入经济改革的试验田。从 1990 年郑州粮食中央批发市场引入期货交易机制，到各地商品交易所相继成立，中国期货市场在短短数年间完成了从概念构想、制度设计到市场雏形的快速演进。然而，理论认知的分歧、制度建设的滞后与市场扩张的盲目性，也使这一阶段的发展伴随着诸多争议与隐忧，为后续市场的规范整顿埋下了注脚。这段充满探索与挑战的历程，不仅奠定了中国期货市场的发展根基，更成为改革开放初期经济体制转型的生动缩影。

一、改革开放初期的中国期货市场探索

中国期货市场的发展与政治经济体制变革、国内外环境变化紧密相连。政治经济体制的演进，始终是期货市场发展的核心影响因素。

（一）改革开放为期货市场提供制度基础

1978 年党的十一届三中全会后，中国开启改革转型进程。党的十一届六中全会明确强调市场调节的作用，党的十二大进一步探索市场经济体系，党的十二届三中全会确立"社会主义有计划的商品经济"为改革重点。1987

年 2 月，邓小平在与中央负责人谈话中阐释了计划与市场的关系；1985 年 10 月，他进一步指出："社会主义和市场经济之间不存在根本矛盾。问题是用什么方法才能更有力地发展社会生产力。"（邓小平，1993）这一理论为改革开放和期货市场发展奠定了制度基石。

关于期货市场的争议在 20 世纪 80 年代末持续存在。在 20 世纪 80 年代末中国期货市场试点初期，反对观点主要围绕意识形态属性和市场稳定性展开。意识形态层面的反对主要是由于期货交易被视为资本主义产物，将期货交易与资本主义画等号，认为其违背社会主义经济原则。同时，当时也有部分学者和专家认为期货市场的价格发现功能会冲击计划经济的价格体系。市场层面的反对主要集中在两方面：一是认为期货交易的高杠杆特性会刺激过度投机，导致市场不稳定；二是担忧期货市场的价格波动会传导至现货市场，加剧实体经济的不稳定。另外，反对观点也部分反映出对国际经验的误读。例如 1987 年美国股灾后，《布雷迪报告》将股灾归咎于股指期货，这一观点被国内部分学者引用，作为反对金融期货的依据（杜岩，2018）。

支持观点指出，期货交易是市场经济的组成部分，属于定价机制与交易方式，可通过充分竞争提供价格信息并转移风险。1989 年 1 月，国务院发展研究中心和国家体改委的期货市场研究工作小组形成研究报告与著作（田源，1989）。李鹏总理批示"同意试点，但结合中国国情制定方案"，为中国试办期货市场提供了政策研究支持和方向指引。直至邓小平南方谈话后，随着改革开放浪潮推进，允许期货市场作为改革试点的舆论逐渐占据主导，争议趋于缓和，但不同看法始终伴随期货市场的酝酿与初创阶段。

（二）经济发展为期货市场奠定现实基础

改革开放初期，我国经济体制改革沿着价格改革和企业改革两条主线展开。在价格改革方面，随着农村联产承包责任制的推行，农产品剩余部分进入集贸市场交易,价格"双轨制"初现端倪。1984年,改革重心转向城市,工业领域也引入了价格双轨制。价格"双轨制"虽在一定程度上突破了计划经济的束缚,但也带来了诸多问题。农产品和工业品价格波动剧烈,生产秩序受到严重影响,市场价格失真,市场参与者面临巨大的价格风险。在此背景下,能够有效规避价格风险、发现合理价格的期货市场,成为经济发展的迫切需求。

企业改革同样为期货市场的发展创造了条件。企业推行承包制、试行股份制,自主经营权逐步扩大,成为自负盈亏的市场主体。企业在市场竞争中,对原材料和产品价格波动的敏感度日益增强。为了稳定生产经营,企业急需一种有效的风险管理工具,期货市场的套期保值功能正好契合了企业的这一需求。例如,一家以农产品为原料的加工企业,通过在期货市场上提前锁定原材料价格,能够避免因价格大幅上涨导致成本失控,从而确保生产经营的稳定性。

经济的快速增长与市场规模的不断扩大,是期货市场发展的重要动力。1978年后,我国国内生产总值高速增长,经济总量连上多个台阶。随着经济的发展,各类商品的生产与流通规模急剧扩大,市场交易活跃度大幅提升。大量的商品交易产生了对价格发现和风险规避的强烈需求,期货市场作为市场经济的高级形式,能够为市场参与者提供更加高效的价格信号和风险管理手段,从而在经济发展的浪潮中应运而生。

与此同时,欧美发达国家在20世纪70—80年代金融衍生品创新的突破,为中国期货市场重建创造了外部条件。但不同于欧美自由经济,中国"双轨制"经济模式下,期货市场形成缺乏可直接参考的经验,需立足国情、解放思想,逐步探索完善。

二、期货市场雏形形成：从理论研究到试点实践

党的十一届三中全会确立以经济体制改革为核心目标，党中央强调尊重经济规律与价值规律，为期货市场发展创造了机遇。

（一）渐进式价格改革与期货市场的关联性

改革开放初期，中国采取渐进式价格改革模式：

第一阶段（调放结合，以调为主）：以国家指导定价为主；

第二阶段（调放结合，以放为主）：市场化进程加快，但暴露了市场不透明、价格波动剧烈等问题；

第三阶段（边改革、边治理）：重点解决改革过度激进的问题。

1988年政治局会议明确价格改革方向为"国家控制市场、市场引导企业"，标志着市场化走向成熟。但市场经济初级阶段的价格波动问题凸显：现货市场价格信号滞后、盲目性强，而期货市场通过公开竞争形成的价格具有透明性与前瞻性，可提前预判供求与价格走势，为买卖双方提供成本控制与风险规避的工具（如卖方可通过期货锁定预期利润，买方可规避价格上涨风险）。由此，价格改革对期货市场的需求日益迫切，相关研究成为必然。

（二）期货贸易工作小组推动农产品期货试点

1988年，国务院代总理李鹏在《政府工作报告》中提出"探索期货交易"，确立期货市场研究课题，国务院发展研究中心与国家体改委联合成立"期货市场研究工作小组"，常清任秘书长。《关于期货制度研究工作的报告》提交后，李鹏总理同意试点，但要求"结合中国国情制定方案"。在商务部支持下确定粮食期货为首个试点品种，研究小组通过"地缘关系"另辟蹊径，初步框定河南（粮食）、四川（生猪）、湖北（稻谷）、吉林（玉米）、石家庄（钢材）作为试点地区。试点成功解决了价格双轨制过渡问题，形成国内统一商

品价格体系,推动社会生产力发展,为后续期货市场全面发展奠定基础。
1990 年 10 月 12 日,郑州粮食中央批发市场开业,虽名称未直接体现"期货",但其交易规则已引入会员制、集中竞价、保证金制度、价格波动限制等期货交易机制。从实质看,该市场已具备早期期货交易所的管理框架,是中国首家规范化引入期货机制的粮食交易平台(陈姗,2019)。

同期,各地纷纷筹备期货交易所。以上海为例,1990 年浦东开发开放后,相关团队深入研究芝加哥期货市场资料,1992 年获上海市政府与商业部支持,最终于 1992 年 10 月明确上海粮交所从期货交易起步的定位。

（三）期货市场的快速扩张与隐忧

继郑州粮食批发市场后,上海金属商品交易所、深圳有色金属交易所、大连商品交易所、上海粮油商品交易所相继成立,中国期货市场进入快速发展期。1992 年初邓小平南方谈话明确"证券、股市,这些东西究竟好不好,有没有危险,是不是资本主义独有的东西,社会主义能不能用？允许看,但要坚决地试"(邓小平,1993)。李鹏总理在政府工作报告中提及发展期货市场,推动行业加速扩张。至 1993 年底,全国期货交易所数量显著增加,期货经纪公司达 300 余家,金融机构兼营期货业务的机构超 2 000 家。但市场过热引发盲目扩张、过度投机等问题,规则与监管滞后导致风险失控,亟待规范整顿。

三、改革开放初期的期货市场组织与机构发展

（一）郑州粮食批发市场:期货交易所的雏形

1990 年郑州粮食批发市场开业,以现货交易为主,引入部分期货机制,拉开中国期货市场序幕。其交易规则包含会员制、保证金、集中结算等核心期货要素,实现了试点目标。1993 年 5 月 28 日,郑州商品交易所正式推出

农产品期货交易,形成全国性规范交易市场,建立现货价格信息发布机制与初步法律规则,培养了专业人才,普及了期货知识,为市场发展奠定了基础。

(二) 期货交易所与经纪公司的蓬勃发展

多家商品期货交易所诞生。1992 年 10 月,深圳有色金属交易所推出中国首份标准化期货合约(特级铝期货),实现了从远期合约到期货合约的跨越。1992 年 5 月上海金属交易所成立,采用电子集中交易与"价格优先、时间优先"的撮合规则,1996 年底成交额达 1.806 万亿元,被誉为"世界第三大有色金属期货市场"。1993 年大连商品交易所、上海粮油商品交易所相继运营,郑州粮食批发市场更名为郑州商品交易所,标志着从"批发市场"向"期货交易所"的转型完成。

初步探索金融期货。1992 年 6 月,上海外汇调剂中心试点外汇期货交易,广州、深圳跟进。1992 年 12 月,上海证券交易所推出国债期货合约,标志着金融期货诞生。1993 年 3 月,海南证券报价交易中心推出股票指数期货。

期货经纪公司爆发式增长。1992 年 9 月,中国首家期货经纪公司"东万通期货"成立,年底中国国际期货经纪有限公司开业。至 1993 年底,全国经纪公司超 300 家(含 50 余家合资公司),金融机构兼营机构 2 000 余家,但盲目扩张导致行业隐患积聚。

四、期货交易制度的建立与局限性

在此阶段随着我国期货市场蓬勃发展,期货交易制度也逐步建立。期货交易制度是我国期货市场运作的基本原则,对我国期货市场的发展具有稳定性的作用,但也存在很多亟待解决的问题。各个交易所在交易制度上参照国际通行制度,但由于各种限制条件,在执行层面上参差不齐。这一时期建立的主要制度有以下三类。

（一）推出标准化期货合约

1992 年 10 月,深圳有色金属交易所推出了我国第一个标准化期货合约——特级铝期货标准合同,实现了由远期合同向期货交易的过渡。特级铝期货合约的推出,有着重要的时代意义,它标志着中国期货市场开始走向规范化和标准化,为后续期货市场的发展提供了重要的借鉴和参考。在该交易所开业期间,深圳铝期货交易量一直居全国首位,"深圳铝价"在期货界具有重要影响力。

期货标准合约具有多方面的作用和意义。一是能够增强市场流动性。标准化的合约使得不同投资者能够在统一的交易规则下方便地参与交易,增加了市场参与者数量。买卖双方更容易找到对手方,提高了交易的频率和规模,使市场更加活跃。例如在特级铝期货合约推出后,众多相关企业和投资者参与其中,铝的期货交易更加顺畅。二是降低交易成本。合约的标准化减少了交易双方在合约条款上的协商时间和成本。投资者无需就合约的各项细节进行单独谈判,降低了交易的复杂性,使交易流程更加简便快捷,提高了市场运行效率。三是便于市场监管。标准化合约便于期货交易所和监管机构对市场进行监管。由于合约条款统一,监管机构可以更有效地监控市场交易行为,及时发现和防范市场操纵、欺诈等违法行为,维护市场的公平、公正和透明,保护投资者的合法权益。四是锁定成本与风险规避。对于相关企业来说,能够利用期货标准合约进行套期保值操作,锁定生产经营成本,规避因现货市场商品价格波动带来的风险。比如铝加工企业可以通过买入或卖出特级铝期货合约,来对冲未来铝价波动对其成本或利润的影响。五是增强价格发现功能。期货市场聚集了众多的买家和卖家,通过公开竞价形成的期货价格,能够及时、准确地反映市场对未来商品价格的预期,为现货市场提供价格参考,有助于优化资源配置。

同时期其他商品期货交易所也相继推出了不同标的的期货合约。国债期货合约于 1992 年 12 月 18 日在上海证券交易所首次推出 12 个品种，分别为 3、6、9、12 月份交割的 3 年期 1991 年国债、3 年期 1992 年国债和 5 年期 1992 年国债。每张国债合约面值为 20 万元国库券，保证金为 2.5% 左右（叶全良，2003）。

（二）交易所实行电子集中交易

1992 年 5 月 28 日，上海金属交易所正式成立，这一事件标志着中国期货市场发展迈入新阶段。它不仅是我国首家规范化的金属期货市场，更是在交易模式上实现重大突破，率先采用自动撮合交易系统，告别传统人工喊价，为市场注入了全新活力。

自动撮合交易系统通过计算机程序，依据价格优先、时间优先的原则，快速匹配买卖双方订单，极大提升交易效率，减少人为干扰，保障交易公平公正。同时，上海金属交易所开创国内期货市场电子集中交易先河，将分散交易集中于电子平台，实现信息的实时共享。买卖双方能迅速获取市场行情，及时调整交易策略，有效降低交易成本与风险。

期货市场电子集中交易的重要性不言而喻。它打破地域限制，吸引全国各地交易者参与，增强市场流动性与活跃度；通过公开透明的交易机制，形成更具权威性的价格，为现货市场提供定价参考；还推动我国期货市场与国际接轨，提升在全球金属市场的话语权。上海金属交易所的成功实践，为中国期货市场的发展奠定了坚实基础，对完善我国市场经济体系具有深远意义。

（三）风控制度初步建立

在风控制度方面各个交易所水平不一，风控制度比较完善的，如 1993 年底成立的北京商品交易所、上海粮油商品交易所，建立了国际上通用的期货市场交易制度，成为国内规范化程度较高的交易所（李剑阁，1995）。一是涨停板制度。为了控制期货市场可能存在的交易风险,减少期货交易市场的价格过度波动,设置了涨跌停板制度,将期货市场的价格限定在一定的范围内,一旦期货市场的价格达到交易规定的数额,及时终止交易。涨跌停板制度维护了期货市场的稳定,降低了期货交易投机风险。

二是保证金制度。期货交易是一个零和博弈,也就是说一方赚的钱就是另一方所亏的钱。对于双方来说存在一定的风险,亏损的一方存在违约风险,所以期货市场要求双方在进行期货市场交易时,需要缴纳一定的资金作为保证金,主要是为了防范当买卖双方风险增大、抑制期货交易风险而增加的一种保险机制,有利于期货市场的稳定。保证金分为初始保证金和维持保证金,随着价格波动保证金账户的资金也会增多或减少,如果低于维持保证金(大约为初始保证金的 90%),期货市场将要求追加保证金,从而达到规定的额度。

三是每日盯市制度。每日按当日的结算价格进行结算,结算价格是指交易所每日交易结束后期货交易的价格。期货合约的购买者如果今天的结算价格高于前一日的结算价格,则保证金账户有资金流入;否则就会流出。多余的可以提走,低于维持账户的,必须在账户中再存入资金,以使账户余额达到初始保证金水平。两天之间结算价格的变化决定了结算金额的变化。

其他风险控制措施包括对活跃品种实行大户报告制度、交割月净持仓限量制度等。大户报告制度要求持仓达到规定标准的投资者,需向交易所报告资金、持仓等详细信息。这便于交易所及时掌握市场持仓结构,若发现大户存在违规或操纵市场迹象,可提前预警并采取措施,防范集中交易风险。交割月净持仓限量制度则针对交割月份的持仓量进行限制,明确投资者在临近交割时可持有的最大头寸。该制度旨在避免因持仓过度集中引发逼仓等风险,保障交割环节顺利进行,确保期货价格真实反映现货供求关系,使期货市场能有效发挥价格发现和套期保值功能(熊玉莲,2009)。

此阶段中国期货市场发展较快,但是存在很多制度和法规漏洞。缺乏全国统一的规则和法律法规,并且缺乏有效和统一的监管,参与期货的各方对期货的高风险认识不够敬畏不足,市场存在盲目发展现象。

第三节　中国期货市场规范发展阶段
(1993—2003 年)

1993—2003 年是中国期货市场从无序走向规范的关键转型期,学界称其为"规范发展阶段"。这一时期,期货市场因初期盲目扩张积累的制度漏洞集中爆发,粳米期货风波、"327 国债事件"等风险事件频发,暴露了市场规则缺失与监管分散的深层次问题。为此,国务院主导了两次大规模清理整顿:1993—1998 年首次整顿通过压缩交易所数量、规范经纪机构等举措初步遏制市场乱象;1998—2003 年二次整顿进一步将交易所整合为 3 家,出台《期货交易管理暂行条例》,构建起政府监管、行业自律与交易所自律的三级监管体系。这场持续十年的系统性改革,既通过"破立结合"化解了投机泡沫,又通过会员制改造、法规建设等制度创新,为中国期货市场的法治化、专业化发展奠定了制度根基,成为金融市场改革史上具有里程碑意义的转型阶段。

一、从过渡到规范发展的两次清理整顿

1993 年起,国务院授权证监会对我国期货市场开始进行清理整顿和规范发展,期货市场经历了两次清理整顿。整顿以后,期货市场合规水平有所

提高,期货公司合规经营的市场形象正在树立,中介服务的能力也不断增强,盈利能力增强,行业结构开始优化,行业抗风险能力不断增强,创新发展的基础不断夯实。

（一）第一次清理整顿（1993—1998 年）

当时违规交易行为曾大量存在。出于风险防范与管控的现实需求,1993 年 11 月 4 日,国务院颁布了《关于坚决制止期货市场盲目发展的通知》。该文件明确"规范起步,加强立法,一切经过试验和严格控制"的原则,拉开了第一次清理整顿的序幕。此次整顿建立了统一的期货市场监管体系,由国务院证券委员会负责期货市场试点工作的指导和规范,中国证券监督管理委员会承担具体工作。1994 年 3 月 31 日,国务院办公厅转发证券委《关于坚决制止期货市场盲目发展若干意见的请示》,文件提出对已成立的期货交易所审核、限定期货交易范围、审批期货经纪公司、控制国企和事业单位参与、查处非法经纪活动、加强市场监管等具体意见,以规范期货市场试点工作,促进期货市场健康发展。这一系列政策举措,为规范期货市场运行秩序、遏制市场盲目扩张态势奠定了制度基础（常远,2007）。

此次整顿工作围绕四大核心方向稳步推进。一是确立监管体系。在清理整顿过程中,确立了国务院证券委员会负责、中国证监会具体执行的统一监管体系。改变了此前期货市场多头监管、政策混乱的局面,将监管权力集中,使得期货市场的管理更加集中统一,为后续监管政策的实施和市场规范提供了有力的组织保障。

二是清理整顿期货交易所,确定试点交易所,剩余交易所转型为其他市场。1994 年初,证监会、经贸委等部门确定了审核期货交易所的标准。符合试点标准的交易所上报国务院批准试点;不完全符合条件,但运营比较规范、制度比较健全、设备比较先进、有一定影响的交易所,可合并后上报证监会;少数条件好,但未列入试点的交易所,原则上可并入试点交易所。其他大部分交易所转为现货批发市场(也有转为期货经纪公司的),可进行非标准化的远期合同交易,但不得进行合同转让。通过这样的清理整顿,期货交易所数量大幅减少,由清理整顿前的 50 多家缩减为 15 家,改变了期货交易所过多、交易品种严重重复的状况,提高了市场的集中度和规范性。

三是规范期货经营机构,对期货经纪公司进行重新审核。中国证监会给部分符合条件的期货经纪公司颁发了"期货经纪业务许可证"。同时,开始着手清理违规违法和财务状况差的期货经纪公司,为期货经纪行业的健康发展奠定了基础。这有助于规范市场主体行为,保护投资者利益,增强市场信心。

四是加强对交易品种的管理:开始关注交易品种的合理性和规范性,对于一些不适合期货交易或容易引发过度投机的品种进行调整。不过,相较于第二次清理整顿明确压缩交易品种数量,第一次清理整顿在这方面的措施相对较为温和,更多的是在探索和规范过程中进行。

表 3.1　清理后的 15 家交易所及其 35 个交易品种

交易所的所在地	交易所的名称	上市品种
北京	北京商品交易所	绿豆、国债、线材、胶合板、玉米、大豆、菜籽油、白糖、红小豆、电解铜、特铝、纯碱、聚丙烯、聚氯乙烯、豆粕、小麦、精铜、精铝、大米、花生仁等
上海	上海金属交易所	铜、铝、铅、锌、锡、镍
上海	上海粮油商品交易所	粳米、大豆、绿豆、菜籽油、白砂糖、玉米、大豆油、红小豆、白小麦、红小麦、籼米、菜籽油
上海	上海商品交易所	胶合板、尿素、棉纱、汽油、柴油、重油、液化油、沥青、白砂糖、氯化钾、农膜、干茧、生丝、甲醇、天然胶、聚氯乙烯、线材、水泥
天津	天津联合期货交易所	线材、白砂糖、大豆、天津红小豆、生铁、铜

续表

交易所的所在地	交易所的名称	上市品种
沈阳	沈阳商品交易所	线材、1号铜、国债、特铝、胶合板、原木、螺纹钢
大连	大连商品交易所	大豆、绿豆、玉米、大豆油、红小豆、小麦、大米、豆粕
长春	长春商品交易所	大豆、绿豆、玉米、大豆油、红小豆、白小豆、大米、豆粕、国债
苏州	苏州商品交易所	线材、桑蚕丝、桑蚕茧、螺纹钢、聚酯切片、涤纶低弹丝
郑州	郑州商品交易所	大豆、绿豆、玉米、大豆油、红小豆、小麦、国债、芝麻、粳米、花生仁、铝、棉纱
广州	广东联合期货交易所	白砂糖、90号汽油、特铝、0号柴油、粗米、国债、玉米、1号铜、豆粕、大豆
深圳	深圳有色金属期货联合交易所	特铝、1号铜、1号镍、白糖、玉米、轻柴油
海口	海南中商期货交易所	棕榈油、白砂糖、国债、天然胶、胶合板、红小豆
成都	成都联合期货交易所	大豆、绿豆、玉米、高粱、特铝、红小麦、豆粕、国债、棉纱、菜籽油、铜、桐油、线材、油菜籽、胶合板、冻白条肉、1号镍
重庆	重庆商品交易所	1号铜、高基铝、1号镍、1号铅、1号锌、螺纹钢、线材

资料来源:根据《中国期货市场年鉴》(1995)、《中国期货市场发展研究报告》(2004)整理。

(二) 第二次清理整顿(1998—2003年)

虽然经过第一次清理整顿,但期货市场顽疾未除。1998年,鉴于期货市场依旧存在的乱象,国务院于8月1日发布《国务院关于进一步整顿和规范期货市场的通知》,开启了第二次清理整顿行动。

此次整顿首要任务是对期货交易所进行大刀阔斧的调整。按照"继续试点,加强监管,依法规范,防范风险"的原则,将当时的14家期货交易所整顿撤并,仅保留上海、郑州和大连3家。保留的交易所划归中国证监会直接管理，其高层人事任免由证监会主导，以此强化集中统一管理。具体调整方式多样，以上海为例，将上海金属交易所、上海商品交易所和上海粮油商品交易所按"五统一"原则合并为上海期货交易所。其他未保留的交易所，或改组为公司制地方交易厅、地方报价厅与三大所联网交易，承担有限服务职能；或改组为期货经纪公司，条件合适的还可转为证券经营机构，实现平稳过渡。

交易品种方面，为遏制过度投机，充分发挥期货市场价格发现与套期保值功能，商品期货交易品种从 35 个大幅压缩至 12 个，取消了 23 个品种，保留了铜、铝、大豆、小麦等较为重要且相对稳定的品种。同时，对交易保证金比例进行差异化调整，铜、铝、大豆等套期保值功能好、不易炒作的品种维持 5％的最低保证金比例，其余 9 个品种则提高至 10％，上海、郑州、大连三家期货交易所需重新设计期货合约并经证监会批准后上市。

在期货经纪领域，全面取缔非法期货经纪活动。取消所有非期货经纪公司会员的期货经纪资格，严禁个人从事期货经纪业务，工商与证监会联合严厉查处非法从业者。提高期货经纪公司最低注册资本金标准，推动其合并重组，实现规模经营，同时严禁期货经纪公司从事自营业务，规范代理业务各环节以严控风险，并完善年检制度，注销不合规公司，扶持优质大型经纪公司。

境外期货交易也受到严格管控。国务院重申，未经批准，任何机构和个人不得擅自开展境外期货交易，期货经纪公司禁止从事境外期货业务。对确有套期保值需求的少数进出口企业，由多部门联合严格审核，报国务院批准后颁发境外期货业务许可证，且仅允许其在境外市场进行套期保值，严禁投机交易，相关部门还会根据企业实际情况确定交易品种与最大交易量，并指定境外经纪机构与交易所。

此外,加快法规建设成为当务之急。国务院法制办公室和中国证监会着手起草期货交易管理条例,中国证监会进一步强化对期货市场交易、结算、交割制度的规范与统一。严禁金融机构、事业单位、党政机关以及国有企业违规参与期货交易,禁止信贷资金和财政资金流入期货市场,未经批准不得开展金融期货交易,加强对境内金融机构外汇交易的监管。

1998 年的第二次清理整顿,是中国期货市场发展历程中的关键转折点。通过一系列强有力的举措,市场无序发展的态势得到根本扭转,为后续市场的健康、稳定发展奠定了坚实基础,推动中国期货市场逐步迈向规范化、法制化轨道。

表 3.2　1998 年压缩后商品期货交易所品种一览表

交易所名称	上市品种
上海期货交易所	铝、铜、天然橡胶、胶合板、籼米
郑州商品交易所	绿豆、小麦、红小豆、花生仁
大连期货交易所	大豆、豆粕、啤酒大麦

资料来源:根据《中国期货市场年鉴》(1995)、《中国期货市场发展研究报告》(2004)整理。

二、中国期货市场发展中的典型风险事件及教训

(一) 期货市场的典型风险事件

在市场规范过程中,仍频发投机与恶意操作事件,比较典型的事件如下:

籼米期货"7 月风波"与"9 月风波"(1994 年):籼米期货是当初期货市场的一个重要的品种,从 1993 年的 6 月 30 日开始交易,到 1994 年 10 月底结束,在这个过程当中发生过一些风波,称为"7 月风波"和"9 月风波"。当

时发生这些风波的主要原因在于市场大米供应紧张,引起现货价格的上涨,同时又刺激了期货价格的上涨,但是当时期货市场的多空双方,对价格的看法又不一致,因此造成了多空对峙,空方亏损严重。在这种情况下,一些做空的会员和客户就到处写信告状,造成了市场的不稳定,引起了政府部门的干预。

苏州红小豆 9511 与 9602 合约爆仓事件(1995—1996 年):1995 年 6 月苏州商品交易所推出红小豆期货后,期价因现货低迷连创新低,1996 年多头利用交割条款缺陷与利多消息逼空,期价从 3 380 元/吨涨至 5 325 元/吨,导致空头与套期保值者爆仓,最终证监会于 1996 年 3 月停止该品种交易。

海南 M506 棕榈油过度投机事件(1995 年):1994 年油料减产带动棕榈油价格上涨,1995 年投机多方无视供求变化拉抬价格,在监管抑制下,M506 合约期价从 9 500 元/吨连续跌停至 7 200 元/吨,多头亏损惨重,该品种最终因过度投机与监管不力而退市。

(二)"327 国债事件"

"327"指 1992 年发行、1995 年 6 月到期的三年期国债,对应期货合约在上海证券交易所交易。当时市场对国债保值贴补率预期存在分歧,以万国证券为代表的机构做空,而中经开等机构做多,多空博弈激烈。1995 年 2 月 23 日,万国证券在期货收盘前最后 8 分钟突然抛售超 1 000 万手空单,试图操纵价格,导致 327 国债期货价格从 151.30 元暴跌至 147.50 元。上交所随后宣布该时段交易无效,万国证券巨额亏损,最终破产重组。

市场机制不完善以及对保值贴补率的争议是事件发生的主要原因。国债期货推出时,中国金融衍生品市场尚处于起步阶段,缺乏成熟的风险管理体系,保证金制度、涨跌停板等规则缺失,投机氛围浓厚。20 世纪 90 年代初政府对国债实行保值贴补。327 国债到期时，市场对最终贴补率预期分歧显著，成为多空对决的导火索。

事件直接导致上交所于 1995 年 5 月暂停国债期货交易，该品种直至 2013 年才重启交易。事件暴露了市场操纵、风控漏洞等问题，推动监管层后续建立涨跌停板、提高保证金比例、强化持仓限制等制度，为金融衍生品市场规范化奠定基础。

"327 国债事件"揭示了金融创新与监管的平衡的重要性。事件表明，脱离监管的投机行为可能引发系统性风险，后续金融改革更注重制度先行。事件推动投资者教育与风险意识提升。事件成为中国金融市场风险教育的典型教材，促使市场主体重视合规与风险管理。

(三) 风险事件的教训与启示

一系列风险事件的教训对我国期货市场后续发展具有重要的借鉴和启示作用。

一是期货市场保证金比例要参照国际经验合理设置。"327 国债事件"发生时，国债期货市场的保证金比例相对较低，上交所规定期货市场客户的保证金比例在 2.5％，潜在风险放大了 40 倍。深圳交易所保持在 1.5％，而武汉仅仅在 1％的数量上。由于期货的保证金较低，使得投机成分加大，期货市场的风险增加。

二是涨停板制度和熔断机制要完善。未设置涨跌停板限制可能使市场缺乏价格稳定器，投机资金可通过巨额抛单肆意操纵价格，加剧多空博弈的非理性对抗，最终引发系统性风险。"327 国债事件"后，国内金融衍生品市场加速引入涨跌停板、熔断等风控机制，成为完善市场规则的重要契机。

三是严格执行最大持仓量制度。最大持仓量可以约束会员可持有合约数额，对参与者来说可以减少巨额损失发生，对交易所来说可以防范期货交易中的操纵行为。"327 国债事件"之前,会员单位在国债期货每一品种的持仓不能超过 5 万口,但是在事件发生时万国证券实际持有 200 万口。

四是不断完善现货市场,如果现货市场发展规模比较小,则相应期货市场很容易被操控。"327 国债事件"爆发前,作为标国债的发行标的总量仅为 240 亿元,能够用于期货市场交割的国债数量有限,期货市场的价格容易被操控。在事件发生当天,收盘前 8 分钟万国证券狂抛价值 2 112 亿元卖单,是国债发行量的 8.8 倍。

五是建立健全法律制度及监管体系。对于期货交易市场出现的一系列问题,很大程度上可以说是没有建立起一套完善的全国统一的法律规则和监管体系,期货市场的审查批准机制和管理权利具有一定的分散性。当时国债期货试点中,14 家国债期货交易场所,采用"先发现,后规范"的做法,没有全国统一的期货法律法规和监管,为事件埋下了伏笔。

三、整顿后的期货市场组织及期货公司

期货市场的组织结构一般由期货交易所、期货经纪公司和投资者共同形成一个互为依赖、相互促进、不可或缺的有机整体。中国期货交易采用会员制,期货经纪公司是期货交易的纽带,非会员的参与者一般委托作为交易所会员的经纪公司进行交易,参与者不仅包括套期保值者,也包括投资者、投机者,他们都是市场交易的重要主体。期货市场组织结构分别从交易所、经纪公司和市场参与者展开。

(一) 期货交易所撤销整合完成会员制改造

期货交易所是期货交易的市场组织者,处于中枢地位,为期货参与者提供集中交易的场所和规则。

第一次整合进行会员制改造。国务院及相关部门认识到交易所组织形

式和管理体制存在问题,如营利倾向明显、会员权利义务不相称、外部干预过多等,于是出台了相关措施。1995 年下半年开始,监管部门开始对中国期货市场会员制进行改造。改造要求将交易所注册资金分为均等份额作为会员资格费,会员单位认购一份,拥有一票表决权和一个操作席位。理事长为法定代表人,总裁、副总裁由证监会提名,商地方政府后推荐理事会聘任。对于不同类型兴办的交易所,如地方政府或国家有关部门兴办的、公司制的,通过偿还出资、贷款和给予一次性回报等方式保证交易所资产完整性。此外,还规定理事会需提交预算、决算报告,资金结余用于会员服务和交易所发展,以及党、政机关干部不得在交易所兼职等。

此次改造明确会员权利与义务,以会员资格费构建组织基础,形成"会员出资、民主表决"的治理框架,打破了原有营利化和行政干预模式,推动交易所向非营利性公益组织转型。同时,规范管理层产生机制、资产处置及资金用途,强化自律管理,为期货市场建立了统一规范的组织制度基础,提升了市场透明度与公信力,也为后续行业健康发展清除了体制性障碍,是中国期货市场从无序走向规范的关键制度变革。

在 1998 年开始的中国期货市场第二次清理整顿中,进一步强化了会员资质管理。对会员的财务状况、诚信记录、风险管理能力等多方面提出严格要求。淘汰了一批财务状况差、存在违规行为的会员,提高了会员整体质量。例如,要求会员具备充足的资本实力,以增强市场抵御风险的能力。同时,完善会员权利与义务体系。明确会员在交易所决策、交易规则制定等方面的参与权,使其能更好地维护自身及市场整体利益;强化了会员在遵守交易规则、防范市场风险等方面的义务。比如,会员有责任对自身客户进行严格的风险提示与交易监管。

此次会员制改革意义重大。从维护市场秩序的角度来看,提升了市场规范化程度，减少了违规操作空间，使得交易环境更加公平、透明。从风险管理层面来看，优质会员的集中有助于构建更有效的风险防控体系，增强了市场整体稳定性。而且，规范的会员制吸引了更多长期资金与机构投资者进入市场，为期货市场后续的健康发展奠定了坚实的基础。

（二）期货经纪公司——有限公司制

在两次清理整顿前，中国期货市场存在经纪机构过多、运作不规范等一系列问题，两次清理整顿对期货经纪公司产生了重大而深远的影响。

第一次清理整顿中，国家对期货经纪公司进行了重新审核，对期货经纪业务实行许可证制度，中国证监会给330家期货经纪公司颁发了"期货经纪业务许可证"。这一举措初步规范了期货经纪公司的市场准入，将一大批不符合资质和规范要求的经纪公司挡在了门外，净化了市场环境。

第二次清理整顿对期货经纪公司提出了更高的要求。首先，提高了期货经纪公司最低注册资本金标准，要求期货经纪公司最低注册资本金提升至3 000万元，旨在促进期货经纪公司合并重组，实现规模经营，增强其抗风险能力。其次，明确规定期货经纪公司一律不得从事期货自营业务，只能专注于代理业务，并且要进一步清理整顿代理业务的各个交易环节，严格控制风险。同时，完善年检制度，对不符合规定的期货经纪公司予以注销，适当扶持运作规范、资信良好的大型经纪公司。

经过两轮清理整顿，期货经纪公司数量大幅减少。截至1999年12月底，在完成增资工作后，我国获得期货经纪许可证的公司剩余179家。这些留存下来的期货经纪公司在资本实力、合规运营以及风险控制等方面都有了显著提升，为后续期货市场的规范发展奠定了坚实基础。

两次清理整顿行动对期货经纪公司进行了全面而深刻的改造，从市场准入、业务范围、资本实力到运营规范等多个维度重塑了期货经纪行业格局。通过提高行业门槛、规范业务行为、增强公司实力,期货经纪公司能够更好地适应期货市场规范发展的需求,在服务实体经济、发挥期货市场功能等方面发挥更为重要的作用。

四、中国期货市场建立了集中统一的三级监管体系

在中国期货市场两次清理整顿之前,中国期货市场监管处于分散且缺乏统一协调的状态,各地交易所自行其是,监管标准不统一,难以有效防范市场风险。在两次清理整顿过程中,监管体系的改造成为核心任务,旨在构建一个权责清晰、分工明确、协同高效的监管框架,保障期货市场的稳定与健康发展。

(一) 三级监管体系的架构形成

通过两次清理整顿,逐步建立起由政府监管、交易所一线监管、行业自律组成的三级监管体系。政府监管处于顶层,负责宏观政策制定、市场准入与退出管理以及重大违规事件的查处;交易所监管作为中间环节,承担一线监管职责,对市场交易活动进行实时监控和日常管理;行业自律组织则从行业内部出发,制定行业规范,促进会员间的自我约束与相互监督。这种三级架构形成了从上至下、层层递进的监管网络,实现了对期货市场全方位、全流程的监管覆盖。

三级监管体系并非各自独立运行,而是通过建立协同机制实现有机配合。政府监管部门制定的政策法规为交易所监管和行业自律提供了依据和指导;交易所将日常监管中发现的问题和风险及时反馈给政府监管部门,并配合查处违规行为;行业自律组织则在政府监管框架下,协调会员关系,将行业诉求传递给政府和交易所。例如,在处理市场异常波动时,政府监管部门迅速出台应对政策,交易所立即启动应急预案,对交易进行实时监控和调

控,行业自律组织则组织会员单位共同维护市场秩序,通过这种协同机制,有效提升了监管效率和应对市场风险的能力。

（二）政府监管的强化与完善

在第一次清理整顿初期,期货市场监管涉及多个部门,包括国家计委、中国人民银行、证监会等,多头监管导致职责不清、政策冲突。1998年,国务院决定将证券委与证监会合并,组建中国证券监督管理委员会,并明确其为全国期货市场的主管部门,集中行使期货市场的监管职能。中国证监会的成立,结束了期货市场监管分散的局面,实现了监管权力的统一,为监管政策的有效执行提供了组织保障。

在清理整顿过程中,政府加快了期货市场法规体系建设的步伐。1999年,国务院颁布了《期货交易管理暂行条例》,这是中国第一部规范期货市场的行政法规,对期货交易所、期货经纪公司、期货交易、期货结算等进行了全面规范,明确了市场各方的权利和义务。随后,中国证监会又陆续出台了一系列配套规章,如《期货交易所管理办法》《期货经纪公司管理办法》等,形成了以《期货交易管理暂行条例》为核心,配套规章为补充的法规体系,为期货市场监管提供了明确的法律依据,使监管工作有法可依、有章可循。

为打击期货市场中的违规行为,政府监管部门不断加大查处力度。针对市场操纵、内幕交易、欺诈客户等违法违规行为,中国证监会联合公安、司法等部门开展专项整治行动,对违规主体进行严厉处罚。通过加大查处力度,有效震慑了市场违规行为,增强了市场参与者的守法意识。

（三）交易所监管职能的规范与加强

在清理整顿过程中,期货交易所对自身组织架构进行了优化。将交易所从原来的会员制松散管理模式,逐步转变为更加规范、高效的组织架构。加强了决策层、管理层和执行层的分工与协作,明确了各部门的职责和权限。例如,设立专门的风险管理部门,负责市场风险的监测、评估和控制;成立交易监控部门,对交易活动进行实时监控,及时发现和处理异常交易行为。通过组织架构的优化,提高了交易所的管理效率和监管能力。

交易所对交易规则和制度进行了全面梳理和完善。在合约设计方面,优化了期货合约的条款,使其更加符合市场需求和风险管理要求;在交易制度方面,完善了保证金制度、涨跌停板制度、持仓限额制度等风险控制制度。例如,提高了保证金比例,扩大了涨跌停板幅度,加强了对持仓大户的监控,有效防范了市场过度投机和风险积累。同时,建立了风险准备金制度,用于弥补市场风险带来的损失,增强了交易所应对风险的能力。

交易所加强了对日常交易的监控和风险管理工作。利用先进的信息技术,建立了实时交易监控系统,对交易数据进行实时分析和处理,及时发现异常交易行为,如频繁报撤单、自买自卖、跨市场操纵等。一旦发现异常,交易所立即采取相应措施,如发出预警、限制交易、要求会员报告情况等。同时,加强对会员的风险管理,定期对会员的财务状况、交易情况进行检查和评估,对风险较大的会员进行重点监控和风险提示,确保市场交易的安全和稳定。

交易所强化了信息披露制度,提高了市场透明度。要求会员单位及时、准确地向交易所报告客户的交易信息和持仓情况,交易所定期向市场公布交易数据、持仓数据、市场公告等信息。通过及时、全面的信息披露,使市场参与者能够充分了解市场动态,增强了市场的公开性和公正性,减少了信息不对称,降低了市场风险。

(四) 行业自律机制的构建与发展

1995 年,中国期货业协会开始筹备,并于 2000 年 12 月正式成立,标志着中国期货市场行业自律组织的正式建立。中国期货业协会作为全国性的期货行业自律组织，由期货公司、交易所等市场主体自愿组成。协会的成立，为期货行业提供了一个自我管理、自我服务、自我约束的平台，促进了会员之间的交流与合作，加强了行业内部的自律管理。

中国期货业协会制定了一系列行业规范和标准，包括职业道德规范、从业人员行为准则、业务操作规范等。这些规范和标准对期货行业从业人员的职业操守、业务流程、服务质量等方面进行了明确规定，引导会员单位和从业人员规范经营、诚信服务。例如，职业道德规范要求从业人员遵守法律法规，诚实守信，保护客户利益；业务操作规范对期货经纪业务、投资咨询业务等的操作流程进行了详细规定，确保业务活动的合规性和规范性。

行业自律组织非常重视从业人员的培训与资格管理。中国期货业协会开展了大量的从业人员培训工作，包括期货法律法规、业务知识、风险管理等方面的培训，提高了从业人员的专业素质和业务能力。同时，建立了期货从业人员资格考试和注册管理制度，只有通过资格考试并注册的人员，才能从事期货业务。通过严格的资格管理，保证了从业人员队伍的质量，提升了行业的整体形象和服务水平。

中国期货业协会承担了行业纠纷调解和会员权益维护的职责。当会员之间、会员与客户之间发生纠纷时，协会通过调解、仲裁等方式，公正、高效地解决纠纷，维护了市场的和谐稳定。同时，协会积极反映会员的合理诉求，维护会员的合法权益，促进了期货行业的健康发展。例如，在政策制定过程中，协会组织会员单位进行研讨，将行业的意见和建议反馈给政府监管部门，为政策的科学制定提供参考。

中国期货市场两次清理整顿中对监管体系的改造是一项系统而全面的工程。通过建立三级监管体系，强化政府监管、规范交易所监管、完善行业自律，有效解决了期货市场发展初期存在的诸多问题，重塑了期货市场的监管秩序和运行环境。政府监管的强化为市场提供了坚实的制度保障和法律约束；交易所监管职能的规范与加强确保了市场交易的安全和有序；行业自律机制的构建促进了市场主体的自我约束和共同发展。经过两次清理整顿，中国期货市场监管体系逐步走向成熟，为期货市场的长期稳定发展奠定了坚实的基础。未来，随着期货市场的不断发展和创新，监管体系也需要持续优化和完善，以适应市场变化和新的发展需求。

五、逐步走向规范的期货市场制度及法规条例

（一）期货市场立法历程

20世纪90年代试点初期，部分地区敏锐地意识到期货市场法治化的重要性，河南、上海等地纷纷出台了期货市场的地方性法规或政府规章，先行探索期货市场的法治化路径。这些地方层面的法规和规章，是中国期货市场法治化建设的早期尝试，为后续全国性立法积累了宝贵经验。它们针对当时期货市场在本地发展中出现的一些问题，如交易场所的设立与管理、交易行为的规范等，做出了相应规定，在一定程度上规范了本地期货市场秩序。

中国期货市场清理整顿开启后，为了应对交易场所数量过多、品种重复上市、过度投机严重、市场操纵频发，以及期货经纪公司运作不规范、地下交易和境外期货交易引发经济纠纷等问题，国务院出台了大量行政法规性政策文件。如1993年11月4日发布的《关于坚决制止期货市场盲目发展的通知》、1993年11月17日中国人民银行发出的《关于严格控制开办金融期货业务的紧急通知》等，明确了对期货市场进行整顿的要求和方向。这些政策文件具有时代性、灵活性，快速应对当时市场出现的问题，开启了期货市场全国层面的法治化进程，为后续更为完善的立法奠定了基础。在这一阶段，证券委、证监会等部门依据国务院的政策文件，对期货市场进行了大规

模的清理整顿，关闭了大量不符合规范的交易场所，规范了期货经纪公司的运营，打击了非法交易行为。

1999年，为了使期货市场的规范发展有更稳定和系统的法律依据，国务院出台了《期货交易管理暂行条例》。该条例的出台，标志着中国期货市场在法治化进程中迈出了重要一步，从依靠临时性政策文件转向有较为稳定的行政法规来规范市场。《期货交易管理暂行条例》对期货交易所、期货经纪公司、期货交易行为等方面进行了全面规范，明确了市场参与者的权利和义务，为期货市场的有序运行提供了基本准则。同时，国务院还出台了四项管理办法《期货交易所管理办法》《期货经纪公司管理办法》《期货经纪公司高级管理人员任职资格管理办法》和《期货业从业人员资格管理办法》，以及对经纪公司管理的指导性文件，国企参与境外期货业务的管理办法等。

自1993年起，期货法立法工作正式启动，八届全国人大常委会将"期货交易法"列入立法规划一类项目，全国人大财经委成立起草领导小组，在1994年8月形成草稿。由于当时期货市场处于清理整顿阶段，人们对期货市场发展意见分歧较大，立法工作后陷入停滞。但早期的基础性工作为最终推出《期货和衍生品法》打下了一定基础。

（二）期货市场法治化阶段性特点

在期货市场发展初期以及清理整顿阶段，法治化建设呈现出明显的问题导向特点。由于市场快速发展过程中暴露出诸多问题，如市场秩序混乱、风险事件频发等，相关政策文件和法规的出台都是为了解决这些现实问题。从国务院出台的一系列行政法规性政策文件，到地方政府制定的地方性法规和规章，都是针对当时市场中存在的突出问题，迅速做出规定，以规范市场秩序、防范风险。这种问题导向使得法规政策具有很强的灵活性，能够根据市场变化及时调整。例如，针对期货经纪公司运作不规范的问题，及时出台相关规定加强对其设立、运营和监管的要求；对于过度投机和市场操纵行为，明确了严厉的处罚措施。这种灵活性在一定时期内有效地遏制了市场乱象，保障了市场的基本稳定。

早期期货市场的法治化建设呈现出分散的状态，各地根据自身情况制定地方性法规和规章，缺乏全国统一的标准和规范。随着清理整顿工作的推进，全国层面的法治化建设逐步加强，从国务院出台的行政法规性政策文件，到《期货交易管理暂行条例》，期货市场的法治规范逐渐实现了从分散到统一的转变。统一的法律法规为全国期货市场的规范运行提供了一致的准则，消除了地区之间的差异和冲突，促进了市场的一体化发展。在统一的法律框架下，期货交易所的设立与运营、期货经纪公司的监管、期货交易行为的规范等都有了统一的标准，有利于形成公平竞争的市场环境，提高市场效率。

中国期货市场两次清理整顿中的法治化建设，经历了从地方探索到全国统一立法、从问题导向的灵活规范到构建完善法律体系、从单纯注重规范到兼顾发展与风险防范的发展过程。在这一过程中，一系列法规政策的出台和完善，为期货市场的规范、健康、可持续发展提供了有力保障。

六、期货市场投资者教育越来越受到重视

1993—2003 年期间，越来越多的人开始意识到期货市场的作用和更多的人开始进入期货市场，投资者教育也是一个重要现实问题。

第一，引导期货经纪公司转型开展咨询培训。整顿后的期货经纪公司不仅最低注册资本金标准由 1 000 万元提高到 3 000 万元，业务范围上也把期货咨询培训业务纳入进去。进一步完善内部管理机制，积极开拓投资咨询服务、资产管理、高频或程序化买卖、低成本通道服务等专业性和差异化的服务；引导社会各种市场投资主体成立和入股现货企业和综合业务；提升

期货经纪组织的跨境业务实力等，为中国期货业务的进一步发展提供了方向。期货业从业人员的素质得到提高，期货公司的员工队伍得到了教育和锻炼，为今后期货业的规范发展打下坚实基础。

第二，重视人才储备，吸引大批高素质人才到期货行业，促进理论与实践相结合。期货市场的从业人员整体的教育水平和专业水平位于当时中国金融行业的较高水平。并且在这一阶段关于期货市场的大批文献、译文、文章不断涌现，期货市场中交易者与从业人员理论和实际联系愈发密切，成为我国期货市场发展的重要人才储备资源。通过我国期货市场的发展、市场逐渐的规范、投资者的专业化程度提高等使得我国期货市场中中小投资者能够更好地进入。

1998年之后，随着我国期货市场化越来越规范，我国期货市场的格局基本确立了，投机、逼仓、坑害投资者的行为越来越少。各个交易所的监管和运作越来越规范，监管水平明显提高。历经十余年的发展与整顿，中国期货市场步入了崭新的发展阶段，特别是第二次整顿以后，中国商品期货交易数量与成交额均持续大幅度增长，呈现出加速的增长态势，这和政府及时出台各种法规制度是分不开的，说明我国期货市场的整顿和规范工作是成功有效、适合中国国情的，此阶段法律规范的不断完善为期货市场的健康发展奠定了基础。

第四节 中国期货市场稳步推进阶段
（2004—2012年）

2004年至2012年是中国期货市场从规范走向稳步发展的关键阶段。

2004 年《国务院关于推进资本市场改革开放和稳定发展的若干意见》的出台,不仅肯定了前期清理整治的成果,更以"建设现代金融企业"的目标为市场松绑,奠定了规范创新的政策基调。此阶段,中国金融期货交易所于2006 年成立,2010 年沪深 300 股指期货的推出标志着金融期货时代的开启,中国商品期货成交量更于 2010 年跃居全球第一。市场在品种拓展、业务创新与功能发挥上持续突破,同时制度规则、监管体系与投资者教育也逐步完善,形成了商品与金融期货协同发展的新格局,为期货市场深度融入经济转型战略奠定了坚实基础。本节将从市场发展、格局构建、制度完善、国际化布局及投资者教育等维度,梳理这一阶段的演进历程与关键成果。

一、商品期货市场拓展与金融期货市场创新

商品期货市场深化发展。2004—2012 年,中国商品期货市场迎来了新的发展高潮,新品种不断推出,市场规模持续扩大。2004 年,大连商品交易所推出黄大豆 2 号期货合约,郑州商品交易所上市棉花期货合约,上海期货交易所推出燃料油期货合约。这些新品种的上市,不仅丰富了商品期货的品种体系,也为相关产业链企业提供了更全面的风险管理工具。

此后几年,商品期货新品种不断涌现。2006 年,白糖期货在郑州商品交易所上市;2007 年,锌期货在上海期货交易所上市;2008 年,菜籽油期货在郑州商品交易所上市。到 2012 年,中国商品期货市场已经涵盖了农产品、金属、能源化工等多个领域,品种体系日益完善。随着品种的丰富,商品期货市场的成交量和成交额也实现了大幅增长。根据中国期货业协会的数据,2004 年全国期货市场成交量为 3.06 亿手,成交额为 14.69 万亿元;到2012 年,成交量达到 14.58 亿手,成交额高达 171.12 万亿元,市场规模显著扩大。

表 3.3　2004 年三大期货交易所上市品种

郑州商品交易所		大连商品交易所		上海期货交易所	
新品种推出时间	新品种名称	新品种推出时间	新品种名称	新品种推出时间	新品种名称
2004 年 6 月 1 日	棉花	2004 年 9 月 22 日	玉米	2004 年 8 月 25 日	燃料油
2006 年 1 月 6 日	白糖	2006 年 1 月 9 日	豆油	2007 年 3 月 26 日	锌
2006 年 12 月 18 日	PTA	2007 年 7 月 31 日	聚乙烯	2008 年 1 月 9 日	黄金
2007 年 6 月 8 日	菜籽油	2007 年 10 月 29 日	棕榈油	2009 年 3 月 27 日	螺纹钢
2009 年 4 月 20 日	早籼稻	2009 年 5 月 25 日	PVC	2009 年 3 月 27 日	线材
2011 年 10 月 28 日	甲醇	2011 年 4 月 15 日	焦炭	2011 年 3 月 24 日	铅
2012 年 12 月 3 日	玻璃			2012 年 5 月 10 日	白银
2012 年 12 月 28 日	油菜籽				
2012 年 12 月 28 日	菜籽粕				

资料来源:根据各个期货交易所网站及《中国期货市场年鉴(2009—2014)》整理。

　　在商品期货市场蓬勃发展的同时,中国金融期货市场也在这一时期实现了从无到有的突破。经国务院同意,中国证监会批准,2006 年 9 月 8 日,上海期货交易所、郑州商品交易所、大连商品交易所、上海证券交易所和深圳证券交易所共同发起成立中国金融期货交易所。中金所专门从事金融期货、期权等金融衍生品交易与结算的公司制交易所。其成立有着重要意义,是我国资本市场改革发展的必然要求,对于深化金融市场改革,完善金融市场体系,发挥金融市场功能,适应经济新常态等方面都有着深远的影响。

　　20 世纪 90 年代末,我国就开始了股指期货方面的系统性研究。2004年,国务院做出相关战略部署,2005 年股权分置改革推开,为股指期货推出解除了制度性障碍。2006 年 10 月,中金所以沪深 300 指数为标的开展股指期货仿真交易,为正式推出积累经验。在经过漫长而艰苦的筹备后,2010年 4 月 16 日,境内首个金融期货品种——沪深 300 股指期货——在中金所挂牌交易。合约标的物沪深 300 指数是由上海和深圳证券市场中市值大、流动性好的 300 只 A 股作为样本编制而成的成份股指数,具有良好的市场代表性。它的推出实现了境内金融期货市场从无到有的跨越,填补了中国金融衍生品市场的空白,为投资者提供了新的风险管理和投资工具,也为资本市场的稳定发展提供了重要支撑,健全了我国的金融产品体系,对我国资本市场的发展具有里程碑式的意义。

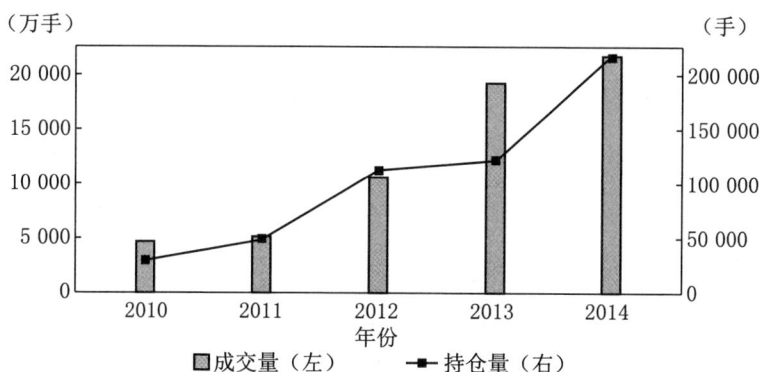

图 3.1　沪深 300 指数期货成交及持仓变化图

资料来源:中国金融期货交易所。

除了股指期货,国债期货也在这一时期开始筹备。2012 年,国债期货仿真交易启动,为国债期货的正式上市奠定了基础。国债期货的推出将进一步完善中国利率风险管理工具,提高债券市场的运行效率,对于健全中国金融市场体系具有重要意义。

从长远来看,当时的中国金融期货市场和成熟市场相比存在一定差距,离建设全面的现代金融体系还有一定距离。相较于成熟的金融期货市场,中国金融期货市场是处于"新兴加转轨"经济中的新兴期货市场,因此我国的金融期货实践具有鲜明的中国特色。

二、期货市场制度与法律法规的完善历程

中国期货市场自诞生以来,便在探索中前行,不断适应经济发展需求。2004—2012年,随着中国经济的持续增长和金融市场改革的深入推进,期货市场在国民经济中的作用愈发重要,同时也面临着诸多挑战,完善制度与法规成为这一时期期货市场发展的核心任务。在这8年时间里,中国通过一系列举措逐步构建起更为健全、规范的期货市场制度与法规体系,为期货市场的长远发展奠定了坚实的基础。

(一) 2004—2006年:制度法规的筑基与探索

2004年,《国务院关于推进资本市场改革开放和稳定发展的若干意见》(简称"国九条")明确提出,要稳步发展期货市场,这为期货市场的发展指明了方向,也拉开了此阶段制度法规完善的序幕。同年,黄大豆2号、燃料油、玉米期货合约在大连商品交易所和上海期货交易所相继上市,丰富了期货品种。为保障新品种交易顺利开展,交易所针对性地完善了交易规则、交割制度等。例如,大连商品交易所对玉米期货的交割质量标准、仓库管理等方面进行了详细规定,确保交割环节的公平、公正、公开,这些规则的完善为期货市场的规范运行奠定了基础。

在法规建设方面,中国期货业协会在这一时期进一步加强了行业自律管理。协会修订了《期货从业人员执业行为准则》,对期货从业人员的职业操守、行为规范提出了更严格的要求,旨在提升从业人员素质,规范市场行为。同时,监管部门加强了对期货经纪公司的监管,严格审查其资质,要求期货经纪公司完善内部控制制度,加强风险管理,以防范市场风险,保障投资者利益。

2005年,期货市场继续推进制度创新。各交易所开始探索期货保证金

存管制度的改革,逐步建立起更安全、高效的保证金存管模式,保障客户资金安全。这一时期,交易所还加强了对期货交易异常情况的监测和处理,完善了风险预警机制,提高了市场风险防范能力。例如,针对可能出现的市场操纵、过度投机等异常情况,制定了详细的应对措施和处理流程,一旦出现异常,能够及时采取行动,维护市场稳定。

2006 年,中国金融期货交易所正式成立,标志着中国期货市场进入了金融期货时代。为筹备金融期货交易,相关部门开始制定一系列配套的制度法规。金融期货交易所借鉴国际先进经验,制定了严格的交易规则和风险管理制度,如保证金制度、涨跌停板制度、持仓限额制度等,这些制度在防范金融期货市场风险方面发挥了重要作用。同时,监管部门加强了对金融期货市场的研究和监管准备工作,为金融期货的平稳推出和健康发展奠定了基础。

（二）2007—2009 年:法规体系的系统构建与完善

2007 年,《期货交易管理条例》修订版正式发布,这是中国期货市场发展历程中的重要里程碑。修订后的《期货交易管理条例》扩大了适用范围,将金融期货、期权交易纳入调整范围,为金融期货的发展提供了明确的法律依据;同时,进一步加强了对期货市场的监管,明确了各监管主体的职责,强化了对违法违规行为的处罚力度,提高了违法成本,有效遏制了市场乱象。该条例的出台,使期货市场的法规体系更加系统、完整,为期货市场的规范化发展提供了坚实的法律保障。

在《期货交易管理条例》修订的基础上,相关配套法规和细则也陆续出台。中国证监会发布了一系列关于期货公司管理、期货交易所管理、期货从业人员管理等方面的规定,对期货市场的各个环节进行了细致规范。例如,《期货公司管理办法》对期货公司的设立、业务范围、内部控制、风险管理等方面做出了详细规定，要求期货公司建立健全法人治理结构，提高合规经营水平；《期货交易所管理办法》明确了期货交易所的职责、组织形式、运作规则等，保障期货交易所的规范运行。

2008年，受全球金融危机的影响，中国期货市场面临巨大的市场波动和风险挑战。在此背景下，监管部门进一步加强了风险管理制度建设。各期货交易所提高了保证金比例，调整了涨跌停板幅度，加强了对持仓规模的控制，以抑制过度投机，防范市场风险。同时，监管部门加强了对期货市场的实时监测和分析，及时发现潜在风险，并采取相应的监管措施。此外，期货市场还加强了投资者教育工作，通过多种渠道向投资者普及期货知识，提高投资者的风险意识和自我保护能力。

2009年，中国期货市场继续完善制度法规体系。为提高期货市场的透明度和信息披露质量，监管部门要求期货公司和期货交易所进一步加强信息披露工作，及时、准确地向投资者披露相关信息。同时，加强了对期货市场中介机构的监管，规范期货投资咨询业务，提高中介机构的服务质量和专业水平，促进期货市场的健康发展。

（三）2010—2012年：制度创新与国际接轨

2010年，沪深300股指期货正式上市交易，这是中国金融期货市场发展的重要突破。为保障股指期货的平稳运行，相关部门不断完善交易制度和风险管理制度。例如，引入了熔断机制，当市场波动达到一定幅度时，暂停交易一段时间，以给市场提供冷静期，避免市场过度恐慌或非理性波动；优化了结算制度，提高了结算效率和准确性，保障了交易资金的安全流转。同时，加强了对股指期货市场的监管协调，建立了跨市场监管机制，防范市场风险的跨市场传导。

在制度创新方面，期货市场开始探索期货期权等衍生品市场的发展。

各交易所积极开展期权产品的研究和开发工作,借鉴国际先进经验,制定期权交易规则和风险管理制度。期权市场的发展将进一步丰富期货市场的产品体系,为投资者提供更多的风险管理工具和投资策略选择,提高市场的流动性和效率。

2011—2012年,随着中国经济的国际化程度不断提高,期货市场也加快了国际化进程。中国期货市场加强了与国际期货市场的交流与合作,学习国际先进的市场制度和管理经验。同时,积极推动期货品种的国际化,探索引入境外投资者参与国内期货市场交易的模式和制度安排。例如,大连商品交易所的铁矿石期货逐步引入境外交易者,通过引入国际定价机制,提高了中国在铁矿石市场的定价话语权,也为期货市场的国际化发展积累了经验。在法规制度方面,进一步完善了与国际接轨的相关规定,加强了跨境监管合作,保障期货市场国际化进程的顺利推进。

在2004—2012年期间,中国期货市场通过一系列制度与法规的完善举措,逐步构建起了一套较为完整、规范的市场体系。这些努力不仅提高了期货市场的运行效率和风险防范能力,也为期货市场服务实体经济、参与国际竞争奠定了坚实的基础。随着经济和金融环境的不断变化,期货市场的制度与法规仍需持续优化和完善,以适应市场发展的新需求。

三、期货市场服务水平进一步提升

(一) 期货公司合规化运营与服务创新

2004—2012年是中国期货公司规范化发展的关键阶段。2007年修订的《期货交易管理条例》明确了期货公司的金融机构属性,要求其建立以净资本为核心的风险监管体系,推动行业从"野蛮生长"转向合规经营。例如,期货公司需定期披露财务数据,实施客户资金与自有资金分离制度,有效防范挪用风险。

随着电子化交易普及，期货公司加大信息技术投入，推动交易系统升级。2004 年，国内期货市场全面推广"集中交易＋灾备系统"模式，2008 年后高频交易基础设施逐步完善，交易延迟从秒级缩短至毫秒级。同时，期货公司从单纯通道服务向"研究＋套保＋资产管理"转型。2008 年起，大商所、郑商所推动"期货服务产业"试点，期货公司为实体企业提供定制化套保方案。

（二）配套指数产品日益丰富

2005 年 8 月 25 日，中国证券指数有限公司成立，这是经中国证监会批准、由上海证券交易所和深圳证券交易所共同出资发起设立的、专门从事证券指数及指数衍生产品开发服务的公司，编制在全国乃至海外市场具有影响力的全市场统一指数，为开展金融期货提供支持。中证指数公司管理各类指数 5 000 余条，覆盖股票、债券、商品、指数期货、基金等多个资产类别，指数体系覆盖以沪港深市场为核心的全球 16 个主要国家和地区，已成为具有境内外影响力的指数供应商。

（三）期货保证金风险防控

2006 年 5 月，中国期货保证金监控中心（现更名为"中国期货市场监控中心"）正式成立，2007 年 6 月全面接入期货公司保证金数据。该中心通过建立全国统一的保证金封闭管理系统，实现客户资金"一户一码"监管，实时监控资金流向。截至 2012 年底，监控中心覆盖 160 家期货公司，日均监控客户权益超 2 000 亿元，有效杜绝了期货公司挪用保证金的历史顽疾。

2004—2012 年，中国期货市场通过期货公司服务升级、指数产品创新及保证金监控体系完善，实现了从"量"到"质"的跨越。这一阶段的发展为后续期货市场服务实体经济、对接国际市场奠定了基础，也标志着中国期货市场逐步迈向成熟化、专业化。

四、期货市场国际化发展

2004—2012 年期间,中国期货市场国际化进程逐步推进,在多个关键领域取得了一定进展,为后续市场的深度开放与发展奠定了基础。

（一）与自贸试验区协同发展

利用即将建设的上海自贸试验区进行期货国际化布局。2010 年 12 月 24 日,上海期货交易所开始试点期货保税交割业务。在与外管局、海关及上海综保委等协同努力下,实现了海关报税、期货交割等全流程运行,期货保税交割业务环节均已打通。在现有法规、制度、规则体系下,实现对商品期货实物交割的延伸和完善。期货保税交割试点的落地,为其他品种拓展保税交割打下了良好基础。

（二）发展合规境外投资者

2001 年,中国证监会等多部门联合颁布了《国有企业境外期货套期保值业务管理办法》,规定国有企业参加境外期货交易仅限于套期保值业务,截至当时,这是我国在投资者"走出去"方面的重要举措。在 2004—2012 年期间,政策在此基础上虽未发生根本性变革,但在执行和监管层面不断优化。2012 年,QFII 投资"松绑"拉开序幕。4 月,经国务院批准,中国证监会、中国人民银行及国家外汇管理局决定新增合格境外机构投资者（QFII）投资额度 500 亿美元,总额增至 800 亿美元,新增 RQFII 投资额度 500 亿元人民币,总额增至 700 亿元人民币。这一举措虽然主要针对证券市场,但为期货市场未来进一步向境外投资者开放积累了经验,营造了更为宽松的政策环境,吸引境外资金进入中国金融市场,为日后境外投资者参与期货市场交易提供了潜在的资金来源和制度借鉴。

（三）国内期货公司走出去

中国证监会落实《"内地与香港关于建立更紧密经贸关系的安排"（CEPA）补充协议四》的有关内容，陆续批准6家期货公司在香港设立分支机构。这些分支机构逐步发展，为内地在香港或海外的分支机构代理相关业务，积累了在境外开展期货业务的经验，包括适应不同的监管环境、市场规则以及客户需求等。

（四）外资参股期货公司

截至目前，国内已形成4家具有外资背景的期货公司，2005年12月获批的荷兰银行参股银河期货、2007年9月获批的摩根大通参股中山期货、2008年1月东方获批的汇理以现金方式入股中信期货、2012年12月获批的北京高华证券有限责任公司收购乾坤期货有限公司。外资的进入为国内期货公司带来了先进的管理经验、交易技术以及国际化的视野。有助于提升国内期货公司的经营水平，推动国内期货公司在风险管理、产品创新、客户服务等方面与国际接轨。同时，也促进了国内期货行业格局的变化，加剧市场竞争，促使国内期货公司不断提升自身实力，以应对国际化竞争。

五、期货市场投资者教育的体系化建设

2004—2012年期间期货投资者教育步入正轨，投资者素质得以提升。

（一）投资者教育提升到重要议事日程

证监会于2006年12月8日发出《关于开展股指期货投资者教育工作有关事项的通知》（证监办发〔2006〕120号），把金融期货投资教育工作提高到重要位置，认为它是各项准备工作的重中之重，事关金融期货的功能发挥、平稳推出和发展创新，要通过有计划、有重点、分步骤地教育、引导公众树立正确的股指期货投资理念，从而有助于防范期货市场异常风险的发生。

随后中国期货业协会相继推出《期货投资者教育工作指引》《期货投资者教育系列丛书》《期货投资者教育统计与调查》等规范文件。

（二）各个期货交易所推出形式多样的投资者教育活动

交易所积极行动推出自己的特色期货交易项目。首先，上海期货交易所联合北京、上海、浙江、深圳地方期货业协会，设立"期货大讲堂"项目，对期货公司、实体企业进行培训，并和各地高校合作开展各类投资者教育活动。从2004年2月16日至19日在上海举办上海期货交易所2004年第一期会员从业人员培训班开始，进行了上百场形式多样、生动活泼的培训教育活动。其次，郑州商品交易所、大连商品交易所以及中国金融期货交易所也相继推出各种形式和品牌的投资者教育培训讲座、沙龙、期刊等。

（三）全国举办各种期货投资者教育交流会

2012年4月17日，时任中国证监会主席助理姜洋在"期货市场投资者教育服务创新交流会"上指出，专业知识宣传、风险揭示、中介代理机构自身的信息披露与打击市场违法违规行为是投资者教育、服务、保护的重要内容。

第四章
中国特色社会主义新时代期货市场发展（2012年至今）

第一节　期货相关政策措施的出台与实施成效

以国民经济和社会发展五年规划为时间脉络，2012年至今的十年间，我国期货市场政策历经三个阶段的演进。这些政策持续激发市场活力、服务国家发展战略、推动法治化进程，同时期货市场也紧跟时代步伐，在政策引导下实现了跨越式发展。本节以时间顺序系统梳理国务院、证监会、中期协等机构发布的期货政策体系及实施成效。

一、"十二五"期间（2012—2015年）：政策驱动市场活力释放

监管机构（国务院、证监会、保监会、中期协等）围绕"激发期货市场活力"核心目标，推出以"简政放权、业务创新、监管优化"为重点的政策组合，得到市场主体积极响应，成效显著。

（一）期货市场发展政策：简化行政流程与金融期货上市审批

通过取消行政审批、支持期货公司融资扩规模、推动境外参与者准入等

表 4.1　2012—2015 年期货市场发展政策汇总(按时间顺序)

发布时间	政策名称	发布方	内　容
2012 年	《期货交易管理条例》	国务院	允许商业银行依法参与国债期货交易;允许境外投资者进入原油期货交易;推动了国债期货的上市
2012 年	《期货公司单一客户委托资产管理业务工作指引》	中期协	推动期货公司开展资产管理业务
2012 年	《金融业发展和改革"十二五"规划》	证监会、人民银行等	支持期货公司通过兼并重组、增资扩股等方式,进一步壮大规模和实力
2012 年	《保险资金参与金融衍生产品交易暂行办法》	保监会	对冲保险金融风险,增加期货的交易量,刺激期货市场活力
2013 年	《期货经纪合同要素》	证监会	对期货经纪合同中的必备要素做出了明确规定,且明确定义了期货经纪合同中的术语
2013 年	《关于建立金融期货投资者适当性制度的规定》	证监会	推动金融期货的上市
2013 年	《公开募集证券投资基金参与国债期货交易指引》	证监会	
2014 年	《国务院关于取消和调整一批行政审批项目等事项的决定》	国务院	取消对期货公司的部分变更、设立以及终止流程的审批
2014 年	《期货交易数据交换协议》	证监会	确保远程交易安全,推动数字化发展
2014 年	《证券期货业数据通信协议应用指南》	证监会	
2015 年	《境外交易者和境外经纪机构从事境内特定品种期货交易管理暂行办法》	证监会	支持境外从业者加入期货市场,刺激市场活力
2015 年	《期货监管部期货公司行政许可审核工作规程(试行)》	证监会	继续取消行政审批

资料来源:国务院、证监会、中期协。

措施,加速市场要素流动。2013—2015 年,5 年期国债期货、中证 500 指数期货等关键品种相继上市,2015 年中国金融期货交易所成交额达 417.76 万亿元,标志着金融期货市场进入快速发展期。

(二) 期货业务创新政策:业务多元化与市场生态构建

聚焦资产管理、风险管理等创新业务,政策推动期货公司从单一经纪业务向综合金融服务转型。2012—2015 年,取得资产管理业务资格的期货公司从 20 家增至 123 家,风险管理业务资格公司从 8 家增至 50 家,形成"经纪+咨询+资管+风控"的业务体系。

表 4.2　2012—2015 年期货创新政策汇总(按时间顺序)

发布时间	政策名称	发布方	内　　容
2012 年	《期货公司资产管理合同指引》	中期协	推动期货公司开展资产管理业务
2012 年	《期货公司资产管理业务投资者适当性评估程序(试行)》	中期协	
2012 年	《期货公司资产管理业务试点办法》	中期协	
2012 年	《关于落实〈国务院关于鼓励和引导民间投资健康发展的若干意见〉工作要点的通知》	证监会	支持民间资本通过增资入股、兼并重组等方式投资期货公司,支持符合条件的民营控股期货公司参与期货创新业务试点
2014 年	《关于进一步促进资本市场健康发展的若干意见》	国务院	配合"国九条"鼓励创新,刺激期货市场活力
2014 年	《中国证券监督管理委员会关于进一步推进期货经营机构创新发展的意见》	证监会	支持期货创新业务的开展

资料来源:国务院、证监会、中期协。

(三) 期货市场监管政策:信息化监管与风险防控体系完善

适应信息时代发展需求,政策重点强化信息安全管理与风险指标监控。例如,2013 年《证券期货业信息安全保障管理办法》首次建立行业信息安全

表 4.3 2012—2015 年期货监管政策汇总(按时间顺序)

发布时间	政策名称	发布方	内 容
2012 年	《期货交易管理条例(2012 修订)》	国务院	规范期货市场,统领期货市场管理
2012 年	《证券期货业信息安全保障管理办法》	证监会	适应信息时代发展,防范信息安全风险
2013 年	《期货公司风险监管指标管理办法》	证监会	优化期货市场体系,强化期货监管制度
2013 年	《期货公司现场检查工作指引(试行)》	中期协	优化期货市场体系,强化期货监管制度
2013 年	《关于期货公司风险资本准备计算标准的规定》	证监会	优化期货市场体系,强化期货监管制度
2013 年	《证券期货业信息系统运维管理规范》	证监会	对二类以上(含)期货公司提出了明确的系统监控要求
2013 年	《关于加强证券期货经营机构客户交易终端信息等客户信息管理的规定》	证监会	规范客户信息电子化管理
2013 年	《期货公司现场检查工作指引(试行)》	证监会	完善期货经营机构的监管
2013 年	《期货经营机构监督管理措施实施工作指导意见》	证监会	完善期货经营机构的监管
2014 年	《期货公司监督管理办法》	中期协	配合"国九条"鼓励创新,刺激期货市场活力
2014 年	《证券期货业非公开募集产品编码及管理规范》	证监会	提高监管效率,防范管理风险
2014 年	《证券期货业信息系统审计规范》	证监会	完善审计流程
2015 年	《期货公司资本补充指引》	中期协	完善监管制度
2015 年	《期货公司次级债管理规则》	中期协	完善监管制度
2015 年	《中国证券监督管理委员会行政处罚听证规则》	证监会	完善监管制度
2015 年	《股票期权交易试点管理办法》	证监会	维护股票期权市场秩序

资料来源:国务院、证监会、中期协。

监管框架,2014年《期货公司监督管理办法》优化风险资本准备计算标准,筑牢市场风险防线。

二、"十三五"期间(2016—2020年):服务国家战略与数字化转型

作为全面建成小康社会的关键阶段,政策聚焦"保险＋期货"精准扶贫与行业数字化升级,试点项目从2016年的18个增至2020年的132个,同时推动期货市场向信息化、国际化转型。

(一) 期货市场发展政策:国际化与数字化双轮驱动

出台《外商投资期货公司管理办法》,将外资股比限制从49％提升至51％(2021年取消限制),同时通过《证券期货业数据模型》《客户交易终端信息采集规范》等政策,推动交易系统、数据管理的标准化与信息化建设。

表4.4　2016—2020年期货经营政策汇总(按时间顺序)

发布时间	政策名称	发布方	内　　容
2016年	《证券期货业信息系统托管基本要求》	证监会	推动期货业信息化发展
2017年	《关于取消期货公司设立、收购、参股境外期货类经营机构行政审批事项的规定》	证监会	防范期货市场风险,激发期货市场活力
2018年	《期货公司客户交易终端信息采集及接入认证技术规范》	监控中心	推动监管信息化、信息化
2018年	《外商投资期货公司管理办法》	证监会	促进期货业国际化
2018年	《期货市场客户开户数据接口》	证监会	推动期货业信息化发展
2018年	《证券期货业机构内部企业服务总线实施规范》	证监会	优化期货公司治理体系
2018年	《外商投资准入特别管理措施(负面清单)》	发改委、商务部	期货公司的最高外资股比由49％提升至51％,并将于2021年取消外资股比限制

续表

发布时间	政策名称	发布方	内　　容
2019年	《证券期货业数据模型第1部分：抽象模型设计方法》	证监会	推动期货业信息化发展
2019年	《关于进一步加强期货经营机构客户交易终端信息采集有关事项的公告》	证监会	
2019年	《期货公司风险管理业务试点指引》	中期协	落实期货风险管理业务
2020年	《证券期货经营机构参与股票期权交易试点指引(2020年修正)》	证监会	促进金融衍生品市场发展
2020年	《关于商业银行、保险机构参与中国金融期货交易所国债期货交易的公告》	证监会、人民银行等	允许符合条件的商业银行、保险机构参与中国金融期货交易所国债期货交易

资料来源：国务院、证监会、中期协。

(二) 期货业务创新政策："保险＋期货"赋能乡村振兴

以政策文件连续四年部署"保险＋期货"试点，从防范农产品价格风险拓展至"订单农业＋保险＋期货(权)"模式，形成金融服务"三农"的创新范式，为脱贫攻坚提供市场化风险管理工具。

表4.5　2016—2020年期货创新政策汇总(按时间顺序)

发布时间	政策名称	发布方	内　　容
2016年	《关于落实发展新理念加快农业现代化实现全面小康目标的若干意见》	国务院	"稳步扩大'保险＋期货'试点"，鼓励精准扶贫
2017年	《中共中央、国务院关于深入推进农业供给侧结构性改革加快培育农业农村发展新动能的若干意见》	国务院	深入推进农产品期货、期权市场建设，积极引导涉农企业利用期货、期权管理市场风险，稳步扩大"保险＋期货"试点

发布时间	政策名称	发布方	内　　容
2018 年	《中共中央、国务院关于实施乡村振兴战略的意见》	国务院	支持符合条件的涉农企业发行上市、新三板挂牌和融资、并购重组,深入推进农产品期货期权市场建设,稳步扩大"保险＋期货"试点,探索"订单农业＋保险＋期货(权)"试点
2019 年	《中共中央、国务院关于坚持农业农村优先发展做好"三农"工作的若干意见》	国务院	支持重点领域特色农产品期货期权品种上市,扩大农业大灾保险试点和"保险＋期货"试点

资料来源:国务院、证监会、中期协。

(三) 期货市场监管政策:投资者保护与监管体系升级

修订《期货交易管理条例》,明确衍生品合约定义;出台《证券期货经营机构及其工作人员廉洁从业规定》,强化从业者行为规范;通过《期货公司分类监管规定》优化监管评级体系,推动行业高质量发展。

表 4.6　2016—2020 年期货监管政策汇总(按时间顺序)

发布时间	政策名称	发布方	内　　容
2016 年	《期权交易管理办法》	证监会	完善期权监管制度
2016 年	《期权做市商管理办法》	证监会	
2016 年	《期权投资者适当性管理办法》	证监会	
2016 年	《证券期货投资者适当性管理办法》	证监会	完善投资者监管制度
2016 年	《期货投资者保障基金管理办法》	证监会、财政部	
2017 年	《期货交易管理条例(2017 年修订)》	国务院	修改对期货、衍生品合约的定义
2017 年	《期货公司风险监管指标管理办法》	证监会	加强风险监管指标的管理
2017 年	《关于进一步加强期货交易所异常交易一线监管职能指导意见》	证监会	完善期货交易所监管制度
2018 年	《证券期货业数据分类分级指引》	证监会	推动期货业信息化发展

续表

发布时间	政策名称	发布方	内　　容
2018年	《证券期货经营机构私募资产管理业务管理办法》	证监会	完善私募资产管理监管制度
2018年	《证券期货经营机构私募资产管理计划运作管理规定》	证监会	
2018年	《证券期货经营机构及其工作人员廉洁从业规定》	证监会	加强对期货市场参与者、从业人员的要求
2019年	《证券期货业软件测试规范》	证监会	推动期货业信息化发展
2019年	《期货公司信息技术管理指引》	中期协	
2019年	《期货公司分类监管规定》	证监会	完善监管制度,对市场参与者、从业人员作出了严格的要求
2019年	《期货公司董事、监事和高级管理人员任职资格管理办法》	证监会	明确期货公司董监高责任
2019年	《期货交易所管理办法》	证监会	继续规范并完善期货交易所的监管制度
2019年	《证券期货经营机构管理人中管理人(MOM)产品指引》	证监会	规范MOM产品
2019年	《中国期货业协会专业委员会管理办法》	中期协	完善期货业协会的监管
2019年	《中国期货业协会批评警示程序》	中期协	
2019年	《期货从业人员资格管理规则》	中期协	明确期货从业人员职责
2019年	《期货公司分类监管规定(2019年修订)》	证监会	完善对期货公司的监管制度
2019年	《证券期货业统计指标标准指引(2019年修订)》	证监会	规范统计标准,以更好地服务期货市场
2019年	《境外证券期货交易所驻华代表机构管理办法》	证监会	完善境外期货交易机构的监管制度
2020年	《证券期货违法违规行为举报工作暂行规定(2020年修订)》	证监会	加强对期货市场违法违规现象的打击力度
2020年	《关于废止部分证券期货规范性文件的决定》	证监会	废止老旧的规章制度

发布时间	政策名称	发布方	内　容
2020 年	《证券期货规章制定程序规定》	证监会	完善期货市场监管制度,促进金融衍生品市场发展
2020 年	《关于修改部分证券期货规章的决定》	证监会	修改规章制度,为《期货和衍生品法》的出台奠定基础
2020 年	《证券期货市场诚信监督管理办法(2020 年修正)》	证监会	
2020 年	《关于修改、废止部分证券期货规章的决定(2020)》	证监会	
2020 年	《证券期货投资者适当性管理办法(2020 年修正)》	证监会	
2020 年	《期货公司分类监管规定(2020年修正)》	证监会	

资料来源:国务院、证监会、中期协。

三、"十四五"期间(2021 年至今):政策引领法治化建设

围绕《期货和衍生品法》出台,政策重点推进制度修订、法治建设与行业文化构建,标志着期货市场进入法治化的新阶段。

(一)经营政策:风险管控与账户管理优化

中期协《期货风险管理公司风险控制指标管理办法》细化风控指标计算规则,证监会修订《期货市场客户开户管理规定》,规范休眠账户管理,提升市场服务效率。

(二)创新政策:行业文化建设破题

2021 年《期货行业文化建设工作纲要》首次提出"合规、诚信、专业、稳健、担当"的文化理念,从思想层面构建行业发展软实力,推动市场生态从"制度约束"向"文化引领"升级。

(三) 监管政策:法治框架与仲裁机制完善

配合《期货和衍生品法》立法进程,出台《证券期货行政执法当事人承诺制度实施办法》,建立行政执法和解机制;开展期货行业仲裁试点,推动形成"司法＋仲裁＋自律"的多元纠纷解决体系,全面提升市场法治化水平。

表 4.7 "十四五"期间期货监管政策汇总(按时间顺序)

发布时间	政策名称	发布方	内　　容
2021 年	《期货风险管理公司风险控制指标管理办法(试行)》	中期协	完善风险控制管理
2021 年	《证券期货行政执法当事人承诺制度实施办法》	国务院	实施行政执法当事人承诺制度
2021 年	《期货公司董事、监事和高级管理人员任职管理办法(2021 年修正)》	证监会	强化期货公司董监高责任意识
2021 年	《期货交易所管理办法(2021 年修正)》	证监会	完善期货交易所监管
2021 年	《期货公司保证金封闭管理办法(2021 年修正)》	证监会	完善期货监管制度
2021 年	《关于依法开展证券期货行业仲裁试点的意见》	证监会	开展期货行业仲裁试点,促进期货法治发展
2022 年	《证券期货行政执法当事人承诺金管理办法》	证监会	规范行政执法当事人承诺制度,保证期货投资人权益
2022 年	《证券期货行政执法当事人承诺制度实施规定》	证监会	
2021 年	《期货公司居间人管理办法(试行)》	中期协	对期货居间人的行为作出规范,抑制居间乱象

资料来源:国务院、证监会、中期协。

政策演进逻辑总结:从"十二五"的市场活力激发,到"十三五"的国家战略服务,再到"十四五"的法治化与文化建设,我国期货政策始终紧扣时代需求,形成"放活—规范—引领"的螺旋式发展路径,为期货市场服务实体经济奠定坚实制度基础。

第二节　期货市场深化改革服务
实体经济和国家战略

2012 年至今，期货市场蓬勃发展，更好地服务实体经济，助力国家战略。在对外开放、供给侧结构性改革、市场化等方面持续推进深化改革。金融、能源期货及衍生品的上市取得了突破性进展，推动我国期货市场向国际领先水平迈进一步。本节归纳梳理了 2012 年至今期货市场改革、交易品种、市场规模等方面的发展与变化。

一、期货市场深化改革不断推进

（一）深化市场化改革。2012 年，《期货公司资产管理业务试点办法》和《期货公司设立子公司开展以风险管理服务为主的业务试点工作指引》实施，开启了资产管理业务和风险管理业务，拓展了期货公司业务范围。此后，上期所 2013 年首次启动连续交易制度，2017 年以镍为试点引入做市商制度并在多个品种推广。结算上，2013 年首家采用单向大边保证金收取方式，2018 年引入境外参与者并接受美元作为保证金，2020 年推出国债作为保证金业务，这些举措提升了市场运行效率，降低了参与者成本。

（二）支持供给侧结构性改革。粳米与强麦等期货的推出和完善，引导与服务农业供给侧结构性改革向纵深推进。通过调整期货合约规则、交割标准等，促进了相关产业提升产品质量、优化产业结构，增强了企业参与期货市场的意愿，帮助企业应对价格波动风险。同时，期货市场通过"保险＋期货"创新模式服务农业供给侧改革。

（三）推进对外开放进程。我国自 2016 年起加速商品期货国际化，2018 年，《外商投资期货公司管理办法》正式发布实施，同年上海国际能源交易中心推出原油期货，截至 2024 年，已成为全球重要的原油定价基准。此外，修订交割规则兼容国际标准，允许境外投资者直接参与，推出沪铜、铁矿石等国际化品种，提升了我国期货市场在国际上的影响力和定价话语权，持续推进期货市场国际化与期货市场"一带一路"合作。

（四）监管改革同步推进。2014 年上期所在国内证券、期货交易所中首家引进境外监控系统（SMARTS 风险监控系统）；2022 年 4 月 20 日，《中华人民共和国期货和衍生品法》获审议通过，填补了我国金融市场的法律空白，为期货市场的健康稳定发展提供了坚实的法律保障。

二、交易品种日益丰富

2012 年至 2021 年期间，中国期货及衍生品市场呈现出蓬勃发展的态势，累计新上市 65 个产品，其中包含 43 个期货品种与 22 个期权品种，交易品种总量逐年递增。尤为重要的是，期权产品在此期间首次登陆我国期货及衍生品市场，彻底填补了我国期权领域的空白，为市场发展写下了浓墨重彩的一笔。2015 年，上海证券交易所成功推出中国首支场内期权——50ETF 期权，这一标志性事件彻底打开了国内期权市场的发展大门。截至 2022 年 5 月，我国期货及衍生品市场的上市品种数量已达 94 个，其中包括 70 个期货品种和 24 个期权品种，基本覆盖了农业、工业、金融等国民经济的主要领域，形成了较为完善的品种体系，为服务实体经济和风险管理提供了更为丰富的工具选择。

（一）农业交易品种系列化

在农业产品领域，我国期货市场发展成效显著。自 2012 年至今，已累计上市 21 个农业期权期货交易品种，基本实现对粮、棉、油、糖、鲜果等主要农业现货品类的全覆盖。其中,菜籽粕、豆粕等油脂类期货品种已形成体系化布局,而生猪期货作为我国首个实现活体交割的期货品种,其成功上市具有里程碑意义。这些农副产品期货品种有效构建了价格风险规避机制,为农业产业链上下游主体提供了重要的风险管理工具。

表 4.8   2012 年以来中国各期货交易所上市的农产品新品种

交易所	上市品种	上市时间	上市品种	上市时间
郑州商品交易所	菜籽粕	2012 年 12 月 28 日	棉纱	2017 年 8 月 18 日
	油菜籽	2012 年 12 月 28 日	苹果	2017 年 12 月 22 日
	粳稻	2013 年 11 月 28 日	棉花期权	2019 年 1 月 28 日
	晚籼稻	2014 年 7 月 8 日	红枣	2019 年 4 月 30 日
	白糖期权	2017 年 4 月 19 日	菜籽粕期权	2020 年 1 月 16 日
	白糖期货	2017 年 4 月 19 日		
大连商品交易所	鸡蛋	2013 年 11 月 8 日	玉米期权	2019 年 1 月 28 日
	胶合板	2013 年 12 月 6 日	花生	2021 年 2 月 1 日
	纤维板	2013 年 12 月 6 日	粳米	2019 年 8 月 16 日
	玉米淀粉	2014 年 12 月 19 日	生猪	2021 年 1 月 8 日
	豆粕期权	2017 年 3 月 31 日	棕榈油期权	2021 年 6 月 18 日
上海期货交易所	天然橡胶期权	2019 年 1 月 28 日	20 号胶	2019 年 8 月 12 日

资料来源:郑州商品交易所、大连商品交易所、上海期货交易所。

(二)工业交易品种体系进一步完善

2012 年以来,我国期货市场上市了多个工业品期货期权产品。2018 年 9 月 21 日,上期所推出首个工业品期权铜期权。2019 年 12 月 9 日,大商所的铁矿石期权正式挂牌上市。2020 年,大商所又陆续上市了液化石油气期权以及聚丙烯、聚氯乙烯和线型低密度聚乙烯三个合成树脂期权。2022 年 12 月 26 日,上期所的螺纹钢期权上市。这些工业品期货期权产品的上市,为相关产业企业提供了更丰富、灵活的风险管理工具,有助于企业提升风险管理水平,促进期货市场更好地服务实体经济。

表 4.9　2012 年以来中国各期货交易所上市的工业产品新品种

交易所名称	上市品种	上市时间	上市品种	上市时间
郑州商品交易所	玻璃	2012 年 12 月 3 日	纯碱	2019 年 12 月 6 日
	动力煤	2013 年 9 月 26 日	甲醇期权	2019 年 12 月 16 日
	硅钢合金	2014 年 8 月 8 日	PTA 期权	2019 年 12 月 16 日
	锰硅合金	2014 年 8 月 8 日	动力煤期权	2020 年 6 月 30 日
	尿素	2019 年 8 月 9 日	短纤	2020 年 10 月 12 日
大连商品交易所	焦煤	2013 年 3 月 23 日	铁矿石期权	2019 年 12 月 9 日
	铁矿石	2013 年 10 月 18 日	液化石油气	2020 年 3 月 30 日
	聚丙烯	2014 年 2 月 28 日	液化石油气期权	2020 年 3 月 30 日
	乙二醇	2018 年 12 月 10 日	聚丙烯期权	2020 年 7 月 6 日
	苯乙烯	2019 年 9 月 26 日	聚氯乙烯期权	2020 年 7 月 6 日
			线型低密度聚乙烯期权	2020 年 7 月 6 日
上海期货交易所	白银	2012 年 5 月 10 日	纸浆	2018 年 11 月 26 日
	石油沥青	2013 年 10 月 9 日	不锈钢	2019 年 9 月 25 日
	热轧卷板	2014 年 3 月 21 日	黄金期权	2019 年 12 月 20 日
	锡	2015 年 3 月 27 日	低硫燃料油	2020 年 6 月 22 日
	镍	2015 年 3 月 27 日	铝期权	2020 年 8 月 10 日
	原油	2018 年 3 月 26 日	锌期权	2020 年 8 月 10 日
	铜期权	2018 年 9 月 21 日	国际铜	2020 年 11 月 19 日

资料来源:郑州商品交易所、大连商品交易所、上海期货交易所。

(三)金融交易品种逐步丰富

2012 年以来,我国金融期货交易品种逐步丰富。2013 年国债期货上市,此后中金所陆续推出上证 50、中证 500 股指期货,以及 2 年期、5 年期、10 年期国债期货等品种。金融期权方面也不断发展,多个与沪深 300 相关的场内期权品种相继推出。截至 2024 年 8 月,金融类期货期权达 20 个,其中金融期货 8 个、金融期权 12 个。交易品种从单一走向多元,覆盖股指、国债等领域,构建起更完善的金融期货产品体系,为投资者提供了更多风险管理与资产配置的工具。

表 4.10　2012 年以来中国各期货交易所上市的新品种

交易所名称	上市品种	上市时间	上市品种	上市时间
中国金融期货交易所	5 年期国债	2013 年 9 月 6 日	上证 50 指数	2015 年 4 月 16 日
	10 年期国债	2015 年 3 月 20 日	2 年期国债	2018 年 8 月 17 日
	中证 500 指数	2015 年 4 月 16 日	沪深 300 股指期权	2019 年 12 月 23 日
上海期货交易所	上证 50ETF 期权	2015 年 2 月 9 日		

资料来源:中国金融期货交易所、上海期货交易所。

三、市场规模持续扩大

2012—2021 年我国期货市场规模持续扩大。从成交量和成交额来看,2012 年全国期货市场累计成交量为 14.5 亿手,累计成交额为 171 万亿元,彼时市场尚处于稳步发展阶段。到 2021 年,这两项数据分别达到 75.14 亿手和 581.2 万亿元,同比 2020 年分别实现 22.13% 和 32.84% 的增幅。10 年间,市场成交规模呈现显著的倍数级增长态势,不仅反映出投资者参与度的大幅提升,更体现出期货市场在服务实体经济、价格发现等功能上的不断深化,成为我国金融市场体系中愈发重要组成部分。

（亿手）

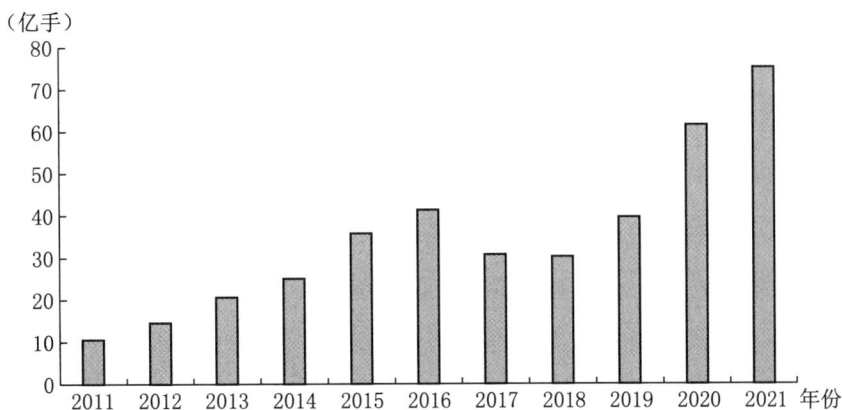

图 4.1 2011—2021 年期货成交量

资料来源：中期协。

（亿元）

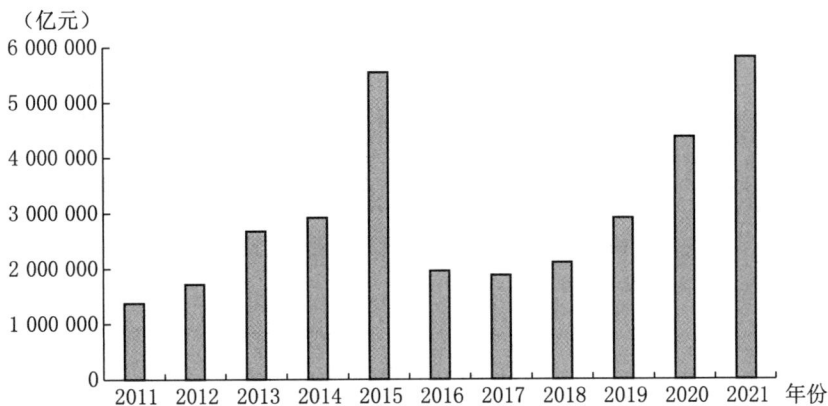

图 4.2 2011—2021 年期货成交额

资料来源：中期协。

（一）农业交易品种市场规模

2012—2021 年中国农产品期货市场规模整体呈增长趋势。2012 年,大连商品交易所作为农产品期货交易的重要场所,农产品品种推动了其交易量大幅增长。2015—2016 年,大商所农产品期货成交量继续保持领先,2016 年全国期货市场累计成交量超 40 亿手,农产品期货交易品种达 21 个。

2017年上半年,大商所农产品期货成交量3.13亿手,成交额9.9万亿元人民币。2018年,部分农产品品种成交量有升有降。2019年,农产品板块成交量占全市场成交量比重为30.5%。2020年,农产品期货成为最大亮点,成交量大幅提升,中国期货市场成交量和成交额分别为61.53亿手和437.53万亿元。2021年,中国期货市场成交75.14亿手和581.2万亿元,同比分别增长22.13%和32.84%,农产品期货在全球成交量排名中表现亮眼,包揽前11名,在前20名中占有15席。

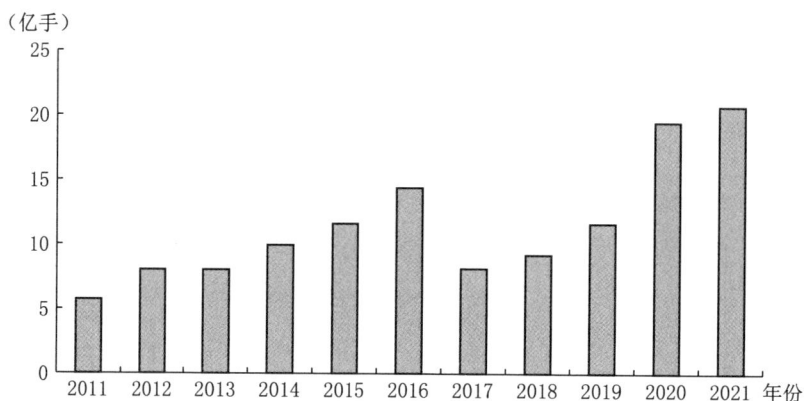

图4.3　2011—2021年农产品期货成交量

资料来源:中期协。

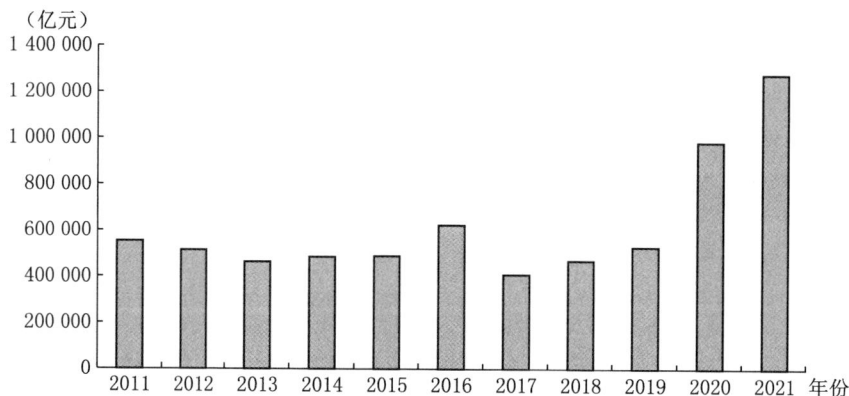

图4.4　2011—2021年农产品期货成交额

资料来源:中期协。

（二）工业交易品种市场规模

2012—2021 年，上海期货交易所的工业品期货成交额从约 33 万亿元增长至 2021 年的 193.1 万亿元，十年间增长近 5 倍。其中，金属期货表现尤为亮眼，铜、螺纹钢等品种在全球成交量排名中位居前列，2021 年金属品种占据全球前 10 强中的 9 席。大连商品交易所的工业品期货（如铁矿石、焦炭）也快速发展，2020 年棕榈油期货成交量同比增长 132%，单位客户参与度显著提升。

2016 年后，供给侧改革推动钢铁、煤炭等行业去产能，螺纹钢、焦炭等期货品种价格波动加剧，吸引了大量套期保值和投机资金。例如，2021 年黑色金属冶炼及压延加工业利润同比增长 75.5%，带动相关期货交易量激增。2018 年原油期货（INE）上市，成为首个引入境外投资者的特定品种，2021 年原油期货境外参与度显著提升，低硫燃料油期货定价体系逐步完善。此外，不锈钢、苯乙烯等新品种的推出进一步丰富了工业品期货体系。2021 年工业生产者出厂价格（PPI）同比上涨 8.1%，推动工业品期货价格上

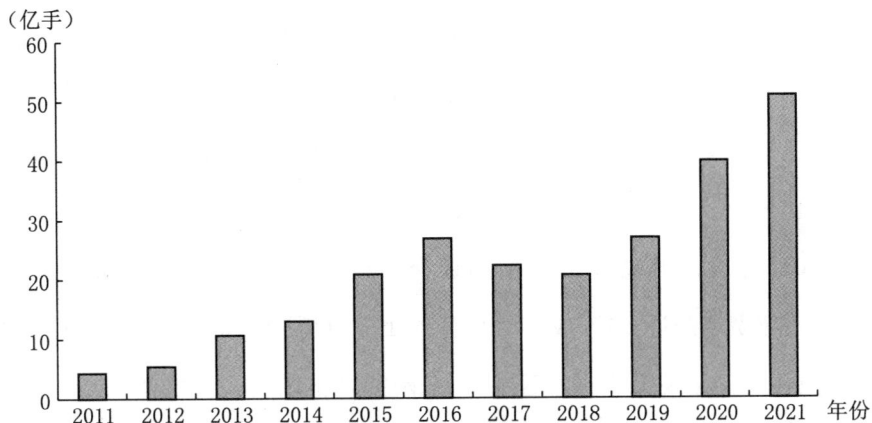

图 4.5　2011—2021 年工业产品期货成交量

资料来源：中期协。

（亿元）

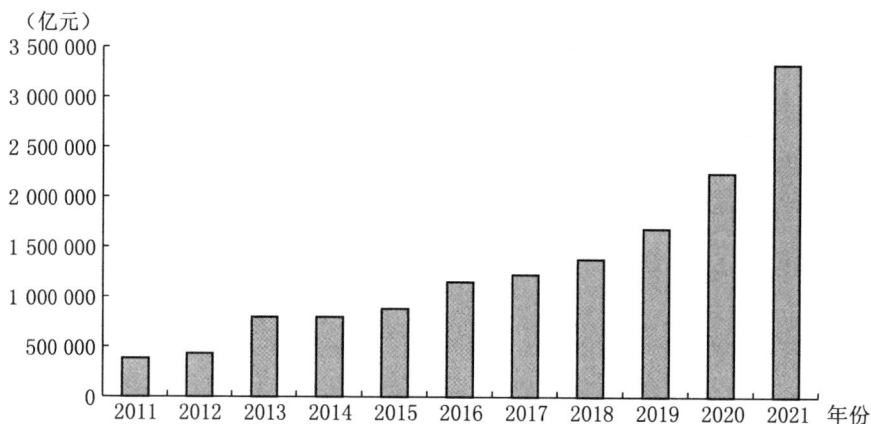

图 4.6 2011—2021 年工业产品期货成交额

资料来源:中期协。

涨,交易规模扩大。同时,期货市场对外开放政策(如 QFII/RQFII 参与)吸引了更多国际资金,提升了市场流动性。

(三)金融期货品种市场规模

2012—2021 年,中国金融期货市场规模经历了从快速扩张到调整再到稳健增长的过程,呈现出阶段性特征。2012 年,金融期货成交额占全国期货市场的 44.32%,以沪深 300 股指期货为主导,全年成交额达 75.84 万亿元。2013 年国债期货重新推出,但初期因银行、保险等机构未入场,成交量低迷,全年成交额仅占全国的 2%。2014 年金融期货成交额增至 164 万亿元,占比为 56.16%,沪深 300 等股指期货成为主要驱动力。

2015 年股市波动导致股指期货交易受限,中金所将保证金提高至 40%,手续费增加近百倍,成交量从日均 113 万手骤降至 1.7 万手,全年成交额仅 4 万亿元人民币。此后三年,金融期货市场进入调整期,2016 年成交额占比降至 9.3%, 2018 年恢复至 12.39%。2019 年起,股指期货逐步解禁,保证金和手续费恢复至接近 2015 年前水平,交易量回升明显。2020 年金融期货成交额达437.52万亿元,同比增长50.56％,5年期国债期货成交量增长223％。2021年,金融期货成交额118.17万亿元,占全国20.33％,机构投资者日均成交量和持仓量分别占60％和70％,上证50股指期货和2年期国债期货表现突出。

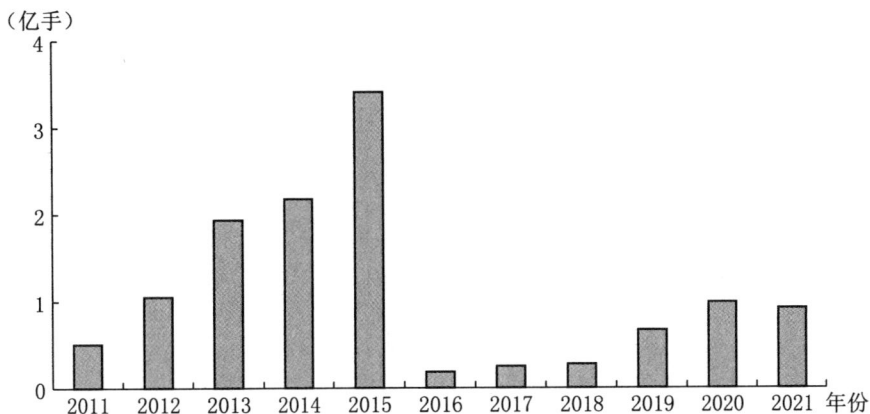

（亿手）

图4.7 2011—2021年金融产品期货成交量

资料来源:中期协。

第三节 期货交易所体系不断完善

近年来我国期货市场体系进一步完善,期货品种逐渐丰富。目前我国有三家商品交易所,一家金融期货交易所(中国金融期货交易所)和2021年1月批准设立的广州期货交易所。

一、郑州商品交易所

郑商所不断加快产业创新步伐,这十年间先后研发上市了苹果、粳稻、棉纱、红枣等 8 个农产品期货品种，玻璃、动力煤、尿素等 7 个非农产品期货品种，以及白糖、棉花、菜籽粕等 6 个期权品种。截至 2021 年年底，共上市 23 个期货品种和 6 个期权工具，覆盖粮、棉、油、糖、果、能源、化工等多个国民经济重要领域，上市品种和工具数量居国内期货交易所之首。

2021 年，郑商所市场规模创历史新高，累计成交量、成交额分别为 25.8 亿手、108.0 万亿元，同比分别增长 51.7% 和 79.7%。日均成交量、日均成交额分别为 1 062.1 万手、4 444 亿元，日均持仓量为 858.9 万手，同比增长 32.1%。成交量在国内商品期货交易所中位列第一。2020 年，郑商所在国际期货业协会（FIA）全球交易所排名中位居第 12 位，2021 年在全球主要期货及衍生品交易所场内衍生品总成交量排名中居第 7 位，国际影响力持续提升。

郑商所推动市场改革创新，优化上市品种的合约规则，多渠道做好市场培育服务工作。以市场需求为导向，上线国内期货交易所首个场外业务平台——郑商所综合业务平台，开展仓单交易和基差贸易业务。建信易盛郑商所能源化工期货 ETF 在深交所挂牌交易，推进证券基金市场与商品市场的直接连通（符仲明，2021）。

表 4.11　郑州商品交易所上市的期货/期权品种

郑州商品交易所上市的农产品期货/期权品种		
强麦期货	普麦期货	棉花期货/期权
白糖期货/期权	菜籽油期货	早籼稻期货
油菜籽期货	菜籽粕期货/期权	粳稻期货
晚籼稻期货	棉纱期货	苹果期货
红枣期货	花生期货	

续表

郑州商品交易所上市的非农产品期货/期权品种		
PTA 期货/期权	甲醇期货/期权	玻璃期货
动力煤期货/期权	硅铁期货	锰硅期货
尿素期货	纯碱期货	短纤期货

资料来源:郑州商品交易所。

二、大连商品交易所

商品期货品种从 2012 年的 9 个增长到 2021 年的 21 个,还上市了 8 个期权品种,构建了覆盖农产品、钢铁原材料、塑料化工、能源等领域的产品板块体系。推出全球首个实物交割的铁矿石期货、国内首个鲜活品种鸡蛋期货和首个活体交割畜牧品种生猪期货,以及豆粕期权等,改写了中国商品期货市场的历史。

大商所在国内期货交易所率先上线场外市场平台,推出仓单交易、基差交易、场外期权等业务,构建了多层次的市场格局。同时,推进期货市场对外开放,铁矿石期货国际化迈出关键一步,引入境外交易者。大商所实施"一品一策"策略,提升合约连续活跃性。推进数字大商所建设,上线具有自主知识产权的核心交易系统。建立全方位市场服务体系,聚合多方力量服务产业企业、投资机构和个人客户。此外,"保险＋期货"模式成效显著,连续 7 年被写入中央一号文件,累计为 160 万农户提供风险保障,理赔近 13 亿元(杨丽娟,2022)。

2021 年,大商所场内期货及期权成交量、日均持仓量分别为 24 亿手、1 054 万手,同比分别增长 7％、9％,分别占国内商品期货市场 32％和 39％,成交持仓规模再创历史新高,持仓量连续多年位列国内交易所第一位。

表 4.12　大连商品交易所上市品种

大连商品交易所上市的农产品期货品种		
玉米	玉米淀粉	黄大豆 1 号
黄大豆 2 号	豆粕	豆油
棕榈油	纤维板	胶合板
鸡蛋	粳米	生猪
大连商品交易所上市的工业品期货品种		
聚乙烯	聚氯乙烯	聚丙烯
焦炭	焦煤	铁矿石
乙二醇	苯乙烯	液化石油气
大连商品交易所上市的期权品种		
豆粕期权	玉米期权	铁矿石期权
液化石油气期权	聚乙烯期权	聚氯乙烯期权
聚丙烯期权	棕榈油期权	

资料来源：大连商品交易所。

三、上海期货交易所

2012 年至 2021 年，上期所成交量从 3.65 亿手增长至 24.46 亿手，增幅达 570％；成交金额从 44.6 万亿元增至 214.58 万亿元，增幅达 381％。根据国际期货业协会（FIA）统计，2016—2019 年上期所连续四年位居全球场内商品期货和期权交易量首位，2020—2021 年排名第二。2021 年，上期所成交量占全国市场的 31.55％，成交金额占 33.23％，在全球交易所中排名第八。

2012 年到 2021 年上期所新增原油、国际铜等 10 个期货品种，以及铜期权、天然橡胶期权等 6 个期权品种，形成覆盖有色、黑色、贵金属、能源、化工五大类的完整产品线。2018 年推出的原油期货成为我国首个国际化期货品种,吸引境外投资者参与,2021年低硫燃料油期货首次实现跨境交收,标志着从交易端"引进来"到交割端"走出去"的突破。2020年国际铜期货上市进一步扩大了市场开放。场外市场方面,2018年上线"上期标准仓单交易平台",实现品种全覆盖(李璇,2022)。

上期所不断提升交易效率与风险防控能力。2013年率先推出连续交易制度(夜盘),2017年引入做市商制度并在14个品种试点。2018年上线新一代交易系统NGES3.0,处理性能提升40%,支持国际化业务需求。结算制度方面,2013年采用单向大边保证金收取方式,2018年接受美元作为保证金,2020年推出国债冲抵保证金业务,降低市场参与者成本。

表4.13　上海期货交易所上市品种

上海期货交易所上市的期货品种			
铜	铜(BC)	铝	锌
铅	镍	锡	黄金
白银	螺纹钢	线材	热轧卷板
不锈钢	原油	低硫燃料油	燃料油
石油沥青	天然橡胶	20号胶	纸浆
上海期货交易所上市的期权品种			
原油期权	铜期权	铝期权	锌期权
黄金期权	天然橡胶期权		

资料来源:上海期货交易所。

四、中国金融期货交易所

中金所于2013年9月推出5年期国债期货,2015年3月上市10年期国债期货,2018年8月推出2年期国债期货,形成短中长端全覆盖的利率衍

生品体系。权益类衍生品方面，2015 年 4 月同步上市的中证 500 和上证 50
股指期货，与 2010 年推出的沪深 300 股指期货共同构成了 A 股市场风险管
理的"三支柱"。至 2021 年，中金所已上市 9 个金融期货和期权品种，包括 6
个期货品种和 4 个期权品种。

2012 年，中金所全年成交额 75.8 万亿元，成交量 1.05 亿手；至 2021
年，成交额增至 118.2 万亿元，占全国期货市场的 20.33％，成交量达 1.22 亿
手，同比增长 5.86％。投资者结构持续优化，2019 年股指期货、国债期货机
构投资者占比分别为 59％和 77％，2021 年进一步提升至 70％和 89％，机
构持仓占比居全球前列。

2015 年股市异常波动期间，中金所采取提高保证金至 40％、限制开仓
量等严格措施抑制过度投机。随后逐步松绑，2017 年将股指期货保证金降
至 15％—20％，这些措施在防范风险的同时，逐步恢复市场流动性，2021 年
股指期货日均成交量较 2016 年低谷期增长超 80％。

中金所积极拓展国际合作网络，2015 年与德交所、上交所共同成立中
欧国际交易所，推出离岸人民币衍生品。2016 年牵头收购巴基斯坦证券交
易所 40％的股权，成为中国交易所海外并购首单。

表 4.14　中国金融期货交易所交易品种

中国金融期货交易所上市的股指期货		
沪深 300 股指期货	中证 500 股指期货	上证 300 股指期权
中国金融期货交易所上市的国债期货		
2 年期国债期货	5 年期国债期货	10 年期国债期货
中国金融期货交易所上市的股指期权		
沪深 300 股指期权		

资料来源：中国金融期货交易所。

五、广州期货交易所

2012年,广州市政府在《服务业发展第十二个五年规划》中首次提出在南沙新区设立广期所的构想,目标是打造创新型期货交易平台。2021年1月22日,证监会正式批准设立广州期货交易所,明确其服务绿色发展、实体经济及粤港澳大湾区建设的定位。4月19日,广期所在广州揭牌,成为中国第五家期货交易所。2021年5月,广期所获批两年期品种计划,涵盖碳排放权、电力、工业硅等16个品种,重点聚焦新能源、绿色金融及区域特色领域。

广期所的设立是中国期货市场改革的重要里程碑,广期所以碳排放权、新能源金属为核心品种,助力"双碳"目标实现。广期所强化粤港澳大湾区金融联动,推动香港与内地市场互联互通。广期所引入境外资本与民营资本,为交易所治理模式改革提供样本。

第四节　期货市场立法与监管日益完善

一、期货市场立法进展

(一)《期货交易管理条例》修订

2012年,国务院对《期货交易管理条例》进行了修订。此次修订允许外国人参与境内特定期货品种交易,为国际化的原油期货上市及铁矿石等大宗商品期货的国际化打开了大门,这一举措顺应了期货市场国际化发展趋势,有助于提升我国期货市场在国际大宗商品定价中的影响力。2013年、2016年和2017年,又结合市场发展情况对《期货交易管理条例》进行了后续修订,不断优化市场规则,以适应市场变化。通过这一系列修订,《期货交易管理条例》不断完善,在期货市场运行中持续发挥着重要的规范与引导作用,为期货市场各类主体的行为提供了明确的准则,保障了市场交易的有序进行。

(二)《期货和衍生品法》立法进程推进

2013年9月,由全国人大财经委员会负责组织草案起草的《期货法》正式列入十二届全国人大常委会立法规划,标志着《期货法》立法工作实质性启动。2021年3月,制定《期货法》被列入十三届全国人大常委会立法工作计划。2021年4月,《期货法》草案提请十三届全国人大常委会第二十八次会议初次审议。同年10月,提请十三届全国人大常委会第三十一次会议第二次审议,并将法律名称修改为《期货和衍生品法》。此次法律名称的变更,凸显了衍生品市场在金融市场体系中的重要地位,反映了我国期货与衍生品市场协同发展的趋势,为统一规范和监管期货与衍生品市场提供了法律基础。

与《期货交易管理条例》相比,《期货和衍生品法》增加了其他衍生品交易、期货结算与交割、期货交易者等内容,对场外衍生品监管、投资者集体诉讼制度、期货服务机构权利义务、双向开放等领域制定了系统、明确的法律规定。在立法过程中,充分总结了期货市场三十年发展经验,吸收了《期货交易管理条例》的核心内容,将实践中运行良好、成熟可行的制度和规定上升为法律,同时坚持市场化方向,适应国际期货市场发展趋势,在期货品种和期权品种的上市机制、期货公司业务类型、期货行业对外开放方面做出重大创新,为期货市场改革开放发展预留适度空间。

《期货及衍生品法》的出台积极推动了作为"五位一体"监测体系重要组成部分的中国期货市场监测中心高效、有力地发挥作用,使期货市场监控中心的服务水平进一步提高,有效合理地利用各交易所客户的资金往来信息,继续发挥在期货保证金的收取和监控上的优势,净化期货投资者投资环境,一定程度上稳定投资预期,为投资者提供合理有力的支持,进一步提高保护投资者合法权益的水平。

期货公司在提升我国期货市场影响力等方面起着至关重要的作用。作为期货市场重要的参与主体,期货公司的法律地位有望在《期货和衍生品法》中得到明确。除了传统的经纪业务(FCM)外,《期货和衍生品法》还准许期货公司从事风险管理业务、资产管理业务、做市业务、境外经纪业务等创新业务。使期货公司在开展上述业务过程中,广泛拓展了基差贸易、仓单服务、合作套保、场外衍生品业务、"保险＋期货"业务等,起到了交易商的作用。另一方面,《期货和衍生品法》有望发挥其导向性和约束力相统一的作用,明确赋予期货公司交易商法律地位的同时,监督期货公司依法依规从事商业活动,使得期货公司能够充分合理扮演其应有角色,从而更好地发挥期货市场的价格风险、风险管理和配置资源功能,使其在优良的法律环境、市场环境下发挥自身优势,健康高效发展(胡俞越等,2022)。

《期货和衍生法》在立法过程中将会计师事务所、律师事务所、资产评估机构、期货保证金存管机构、交割库、信息技术服务机构等期货服务机构纳入法律调整范围,并赋予这些机构法律地位本身就是一种进步。这些服务机构虽然不属于期货经营机构,但是对期货市场的健康运行起到了重要的间接作用,其功能的发挥直接关系到期货市场机制的运转。《期货和衍生法》赋予其特有法律地位,能够促进这些机构的发展及其所提供服务质量的提升,从而为期货市场的良性发展提供有力支撑。

《期货和衍生品法》提供了完善期货市场各项制度体系的立法框架和原则,有助于推动部门规章、自律规则等的完善,为依法治市提供了依据,对期货市场治理能力和水平的提高起到强有力的推动作用。

衍生品类包括期货、期权、远期和互换四大产品。二次审议稿更名为《期货和衍生品法》，既覆盖期货，又包含其他衍生品，把各类衍生品都纳入了法定调整范围，做到了跨越部门和领域、综合监管期货和其他衍生品的基本法律制度。《期货和衍生品法》的出台促进了仓单交易试点品种的增加和结构调整，进一步提升了期货服务能力和期货综合交易平台能力，加强了金融、物流、仓储、新兴科技等多方面的互联互通，深度强化了产融结合，助力通力构建大宗商品生态圈，打造大宗商品交易中心和信息中心，推进了期货及衍生品市场对实体经济的服务。此外，《期货和衍生品法》的出台与我国首家获得全球金融稳定委员会（FSB）认可的报告库——期货市场监测中心建设的场外衍生品交易报告库——形成协同效应，有效地防范场外衍生品市场风险，对良好的衍生品市场环境具有重要的推动作用。

《期货和衍生品法》中的相关条款与国际衔接，一方面进一步明确境外机构在境内营销活动的管理规则，保护境内交易者的合法权益；另一方面，在交易品种、合约的计价结算货币、交易价格、保证金收取和调整以及交割制度等方面同国际市场相对接，促进我国期货市场适应国发展，吸引更多的境外投资者，能够有效促进国内国际双循环。

二、期货市场监管发展

（一）监管制度完善

2011年，《期货公司期货投资咨询业务试行办法》发布，规范了期货公司的投资咨询业务，明确了业务范围、从业资格、业务规则等，使得期货公司在投资咨询服务中有章可循，提高了服务的专业性和规范性，保护了投资者的合法权益。2012年，《期货公司资产管理业务试点办法》和《期货公司设立子公司开展以风险管理服务为主的业务试点工作指引》实施,资产管理业务和风险管理业务开闸。这两项试点办法和指引对业务开展的条件、流程、风险管理等方面进行了详细规定,推动期货公司业务多元化发展,增强了期货公司服务实体经济的能力。例如,在资产管理业务中,明确了期货公司可以为客户提供的资产管理服务类型、投资范围以及风险控制措施等,促使期货公司提升资产管理水平,合理配置资产,为客户创造价值。

2018年,《外商投资期货公司管理办法》正式发布实施,允许外资控股合资期货公司,相关服务业进入双向开放新时期。这一办法对外商投资期货公司的设立条件、业务范围、股权结构等方面进行了规定,加强了对外资进入期货市场的监管,保障了市场开放过程中的平稳有序。同时,也为国内期货市场引入了国际先进的管理经验和技术,提升了国内期货公司的竞争力,促进了期货市场国际化进程。在开放过程中,监管部门持续关注外资期货公司的运营情况,对其合规经营、风险管理等方面进行严格监管,确保其遵守我国期货市场法律法规,维护市场稳定。

(二)自律管理强化

中国期货业协会在这一时期发挥了重要的自律管理作用。2012年以来,协会在证监会指导下,对期货风险管理公司开展衍生品业务实施自律管理。经过多年摸索,期货风险管理公司逐步探索出服务实体经济的有效业务模式,衍生品业务已成为期货行业服务实体经济和助力行业发展的重要抓手(杨毅,2022)。协会通过制定自律规则、开展培训教育、加强行业交流等方式,规范期货行业从业者的行为,提升行业整体素质。例如,在从业人员管理方面,协会严格执行从业人员资格考试和注册制度,定期组织后续培训,提高从业人员的专业知识和职业道德水平;在行业规范方面,制定了一系列自律准则,对期货公司的经营行为、风险管理、客户服务等方面提出具体要求,促进期货公司规范经营。

三、立法与监管发展对期货市场的影响

一系列立法与监管举措促使期货市场各类主体行为更加规范。期货公司等经营机构在业务开展过程中,严格遵守相关法规和监管要求,加强内部管理,完善风险控制体系。例如,在资产管理业务中,严格按照《期货公司资产管理业务试点办法》的规定,规范投资运作,加强信息披露,保障客户资产安全。投资者在参与期货交易时,也更加注重自身行为的合规性,理性投资。市场交易秩序得到明显改善,操纵市场、内幕交易等违法违规行为得到有效遏制,市场透明度显著提高,为期货市场的长期稳定发展奠定了坚实基础。

立法与监管在规范市场的同时,也为市场创新预留了空间。《期货和衍生品法》草案在期货品种和期权品种上市机制、期货公司业务类型等方面的创新规定,激发了市场创新活力。期货交易所积极研发新的期货和期权品种,丰富市场产品体系,满足不同投资者的风险管理需求。例如,近年来,一些商品期货期权品种相继上市,为相关产业企业提供了更多元化的风险管理工具。期货公司也在不断探索业务创新,如通过设立子公司开展风险管理服务,拓展了服务实体经济的深度和广度。同时,随着市场对外开放的推进,国内外市场的交流与合作不断加强,为市场创新带来了新的思路和机遇。

立法与监管发展为期货市场国际化提供了有力支持。《期货交易管理条例》修订后允许外国人参与境内特定期货品种交易,以及《外商投资期货公司管理办法》的实施,吸引了更多国际投资者和机构参与我国期货市场。国内期货市场与国际市场的联动性增强,我国期货市场在国际大宗商品定价中的话语权逐步增强。例如,铁矿石期货引入境外交易者后,其价格影响力不断扩大,对国际铁矿石贸易定价产生了重要影响。同时,国内期货公司

也积极拓展海外业务,提升国际竞争力,推动我国期货市场在国际舞台上发挥更加重要的作用。

第五节　期货市场服务国家战略作用日益凸显

期货市场在服务国内实体企业的同时,也紧追世界一流,不断创新以服务"一带一路""双碳"的发展目标。"一带一路"倡议是国家的重要战略安排,参与国家大多是发展中国家和新兴经济体,劳动力成本低,自然资源丰富,在大宗商品方面与中国有着密切的贸易往来。"双碳"目标是2020年党中央提出的重大战略部署,期货市场可以发挥自身优势,推动"双碳"目标的实现进程。本节围绕这两个国家战略对期货市场进行梳理。

一、期货市场创新服务"一带一路"

(一)"一带一路"给期货市场发展带来契机

"一带一路"倡议于2013年提出,发展初期路线途经地区为以新兴经济体和发展中国家为主。沿线国家大宗商品市场和金融衍生品市场的建设发展与其所拥有的农产品和矿产资源大多形成鲜明反差。这也为中国期货市场发挥对风险资产的价格确定作用、全面提升综合实力提供了发展契机。另外,因为不少期货品种在沿线各国或区域与中国的期货交易所推出的品种高度吻合,故彼此间的合作前景十分广阔。

大宗商品对于一国的经济发展相当重要,其分为三类:有色金属与矿产资源、能源产品和大宗农产品。自入世以来,我国已逐渐成为全球大宗商品最大的市场之一。由于大宗产品的进口比重相当高,比如原油、铁矿石、大豆等产品门类都达到 60％或以上，而石油化工、钢材、食品加工生产等行业深受这三类产品的左右，其对中国影响深远。因此，我国需要以合适的价格对我国的大宗商品持续供应。

期货市场的发展对稳定大宗商品的价格可起到正向作用。期货市场也因其能够在透明公开的环境中，在施加有力监管的条件下，最终给出合理定价的特性，而广为国际贸易各方接受。目前美、法等西方国家在全球大宗商品贸易市场定价方面具有重大影响力。而近年来，世界大宗商品贸易结构发生了调整，因此美国等西方国家期货市场定价所依托的商品现货贸易基础在客观上被削弱了。在这样的背景下，中国与"一带一路"沿线国家合作使中国期货市场获得新进展，这也为我国逐步成为国际大宗商品定价中心带来了新机遇。

在"一带一路"倡议的推动下，中国期货市场加速了与世界的融合，国际化步伐加快。与此同时，积极融入全球经济之中的期货市场，可带来投资者更多元、市场规模及影响力更大、期货价格更有效等积极影响，正向作用于同"一带一路"沿线国家及地区间的国际贸易。此外，也为"走出去"的实体企业提供企业经营风险的保障。

截至 2022 年 4 月 19 日，我国已同 149 个国家和 32 个国际组织签订了200 多项战略合作文件，共同推进"一带一路"。

（二）期货服务"一带一路"初见成效

自 2015 年国家正式实施"一带一路"倡议开始，2016 年中国期货业积极响应国家号召，成功竞购了巴交所 30％股权，助力"一带一路"国家金融发展；2017 年上期所设立首个境外派驻机构新加坡办事处；2019 年国内各个交易所纷纷与"一带一路"国家签署合作谅解备忘录，加强了两国期货业的交流合作；2021 年成立的广州期货交易所专门开设"一带一路"国家特色的大宗商品板块,服务国家的"一带一路"倡议。

自2017年至今,7种期权期货国际化产品陆续成功上市,引导国内市场优质资源进入国际期货市场,成功吸引"一带一路"沿线国家PTA、天然橡胶等相关产业链主要企业参与。

与此同时,"一带一路"沿线国家间合作贸易的背景,也是创建并逐步完善原油人民币计价体系的好时机。自2015年底,我国已先后和多个成员国签订了货币互换协议,以便于"一带一路"的共建。中国所处的亚洲地区是全球原油消费、产出及存储量最大的区域,2019年亚洲地区的原油消费量占全球的45%。而在2018年之前,由于亚洲地区并没有原油定价中心,无法订立统一的原油基价,因此交易中时常为溢价现象所困。此外,石油美元制作为全球能源金融核心体系的地位也在部分原油贸易的去美元化、美元汇率呈现较大波动幅度,以及石油美元制突出的金融属性的共同作用下开始动摇。

2018年3月26日,上海期货交易所正式上市中国原油期货相关交易品种。经过两年的发展,截至2020年3月底,中国原油期货已跃升成为世界第三大原油期货品种。同时,以上海的原油期货价格为定价参考的现货交易也已出现,有效降低了由于此前须绕行到WTI和Brent所产生的亚太地区企业无谓的资金流失。同时,此举也为我国争夺亚洲原油定价权提供了话语权。

二、期货市场创新服务"双碳"战略

(一) 碳期货市场建设起步阶段(2012—2018年)

在这个阶段,受《期货交易管理条例》的约束,北京、上海、广州等七个国家碳市场试点不具备期货做市商资格,因此位于上述各个碳市场试点的碳交易机构投资者只能着手于远期商品来探索碳金融衍生品的开拓。2016年2月广州碳排放期权交易所率先推出碳远期产品，为非标准化协议，但效果不如预期，市场较为冷清。随后，湖北和上海分别于4月和12月推出碳排放权现货远期、碳配额远期，均为标准化合同，市场回馈效果较好，成交量可观。

（二）碳期货市场创新发展阶段（2019年至今）

在当前这个市场阶段，中国的碳期货市场建设主要有以下两大创新突破：其一是中国首个以碳金融衍生品为主的广州期货交易所成功设立；其二是国内上市的首个清洁气体能源衍生品及国内首个实现期权合约与期货合约同时上市运作的品种——液化石油气期货及期权（LPG）。与欧美国家相比，中国的碳期货起步晚了近十年，2020年习近平总书记宣布"碳达峰、碳中和"为国家战略安排。碳期货及衍生品交易所的成立是我国碳金融市场的重要里程碑，为我国碳金融体系的构建做出了重要贡献。

"双碳"，即2030年"碳达峰"与2060年"碳中和"目标的缩写，2020年9月在中国被正式明确提出，倡导绿色环保低碳的生活方式，加快发展低碳模式，推动绿色科技创新，提升我国在产业和经济方面的全球竞争力。

在"双碳"目标及此前碳现货的发展基础之上，我国碳期货的发展也被加紧提上日程。在当前日益严峻的气候风险的背景下，发展碳期货对于我国有着重要意义。

一是碳期货通过总量管理和交易的手段，可以有效控制高碳排放行业的企业对世界气候变暖的不可控危害。集中使用竞争方法决定成交量与价格的交易制度对公司而言，也减少了碳现货市场可能面临的经营风险，并为平抑价格风险、稳定碳市场的发展提供了保障。

二是碳期货的发展可以更好地发挥碳市场的价格发现作用，推动金融监管部门和金融机构参与，推动碳价格充分反映风险，最大化发挥碳价格约束激励作用。

三是发展碳期货可提升我国在气候治理方面的影响。全国碳市场开始交易后,我国碳市场有机会成为全球最大的碳市场。中国碳市场的发展有望推动更多发展中国家采用碳期货实现碳减排目标。

四是达成"双碳"是我国的战略目标之一,金融的支持是"双碳"实现不可或缺的一环。再往前推,发展碳金融需要碳定价兜底,而要想达成获取并获得碳定价话语权、稳定碳价的目的,碳期货市场的创建就显得尤为重要。

(三) 碳期货市场发展趋势

从现货角度看,现阶段国内碳市场的流动性还没有达到国际领先水平,成交活跃度不足,各个地方和平台的需求目前尚无法被充分满足。故此,各地的试点碳市场依然存在。而提升碳市场的流动性和活跃程度亦不可激进,不能让碳市场成为一个过度投机的市场。在这种情况下,发展碳期货已经成为一种趋势。

从国际经验来看,碳金融和碳市场的发展应相辅相成。作为一种金融衍生工具,碳期货可以用来降低或避免碳市场风险,稳定和增加碳资产的价值,拓宽企业的融资渠道。广州期货研究中心创新研究负责人李代指出,碳期货的推出有利于提高碳市场的流动性,实现碳定价更加公平合理的目的。

当前,中国的碳交易市场仍是现货交易市场,未来两年内将逐渐引入碳排放权期货交易品种。而在碳期货上市后,中国将可能成为世界最大的碳衍生品市场,期货市场也能更好地为实体经济提供服务。在广州期货交易所的创新品种产品布局(服务绿色发展相关品种、大宗商品指数类、国际市场互挂类、大宗商品板块)中,重点放在了碳排放期货等绿色金融产品上。与国际碳市场相比,加大碳相关产品创新,积极研究并促进碳衍生品交易仍然是中国碳交易市场目前的发展重心。

中篇

中国期货市场对经济发展的作用

第五章
期货市场对行业和企业发展的作用相关理论

目前期货成为金融交易的主力军,在各发达地区的市场上,期货的交易量也居于前列,远远超出了其他有着丰富历史经验的产品。期货的发展越来越国际化,这主要得益于全球金融市场的进步,它紧随市场的步伐,在世界上许多大型期货市场上的竞争愈加明显,相应的关系互动也更加密切。

第一节　期货基础理论

一、期货起源相关理论

期货的本质是将"未来的商品交易"在现阶段予以确定的标准化合约机制。与远期合约相比,其显著特征在于合约要素的标准化及交易场所的规范化,必须在交易所内按照既定标准框架,就商品数量、质量等交易条件达成协议,形成预先约定所有权转移的金融工具。现代期货市场的雏形可追溯至1848年成立的芝加哥谷物交易所(芝加哥期货交易所前身),1856年该交易所推出标准化期货合约,配合保证金制度的建立(作为交易双方履行合约的财力保证),共同构成了期货市场形成的两大标志性事件。随着交易量与交易品种的扩张,转买转卖行为日益频繁,清算所的诞生进一步完善了期货交易的标准配置,为市场发展奠定了制度基础。

19世纪末至20世纪初,期货市场迎来品种创新的爆发期。继谷物之后,棉花、黄油、咖啡、可可等经济作物相继实现标准化期货交易。在工业领域,伴随工业化进程,金属期货应运而生,涵盖贵金属、工业加工品、非耐用储存商品及制成品等多元合约类型,推动期货市场从农产品主导转向多元化发展。

商品期货理论体系在20世纪50年代发生重要变革。哈里·马科维茨(H. Markowitz)提出的资产组合理论为期货投资决策提供了全新分析框架。M.鲍尔斯(M. Powers)突破传统理论范式,提出以基差为核心的套期保值投资理念,重塑了期货风险管理的理论基础。

以商品期货为起点,金融期货的概念逐步演化形成。其本质是交易双方约定在未来特定日期,按既定规则交易金融工具的合约。按标的物类型可划分为利率期货、股指期货、外汇期货等主要类别。当前,金融期货理论已成为国际金融研究的核心课题,国内外学者通过系统性研究不断完善其理论体系,推动金融期货市场的实践创新与规范发展。这一从商品到金融的理论演进脉络,既体现了金融衍生品市场的内生发展逻辑,也彰显了理论创新对实践发展的先导作用,为现代金融市场的多元化与复杂化发展提供了坚实的理论支撑。

表 5.1　期货基本理论研究

基本理论		
传统套期保值理论	**基差逐利型套期保值理论**	**组合套期保值理论**
① 1930 年凯恩斯、希克斯提出。 ② 核心思想:对于持有的某种现货商品,套期保值投资者通过在对应的期货市场上建立与现货市场头寸交易方向相反、数量相等的头寸。 ③ 假设:参与期货交易的套期保值者的唯一目的是规避其在现货市场上可能产生的损失或风险,并不是为了从期货交易中获取利润。	① 经济学家沃金提出。 ② 核心思想:套期保值者并不一定只是为了将现货市场的风险全部转移出去才进行套期保值操作,他们也会为了获取额外利润通过预期或主动寻找基差的变化,并选择在基差风险相对较小之时进行套期保值交易,所以套期保值者也可以看成预期收益最大化者。 ③ 优势:相比于传统套期保值理论,它克服了将套期保值者看作纯粹的风险最小者的局限性,更加灵活且便于操作,体现了经济利润最大化的思想。	① 是现代发展并流行的理论,也被称为动态套期保值理论。 ② 核心思想:套期保值实际上可以看成套期保值者将期货市场和现货市场上的资产统一起来进行的组合投资,他们在期货市场和现货市场上选择合适的交易头寸,计算资产组合的预期投资收益的平均数和方差,使资产组合的收益风险最小化或者获得的收益值最大化。 ③ 优势:通常会通过计算选择最佳的套期保值比率。基于两种原则:风险最小化和效用最大化,而且交易者会随着对期货价格预期等市场因素的变化,而不断调整套期保值比例,从而套期保值比例是变化的。

资料来源:钱小安:《金融期货的理论与实践》,商务印书馆 2003 年版。

二、金融期货相关理论

(一) 期货相关基础理论研究

在股指期货诞生之前,国内外学者主要围绕商品期货展开多维度研究,这些理论为股指期货的起源与发展奠定了重要基础。Working(1949)提出价格理论,指出当市场存在套利交易时,在确保一定收益的前提下,市场主体会产生储存行为,并由此得出结论:期货与现货的价格差额不仅涵盖融资费用,还包括仓储费用等成本因素。Brennan(1958)在此理论基础上进一步完善,引入"风险溢价"概念,使储存价格理论更具普适性,从而构建了以"持有成本理论"为核心的期货定价理论体系。

与此同时,诸多学者针对期货与现货价格的关系展开研究。Keynes(1930)提出延期交割费用(期货贴水)理论,其研究发现:套期保值者多为期货市场的净空头,且愿意为风险对冲支付"保险费用";而套利者作为净多头,往往追求更高收益,这导致期货价格普遍低于现货价格。然而,Bodie(1980)、Kolb(1992)等学者通过实证分析发现,延期交割费用理论并非适用于所有期货市场,现货升水现象在部分场景中同样存在。

值得注意的是,股指期货与其他商品期货存在显著差异:其价格波动不仅受市场供需关系影响,投资者结构与交易机制也会对定价产生重要作用,这使得股指期货的研究更具复杂性。Cornell 等(1983)在假设市场完美、信息完全且无股息收入的前提下,结合持有成本理论,推导出股指期货合约的持有成本定价模型,为该领域的理论研究提供了关键框架。

Gould(1988)在研究中纳入交易成本变量,发现不同水平的交易成本会导致无套利区间产生波动。Kiemkosky 等(1991)进一步以先前研究为基础,在模型中加入交易主体、成本等相关因素,通过完全反向的交易机制推导出区间的上下限。此外,他们利用标准普尔 500 股指期货价格,实证分析了存在税收与无税收场景下套利机会的频率差异。研究证实,当考虑税收因素时,期货价格高估的比率高于低估情况,相应的套利行为会减少。

(二) 利率期货相关理论研究

Fisher(1896)提出利率期限结构理论,指出任一时刻的收益率曲线可用于对未来短期利率进行预期,且远期利率是对未来某一时期短期利率的无偏估计。收益率曲线的不同形态(如上升或下降),反映了投资者对未来短期利率变动方向的差异化判断。

Hicks(1939)将债券的流动性风险纳入分析框架,系统阐述了剩余期限与收益率的关系,提出收益率是投资者预期与债券流动性溢价的共同体现。由于短期债券的利率风险更低,投资者普遍偏好短期债券,因此需通过正的期限溢价补偿长期债券的流动性风险。

该研究在建模时剔除了期货的应计利息特性,将即期利率划分为多个区间(每个区间内的最低可交割券并非完全一致),通过对各时刻即期利率建模,推导出国债期货价格的解析表达式。此表达式可视为整合所有标的债券价格(或对各标的债券对应期货价格进行加权),其中权重为各券未来成为最低可交割券(CTD)的概率。从另一角度看,国债期货可通过"买入现货+卖空期货"的组合实现有效复制,进而达到套期保值的目的。

（三）外汇期货相关理论研究

Stoll(1988)与 Kyle(1985)的研究表明,衍生品的价格发现功能可强化外汇期货的市场作用,具体表现为:提升市场整体深度、加速信息传递效率,同时增强外汇现货市场的流动性,并降低其波动性。Crain 等(1995)通过对比重要信息公布前后交易日的汇率波动率方差,发现外汇期货市场的有效性优于现货市场,能够显著提升现货市场的价格发现效率,这一结论在成熟金融市场中体现为外汇期货对现货市场的稳定作用。Sequeira 等(2004)针对三个发达国家与两个新兴市场国家的外汇期货交易展开对比研究,将持有成本模型与无偏期望假设模型延伸至波动性模型分析后发现:新兴市场国家的外汇期货市场汇率波动对即期汇率波动的影响显著;而发达国家的情况则与之相反。

潘成夫(2006)在探讨人民币外汇期货问题时指出,发展人民币外汇期货是我国对外开放及人民币汇率制度改革的必然趋势。由于现有的人民币远期结售汇机制已无法满足汇率风险管理需求,建议以中国外汇交易中心为基础,构建本土化的外汇期货市场。邹琪(2006)提出具体的品种推进策略,优先推出美元兑日元期货交易,其次为人民币兑日元、人民币兑欧元期货,待实现浮动汇率制后,再推出人民币兑美元期货品种。

三、期货对现货影响方面的理论

Edwards(1988)最早提出股指期货类衍生产品的诞生会对现货市场产生调节作用,具体表现为能够降低股指波动幅度。Robinson(1993)基于伦敦证券交易所近十年的市场数据,通过对富时100指数期货与现货市场的日收盘价进行研究,在ARCH模型中引入冗余变量后发现:股指期货的存在使股票市场波动频率降低约17%,验证了期现市场的联动相关性。Pericli(1997)运用计量经济模型与统计分析方法进一步证实,股价指数期货具备平抑股票市场波动的功能。McKenzie等(2001)针对大洋洲股价指数期货市场的研究表明,期指不仅是有效的风险对冲工具,还能加速市场信息传导效率,从而显著降低现货市场的波动幅度。

国内学者的研究呈现差异化结论。汪冬华等(2009)通过对比发现,香港期货推出后日间波动幅度收窄,而日、韩市场却出现波动加剧现象,推测短期波动异常可能与市场初期适应过程相关,长期或趋于稳定状态。对沪深300股指期货上市后对现货市场影响的研究,结论获得积极作用较多。吴榴红等(2012)利用GARCH模型对沪深300指数日收盘价数据进行分析,证实随着时间推移,股指期货的交易行为会促使现货市场波动幅度逐渐收窄。郦金梁等(2012)的研究则揭示了更显著的市场改善效应,沪深300股指期货推出后,股票市场运行质量得到显著提升,股指日内5分钟波动率下降37%,成分股日对数交易量方差降低40%。基于EGARCH模型的分析显示,市场深度与价格信息含量显著提升,日回报率条件方差下降约40％。这一系列数据表明,股指期货的引入有效增强了现货市场的流动性与价格发现功能,同时显著降低了价格波动水平。

第二节　期货对实体经济发展的支持作用

一、关于实体经济的界定

"实体经济"的概念最早可追溯至 1827 年萨伊提出的"货币面纱论"。该理论将货币与实际经济运行相分离,由此奠定了实体经济作为与金融经济、货币经济相对应的经济理论体系的基础。此后,凯恩斯(Keynes,1936)与托宾(Tobin,1965)进一步将实体经济定义为围绕产品生产和服务流通展开的经济活动。

近年来,国内学者从不同维度对实体经济进行了阐释。罗能生等(2012)、张林等(2014)认为,实体经济是依托各类物质要素开展的经济活动,涵盖以物质形态为核心的产品及精神产品的生产、消费和服务。其范畴不仅包括农业、制造业、建筑业等物质生产与服务部门,还涉及教育、文化、医疗、信息等精神产品的生产与服务领域。王永钦等(2016)提出,实体经济包含全部第一产业和第二产业,而第三产业需进一步拆解划分。学界普遍将金融及房地产业归为虚拟经济范畴,与实体经济明确区分。

黄群慧(2017)从国家战略层面指出,实体经济是国民经济增长的根基,是保障国民生存与发展的基础性经济形态,对推动国民经济平稳运行具有关键意义。其与虚拟经济的根本区别在于货币资本的增值媒介不同。虚拟经济以资产、货币及价值符号为增值媒介,本质是财富的重新分配,而非财富创造。实体经济以物质资料的生产经营活动为核心，通过具有使用价值的商品或服务实现增值，实质是财富的创造过程。

二、关于期货促进实体经济效应

（一）国外学者的理论探索与研究发现

Silber（1985）在探究金融期货的功能时提出，其核心贡献在于降低交易成本，通过优化对冲交易机制与价格发现效率，显著提升市场流动性，最终实现企业运营成本的降低。Diamond（1984）、Ahmed 等（1997）聚焦期货及衍生品的风险防范效应，指出企业可借助衍生品工具开展风险管理，为自身发展创造有利条件。Stulz（1996）、Geczy 等（1997）及 Smithson（1998）的研究进一步表明，企业通过金融衍生品交易进行风险对冲，能够有效降低破产概率与收入波动性，同时缩减融资成本，提升资金获取效率，但强调企业需科学决策衍生品的套利或风险管理策略。Ahmed 等（2020）从理论与实证双维度剖析套期保值对企业价值的影响因素，为后续研究提供了重要参考框架。

（二）国内学者的微观视角研究

从企业微观层面来看，赵旭（2011）、郭飞（2012）、周鸿卫与陈莉（2016）、徐鹤龙（2017）等学者证实，合理运用衍生品对提升公司价值、增强盈利能力及分散风险具有不可替代的作用。杨玉成（2022）从市场主体与证券企业双重维度分析衍生品的杠杆效应，指出其应用有助于服务实体经济并提升企业效益。孙文馨等（2022）以有色金属行业上市公司为样本，发现衍生品套期保值可通过提升企业盈利能力与经营效率，进而推动企业价值增长。刘井建等（2021）基于沪深 A 股部分制造业上市公司的研究表明，衍生品的应用能显著降低企业现金流波动风险。张国胜等（2021）通过最小二乘回归等多元模型,分析我国期货市场套期保值效率后建议,政府应减少过度干预,稳步推进期货市场国际化进程。

(三) 宏观经济层面的效应分析

在宏观研究领域,刘妍芳(2011)、陈晗等(2015)、韩京芳等(2018)指出,衍生品市场对经济波动的影响具有阶段性特征。当金融发展程度较高时,其对经济总波动产生抑制作用。当金融发展程度较低时,则可能加剧经济波动。总体而言,衍生品市场在促进实体经济发展、维持物价稳定及保障金融安全等方面具有重要战略价值。郑凌云等(2018)探讨金融期货在"货币政策＋宏观审慎"双支柱调控框架中的作用时提出,推动商业银行等国债现货持有主体进入国债期货市场,可提升现货市场流动性,强化期现货市场的互联互通。股指期货的风险管理功能则能增强市场内在稳定性,为宏观调控政策的有效实施奠定基础。

田丰维(2008)强调,以期货市场为核心的金融衍生品市场,是与资本市场、货币市场并列的现代金融体系重要组成部分,其地位正随金融深化进程不断提升。郭远爱(2018)指出,在经济新常态下,需通过创新金融工具、培育多层次金融市场、完善制度与交易机制等多元举措,持续增强金融期货服务实体经济的能力。戎志平(2018)提出,构建品种丰富、交易活跃、机制完备、监管规范的金融期货市场是现代金融体系建设的关键,应将推进对外开放、吸引外资入市、完善期现货交易机制及强化市场监管作为重点任务,持续提升市场运行效率。

(四) 研究总结与启示

综合国内外研究可见,期货市场通过价格发现、风险对冲及流动性供给等功能,从微观企业成本控制到宏观经济稳定调控形成多层次作用机制。未来需在政策层面优化市场环境,在实践中推动企业科学运用期货工具,以充分释放期货市场服务实体经济的潜能。

第三节　期货对金融业发展的促进作用

一、金融业的含义

金融业是虚拟经济的核心构成，涵盖多个细分领域，主要包括银行、保险、证券、信托及租赁等行业。作为金融深化的必然产物，虚拟经济以金融工具、金融机构、金融市场及基于资本资产定价的价格体系为载体，推动虚拟资本的循环流转。这一经济活动区别于传统的物质生产与劳务供给，其运行逻辑具有独特性。

2008 年全球金融危机后，金融业研究成为学术热点。学界普遍认为，此次危机的诱因是虚拟经济领域的经济泡沫破裂。进一步研究表明，金融业的本质是资本运作，通过货币资金购入债券、期货、股票等金融工具，再依托市场平台实现虚拟资本的流转互换，这类经济活动构成了虚拟经济的核心形态。

金融业有这样几个特征：一是指标性。行业相关数据指标与国民经济运行状况高度关联，是宏观经济的"晴雨表"。二是高流动性。现代信息技术推动金融业电子化、无纸化发展，大幅提升了虚拟经济的资本流转效率，为行业扩张提供技术支撑。三是波动性与风险性。区别于实体经济的价值规律，金融业价格体系受工具规模、交易品种及多重外部因素影响，呈现较强的波动性与风险集聚特征。四是垄断性与效益依赖性。政府政策对行业发展具有主导作用（如监管规则、货币政策等），同时金融业的效益水平深度依赖国民经济整体发展态势，形成"政策引导＋经济联动"的双重属性。

二、期货及衍生品对金融业的促进效应

(一) 国外学者的研究成果

国外学者围绕衍生品的应用与金融主体发展的关联性展开了深入实证研究。Mayordomo 等(2014)、Firouzi 等(2019)、Li 等(2014)及 Antônio 等(2019)以上市公司、商业银行及基础设施领域为研究对象,证实衍生品的合理运用能够显著提升企业与银行价值,同时在风险对冲、管理及决策信息支持等方面发挥关键作用。Vengesai 等(2020)的研究表明,衍生品使用程度较高的企业往往具有更高的市场价值。Geyer-Klingeberg 等(2021)通过实证分析发现,金融市场欠发达或税率较高的国家,衍生品套期保值的风险溢价更高,这一结论为我国金融市场发展提供了参考依据。Gospodarchuk 等(2022)基于金融资产发展历史数据,构建了一套评估各国金融发展水平的指标体系,为全球金融业发展提供了量化参考框架。

(二) 国内学者的研究进展

我国学者近年来从多维度探讨了期货及衍生品对金融体系的完善作用,主要有以下几方面。首先是市场发展与国际金融中心建设,马卫锋等(2008)创新性地从国际金融中心发展视角切入,论证了期货及衍生品市场对经济发展的战略意义。其次是监管体系优化,沙烨(2007)、谢洋(2015)等聚焦市场监管问题,提出构建专业化期货监督管理委员会、强化行业自律机制、建立健全风险管理制度、推行金融交易信息公示制度,以及设立新型清算部门实施风险动态监控等具体措施。苏小勇(2011)指出期货市场与现货市场具有高度关联性,强调应建立跨市场监管机制,完善跨市场监管法律体系。再次,不少学者分析了国内衍生品体系的发展现状并进行了国际对比,王屯等(2010)以金融危机为背景,剖析了我国金融衍生品市场的发展困境

与机遇。李勇等（2015）基于国内期货及衍生品规范发展现状，提出了针对性的完善路径。李正强等（2017）通过中美期货及衍生品市场发展路径对比研究，为我国市场的规范化发展提供了国际化视角的建议。

第四节　实体经济与金融业协同发展关系

一、实体经济与金融业的关系

实体经济与金融业的发展呈现深度耦合态势：实体经济借助金融体系实现资源优化配置，而金融业则以实体经济为根基，通过创新迭代实现进阶发展。

（一）实体经济对金融服务的依赖性

实体经济的良性运转既需要内部运营机制的完善，也依赖外部金融环境的支撑，包括市场资源配置效率、资金融通规模、资本循环效率等要素。这些要素与金融业发展直接关联——成熟的金融体系能为实体经济提供高效的资金支持，推动其扩张与创新。值得注意的是，金融业需控制发展节奏与规模，过度虚拟化可能脱离实体根基，甚至诱发金融危机，反噬实体经济发展。

（二）金融业对实体经济的依附性

金融业的发展无法脱离实体基础，虚拟资本的循环必须以实体经济为依托。同时，实体经济的升级会催生新的金融需求，例如资金获取便捷化、融资成本低廉化等，这些需求正驱动金融领域的产品创新与服务迭代。基于此，本章将实体经济与以银行为核心的金融业作为独立主体，探究衍生品的作用机制，为后续研究提供分析框架。

二、期货和衍生品促进经济增长的路径

期货与衍生品作为风险管理工具，是现代金融创新的核心方向，其发展水平直接影响金融市场的公平性、透明度与运行效率。合理运用该工具可缓释金融风险，构建规范化的交易生态，助力现代经济体系的完善。当前我国期货及衍生品市场仍处于发展初期，面临双重挑战：一方面，利率、汇率波动及货币政策调整带来的市场风险日益复杂，现有工具难以全面覆盖不确定性；另一方面，产品品类单一、市场规模有限，无法匹配实体经济转型与金融改革的新需求。因此，加速市场建设已成为现代经济体系构建的关键任务。

（一）经济促进作用体现在创新与市场化两大维度上

对经济转型与创新驱动的支撑作用。实体经济是现代经济体系的核心载体，而金融创新是实体经济发展的动力引擎。期货及衍生品通过优化资源配置与风险对冲，为实体企业提供稳定的经营环境，助推产业升级与技术创新。

对利率与汇率市场化改革的推动。随着利率、汇率市场化程度提升，市场主体面临的价格波动风险加剧。有效的风险管理工具可帮助企业及非金融机构对冲风险敞口，降低损失；反之，若缺乏此类工具，将制约商业银行等机构的风险管控能力，延缓市场化改革进程，甚至威胁金融体系的稳定。因此，在改革进程中需同步推出期货期权等衍生产品，为市场主体营造稳定的金融环境，推动经济转型期的投资效益与金融生态平衡，这要求金融部门与实体企业协同创新，期货市场需持续响应实体多元化的风险管控需求。

从功能定位看，期货及衍生品兼具"市场稳定器"与"创新催化剂"双重属性：作为金融创新的前沿领域，其发展可激发金融产品创新活力，契合"创

新驱动"发展战略,推动现代经济体系升级。

(二) 从微观与宏观作用层面分析

微观层面,参与主体包括金融机构与非金融企业。银行、券商等金融机构通过期货交易优化服务模式,以信用中介、资金融通等方式巩固市场地位,推动期货业务创新;非金融企业则借助衍生品规避交易风险,降低融资成本,提升资金流动性,依托市场的预期性与风险转移特性强化抗风险能力,保障经济体系微观主体的稳健运行。

宏观层面,针对汇率、利率波动引发的系统性风险,期货及衍生品提供了有效的对冲手段。在经济转型与创新驱动的战略背景下,我国需积极应对期货市场发展挑战,通过完善衍生品体系夯实现代经济体系根基。

第五节 期货市场与社会主义市场经济的辩证关系

一、社会主义市场经济对期货市场的制度赋能与政策引领

党的十九大明确提出"紧密联系实体经济与现代金融"的战略导向,这是中央文件首次将现代金融纳入现代产业体系的核心要素。金融与实体经济本质上是共生的生态系统:实体经济是金融发展的根基,金融则是实体经济的血脉。近年来我国金融业虽实现跨越式发展,但也衍生出"脱实向虚""以钱生钱"等结构性问题。党的十九大报告对现代金融的定位,正是基于这些现实挑战,从经济发展全局出发,为金融创新、改革与发展锚定了新坐标。

现代金融体系需在服务实体经济、驱动科技创新、引导资源配置三大维度实现能级跃升,同时从实体产业、科技突破中汲取发展动能,最终形成与

现代产业体系深度融合的生态格局。当前实体经济发展的核心在于优化信贷传导机制、提升金融资本配置效率,将金融服务实体的重心聚焦于产业经济升级。与此同时,金融业需在服务实体的过程中推进自我革新,突破产品与服务同质化瓶颈,通过业态创新与服务模式迭代实现高质量发展。

从我国金融发展实际来看,金融体系对实体经济的服务效能仍有提升空间。破解"金融服务实体不充分"问题的关键,在于以服务实体经济为金融建设的逻辑起点,通过提升服务精准度、加速服务响应速度,将更多金融资源配置到经济体系的关键领域,全方位满足多元市场主体的差异化需求。

二、期货市场的社会主义市场经济特质

(一) 服务实体经济发展的核心枢纽

现代金融市场的深度发展离不开金融期货市场的健全完善,期货市场对实体经济的支撑作用在经济发展模式转型中愈发凸显。我国经济已从"高速增长"转向"高质量发展",金融期货市场作为成熟资本市场的重要支柱,其价格发现机制、风险对冲机制、资源配置机制等核心功能,正成为推动经济增长模式转型的关键动力。通过套期保值等工具,期货市场既能引导微观主体向高效化、高质量方向发展,又能显著降低企业资金使用成本。

随着实体经济的蓬勃发展,市场对金融服务的需求呈现多元化趋势。党的十九大报告明确的"保持实体经济发展韧性、推进科技创新与金融创新、激发微观主体活力、优化政府宏观调控"等任务,既赋予了金融业使命,也创造了发展机遇。作为金融体系的重要组成部分,期货市场需主动融入改革浪潮,明确功能定位,充分发挥风险对冲优势;同时加速场外市场拓展,推动衍生品市场横向扩容与纵向深化,为实体经济构建全方位风险防控体

系。这一过程既是挑战，更是实现市场能级跃升的战略机遇。

(二) 响应企业风险管理的专业平台

党的十九大强调"加快建设现代金融监管体系，全面防范金融风险"。健全法律法规监管与自律监管体系，强化风险防控手段，是期货市场平稳运行并服务实体经济的前提。期货交易若运用得当，可为实体企业提供避险工具；但若沦为投机套利工具，则可能反噬实体经济。因此，期货交易所需肩负市场一线监管职责，在推动市场发展的同时，完善监测指标体系，强化风险控制措施，实现监管能力与市场发展的动态适配。

当前我国金融市场的风险管理需求呈爆发式增长，但供给端仍存在明显缺口。随着利率市场化改革深化、人民币汇率形成机制完善，金融要素价格波动性增强，市场主体对低成本、高效率风险管理工具的需求愈发迫切。在此背景下，权益类、利率类、外汇类风险管理产品体系的完善成为必然趋势，客观上为期货市场发展提供了广阔空间。金融期货市场不仅能与一级、二级市场形成协同发展格局，更能通过提供标准化风险管理工具，帮助市场主体对冲资产价格波动风险，稳定经营预期，降低风险溢价与融资成本，从整体上提升市场风险定价效率。

(三) 开拓金融国际化的战略窗口

作为开放型经济体，我国金融市场已深度融入全球经济体系。党的十九大报告提出"建设现代化经济体系，形成更高水平开放型经济新格局"，在全球经济一体化背景下，我国作为国际贸易大国，需在全球经济治理中承担更大责任，同时把握机遇推动国内金融市场国际化进程。"改革开放的大门不会关闭，只会越开越大"的政策导向，为金融市场对外开放注入强劲动力，期货市场迎来国际化发展的战略机遇期。

伴随经济金融全球化浪潮，国际期货及衍生品市场呈现五大特征：交易规模屡创新高、品种体系多层化、金融类合约占比提升、北美—亚太—其他地区形成三足鼎立格局、中介机构行业集中度提高且业务模式差异化。相比国际成熟市场，我国期货市场起步较晚，发展潜力巨大。新时期需以国际化为突破口，借鉴国际市场发展经验，推动金融期货市场在开放中实现跨越式发展，助力我国在全球金融治理中赢得更大话语权。

第六章
人民币商品期货的信息传递及定价权研究

——基于原油期货的实证分析

商品期货种类众多难以在研究中一一进行研究,本研究基于原油期货为代表进行研究,因为原油是比较重要的能源产品,也是全球最大的标准化商品,而且人民币原油期货最近几年刚刚推出,以其为例具有现实必要性。2018 年 3 月 26 日,人民币原油期货在上海国际能源交易中心正式上市后,成交量迅速增长,成为交易规模全球排名第三的原油期货。人民币原油期货的推出对于打破美元在全球原油市场计价中的垄断地位,促进计价货币多元化发展具有重要意义,有助于加强国内对国际原油的定价权,降低国内企业与居民面临的油价与汇率风险。与加快开放国内金融市场以及鼓励"一带一路"沿线国家人民币使用组成了人民币国际化的新"三位一体"策略(张明等,2019)。非美元原油期货在国际原油市场中的作用,是反映非美元货币在原油计价中的作用的重要依据,对其开展科学评估具有重要的理论与现实意义。

第一节　原油计价货币趋势及影响

一、原油计价货币多元化趋势

原油是全球最大的标准化商品，原油以美元计价是美元国际地位的重要基础与标志(陈洪涛等，2008)。20 世纪 80 年代设立的全球最重要的纽约与伦敦原油期货市场，均以美元作为计价与交易货币。然而在 2000 年以后，全球逐渐兴起建立非美元原油期货交易所，日本、印度等国市场纷纷开始交易非美元原油期货。

仅从交易规模难以充分说明非美元原油期货市场的作用，需要对期货的对冲作用、价格发现、波动或信息传递等方面开展更科学的评估(Ripple et al.，2019)。国内对人民币原油期货的研究仍处于探索阶段，张大永等(2018)分析了人民币原油期货、WTI 原油期货、Brent 原油期货、上证指数与人民币汇率之间的风险溢出关系。曹建涛(2019)分析了人民币原油期货、WTI 原油期货、LIBOR、SHIBOR 与人民币汇率的关系。现有研究侧重国内外油价联系，但对于人民币原油期货在国际原油定价中的信息作用尚未有针对性的研究。本章聚焦非美元原油期货在国际原油期货市场中的信息作用，引入多元传递熵方法，量化原油期货市场间的信息溢出，并分析原油期货市场构成的信息溢出网络，回答包括人民币原油期货在内的非美元原油期货发挥的作用。我们发现，包含 7 种主要原油期货的市场形成了计价货币多元化的国际原油期货市场，美元市场与非美元市场间有较多的双向信息溢出，并且在构成的信息溢出网络中，存在显著的非美元市场向美元市场的独特信息溢出。同时，相关汇率与非美元原油期货存在显著的溢出关系,也是信息溢出网络的组成部分。

二、原油计价货币多元化的影响

作为最重要的经济与金融价格指标之一,原油价格的波动反映了经济周期、行业兴衰与金融市场状况。原油计价货币多元化的趋势,势必将对美元垄断计价下长期以来形成的原油与汇率之间的价格关系产生深远的影响。美元计价的原油联结了全球最重要的两个金融产品——美元与石油——的价格,使美元汇率与原油价格形成市场中最重要的一对关系。油价的波动加上与美元汇率的联动,使本币换算的油价波动更为复杂。近半个世纪以来,曾多次出现美元汇率与油价相关性的模式转变(Breitenfellner et al.,2008),两者的联系加剧了原油消费国与输出国国际收支的波动,使实体经济受到油价与美元汇率双重影响。非美元货币在原油计价中发挥更大作用,是否会对美元与油价的关系带来影响,将是原油计价货币多元化带来的最直接的问题之一。

现有理论与实证研究主要研究油价与实际汇率和名义汇率之间的关系。由于实证方法及样本选择的不同,现有实证研究结论并不一致(Al-Sahlawi,2011),并且尚未有研究回答计价货币选择对经济的影响。Krugman(1980)及一系列后续理论研究分析了不同情形下油价变动通过投资组合渠道对汇率的影响,但没有考虑原油计价货币的问题。本章在 Krugman(1980)的基础上,构建包含美国、中国、欧洲及石油输出国的四国动态局部均衡投资组合模型,在模型中引入中国进口原油以人民币计价,旨在分析原油计价货币多元化下美元油价变动对汇率的短期与长期影响,并与美元计价下的情形进行比较。模型结果显示,对于欧洲(除美国、石油输出国之外原油以美元计价的地区)而言,美元石油价格上涨将导致其汇率在短期贬值,长期影响则取决于贸易对汇率的弹性大小。而在中国以人民币对进口原油计价情形下,美元油价上升将导致人民币短期升值,升值幅度随人民币国际资产的增加而加大。原油计价货币的选择甚至将对油价与汇率的关系带来方向性的改变。

2000 年后,美国在应对历次危机中推行低利率、大规模量化宽松与债务货币化,市场与学界均担忧美元的国际地位可能受到冲击,但对于国际货币体系将如何演变存在不同的观点。国际货币体系的"在位优势"论(Krugman,1984)认为国际货币地位的更替非常缓慢,美国经济体量与贸易规模在一战前就已超越英国,但美元国际地位直到二战后才超过英镑。近年来,国际货币体系相关研究根据二战前后的原油、债券及外汇储备等证据提出了"新观点",认为美元在 20 世纪 20 年代已实现对英镑的超越,并且此后两者的地位还发生过交替(Chitu et al.,2014)。国际货币地位的最新发展究竟符合"在位优势"论还是"新观点",美元的垄断地位是否发生动摇,获取最新的证据对回答这些问题具有重要的意义。

现有货币国际地位的研究主要集中在外汇储备、双边互换、货币锚等公共部门的使用上,而货币在私人部门的使用程度主要通过跨境贸易、投资,以及债券市场等方面来评估(彭红枫等,2017;高海红等,2010;李稻葵等,2008)。但对近年来国际大宗商品市场出现的计价货币多元化的新趋势,仍缺乏结合货币国际地位角度的研究。

三、本章贡献

本章的贡献主要在两个方面:一是本章首次在分析市场信息溢出上引入多元传递熵,量化原油期货市场间信息溢出水平,并对市场间独特信息的溢出进行统计检验,构建信息溢出有向网络。提供了检验金融市场间信息溢出，进行网络分析的新方法；二是本章获得了美元计价与非美元计价的原油期货市场间的溢出水平及它们构成的网络，对国际货币体系可能正在发生的多元化趋势给出了基于原油计价视角的证据，对人民币原油期货价值提供了有力证据。

第二节　原油期货市场间的信息溢出及构成的网络

一、原油市场信息溢出效应及方法综述

国内对原油市场溢出的研究主要基于较早建立的石油现货市场，研究方向集中在国内油价与国际油价之间的波动性传导。魏巍贤等（2007）选用大庆原油现货与 Brent 原油现货作为国内外石油价格的代表，应用 GARCH及波动溢出效应模型分析两者的相互关系。林伯强等（2012）考虑到原油市场的潜在结构性变化，利用 SWARCH 模型分析大庆原油现货与 Brent 原油现货价格之间的传染关系。何启志等（2015）对中美英石油期货与现货的两两组合进行了溢出效应分析。除了使用原油现货，也有研究利用其他与原油相关度较高的期货作为替代，如马超群等（2009）使用了较人民币石油期货更早推出的燃料油期货，分析与国外油价的互动。在人民币石油期货市场诞生后，基于期货在定价中的主导地位，国内外原油期货价格的关系成为亟待回答的问题，但国内对人民币原油期货的研究仍处于探索阶段。张大永等（2018）基于 VAR 模型与方差分解，构建网络溢出指标，分析人民币原油、WTI 原油期货、Brent 原油期货、上证指数与人民币汇率之间的风险溢出关系。曹建涛（2019）利用格兰杰因果、脉冲效应与方差分解分析上海原油期货、纽约原油期货、美元 LIBOR、人民币 SHIBOR 与人民币汇率的

关系。

对市场间溢出的分析方法主要有格兰杰因果检验、广义脉冲响应分析、偏相关系数等方法。李政等(2016)采用格兰杰因果检验分析上市金融机构间的信息溢出,并构建我国上市金融机构的无权有向网络。刘华军等(2017)注意到了格兰杰因果关系的线性限制,基于非线性格兰杰因果检验分析 2009—2015 年国内 9 种大宗商品价格的溢出关系,构建国内大宗商品价格网络,同时再以广义脉冲响应分析各种大宗商品价格的冲击对其他价格的影响。梁琪等(2015)通过基于相关系数和偏相关系数的 DAG 方法构建有向无环图,分析包括中国在内的 17 个国家的股票市场的联动关系。他们还应用 Diebold 等(2014)的方法,通过广义方差分解来获得这些市场间的溢出关系。Siklos 等(2020)与 Xiao 等(2020)也使用了 Diebold 等(2014)的方法构建了多个商品期货市场形成的网络。杨子晖等(2018)也采用了 DAG 方法构建有向无环图以及 Diebold 等(2014)的方法,分析全球 11 个主要金融市场的隐含波动的溢出关系。李红权等(2011)应用基于交叉相关函数 CCF 的信息溢出(Hong,2001),通过对条件均值、条件波动率和极端风险建模,分别求三者的交叉相关函数来获得基于均值、波动率和极值的溢出指标,对 A 股与美股、港股的信息溢出关系进行分析。

本节引入多元传递熵,分析原油期货市场间的信息溢出,以及这些市场构成的信息溢出网络。

二、多元传递熵方法与数据样本

本章采用多元传递熵(Multivariate Transfer Entropy,MTE)分析期货市场间的信息传递,并构建多个期货市场组成的信息溢出网络。MTE 在复杂网络、神经科学等领域有广泛应用。MTE 方法有以下几点优势:一是

MTE可以量化两个节点之间沿某个方向传递的信息的大小,并可以进行统计检验,因此能够用来获取节点之间的有向关系链并检验显著性。二是MTE有非正态非线性估计量,与格兰杰因果等方法相比能够克服金融时间序列分布的非正态以及非平稳问题。三是MTE能够反映节点间传递的独特信息,这也是选取 MTE 而非其他方法的最重要原因。构建网络有别于估计两两关系,网络中节点间信息的传递,由于可能存在其他多个来源节点,包含着复杂的重叠与协同效应,二元方法如二元传递熵等没有排除网络中其他来源节点带来的复杂影响,无法正确量化网络中节点间独特信息的传递。MTE是基于目标节点与第三方来源的历史观察值的条件传递熵,能够反映某个来源节点最新观察值对目标节点的影响,并且排除了目标节点包含的历史信息,以及其他来源节点的信息。

(一) 多元传递熵

以下先根据 Bossomaier 等(2016)给出的相关定义。定义信息量为消除随机变量 X 在 x 处的不确定性所需的信息量的大小(单位为比特):

$$h(X) = -\log_2 p(x) \tag{1}$$

不确定性越高,则所需的信息量 $h(X)$ 越大。信息熵定义为预测随机变量 X 所需的平均信息量:

$$H(X) = -\int^{\Omega_X} p(x) \log_2 p(x) \mathrm{d}x \tag{2}$$

拓展到二元情况,对于两个随机变量 X 与 Y,它们的条件熵 $H(X|Y)$ 定义为:

$$H(X \mid Y) = -\int^{\Omega_Y} p(y) \int^{\Omega_X} p(x \mid y) \log_2 p(x \mid y) \mathrm{d}x \mathrm{d}y \tag{3}$$

定义随机变量 X 与 Y 的互信息为 $I(Y; X)$,即在了解 Y 后,X 的平均不确定性的减少：

$$I(Y;\ X) = H(X) - H(X\,|\,Y) \tag{4}$$

进一步拓展到随机过程，为了反映在给定一个随机过程的历史状态 $X_n^{(k)} = \{X_{n-k+1},\ \cdots,\ X_n\}$ 的条件下，随机过程 $\{Y_n\}$ 的观察值 Y_n 对 $\{X_n\}$ 的下一观察值 X_{n+1} 的影响，定义传递熵 $T_{Y \to X}(k)$ 为：

$$T_{Y \to X}(k) = I(Y_n;\ X_{n+1}\,|\,X_n^{(k)}) \tag{5}$$

传递熵是非对称的，$\{Y_n\}$ 为来源，$\{X_n\}$ 为目标。传递熵反映了来源中所包含的关于目标的下一状态的平均信息，除去已包含在目标的历史状态中的信息。传递熵又称为条件互信息，互信息可以理解为一种非线性相关性系数，可用于衡量统计相关性。由于金融时间序列中常见非正态分布与非线性问题，传统的相关性系数并不适用，而基于互信息的传递熵则能解决这些问题。

应用传递熵来构建多个时间序列构成的信息溢出网络需要更进一步拓展到多来源的情形，即多元传递熵。不失一般性，我们定义三元情况，$\{Y_n\}$ 与 $\{Z_n\}$ 为来源，$\{X_n\}$ 为目标，则条件传递熵 $T_{Y \to X|Z}(k)$ 为：

$$T_{Y \to X|Z}(k) = I(Y_n;\ X_{n+1}\,|\,X_n^{(k)},\ Z_n) \tag{6}$$

条件传递熵反映了以 $\{X_n\}$ 的历史 $X_n^{(k)}$ 和其他来源 $\{Z_n\}$ 的观察值 Z_n 为条件下，Y_n 中包含的关于 X_{n+1} 的信息。条件传递熵具有非对称性，可以量化反映来源序列 $\{Y_n\}$ 对目标序列 $\{X_n\}$ 的溢出效应，并可对其进行统计检验，获得两个节点间特定方向溢出的显著性。

我们以构建包含两个来源与一个目标的网络为例，用下式说明二元传递熵与三元传递熵的区别：

$$I(Y_n; X_{n+1} | X_n^{(k)}) = I(Y_n, Z_n; X_{n+1} | X_n^{(k)}) + I(Y_n; X_{n+1} | X_n^{(k)}, Z_n)$$

$$(7)$$

等式左边为二元传递熵，等式右边最后一项为三元传递熵，两者差别在于二元传递熵多包含了两个来源 $\{Y_n\}$ 与 $\{Z_n\}$ 的重叠信息，即等式右边第一项。因此，在构建网络的过程中，应用二元方法将两两节点的关系推断成他们在网络中的关系并不准确，需要排除其他潜在来源带来的影响。

（二）数据及样本

研究选取了伦敦、纽约、迪拜、莫斯科、印度、东京和上海 7 个世界主要的原油期货交易所，并对有多个原油产品的交易所选取最具代表性的原油期货（见表 6.1）。原油期货价格均源于彭博，均为近月连续价格。对于非美元原油期货，我们将其价格转换为美元价格。由于人民币原油期货于 2018 年 3 月 26 日上市，因此我们的样本区间从 2018 年 3 月 27 日到 2020 年 11 月 30 日，去除节假日等缺失数据后共含 559 个观察值。我们对原油价格及汇率进行对数差分后获得连续复利收益率，作为代表 7 个原油期货交易所的序列。我们对序列进行了 ADF 平稳性检验，序列均拒绝有单位根的零假设。

表 6.1　数据及样本

原油期货	交易所	所在地	缩写	计价货币	样本区间	样本量	Ticker
Brent Crude Oil	欧洲洲际期货交易所	伦敦	ICE	美元	2018/3/27—2020/11/30	559	CO1
Light Sweet Crude Oil	纽约商品交易所	纽约	NYM	美元	2018/3/27—2020/11/30	559	CL1
Oman Crude Oil	迪拜商品交易所	迪拜	DME	美元	2018/3/27—2020/11/30	559	QQAA
Brent Crude Oil	莫斯科交易所	莫斯科	MCX	美元	2018/3/27—2020/11/30	559	B51

续表

原油期货	交易所	所在地	缩写	计价货币	样本区间	样本量	Ticker
Light Sweet Crude Oil	印度大宗商品交易所	孟买	MCI	印度卢比	2018/3/27—2020/11/30	559	U61
Middle East Crude Oil	东京工业品交易所	东京	TCM	日元	2018/3/27—2020/11/30	559	CP1
INE Crude Oil	上海国际能源交易中心	上海	INE	人民币	2018/3/27—2020/11/30	559	SCP1

三、实证结果及分析

(一) 原油期货市场间的信息溢出

我们首先通过计算传递熵获取 7 个原油期货市场间的信息溢出的大小。我们选取来源与目标市场对,计算两个市场间特定方向传递熵,所有来源与目标对的传递熵构成信息溢出矩阵。传递熵的计算使用 Python 及 IDTxl 程序包。由于各期货市场交易时间不断循环,但不同时间序列的同期观察值受市场时序设定的影响,例如按国际日期变更线设定的时序是以亚洲—欧洲—美洲的顺序设定同期价格的。时序设定影响同期价格,因而可能对市场间的溢出关系造成较大影响,为此我们对三种时序设定下均获取了信息溢出(见表 6.2)。

表 6.2　数据及样本不同时序下原油期货市场信息溢出矩阵

目标＼来源	亚洲—欧洲—美洲							
	伦敦	纽约	迪拜	莫斯科	孟买	东京	上海	总计
伦敦		0.687	0.737	0.776	0.441	0.064	0.097	2.802
纽约	0.694		0.613	0.457	0.373	0.052	0.052	2.242
迪拜	0.752	0.571		0.518	0.295	0.115	0.096	2.347
莫斯科	0.887	0.478	0.533		0.391	0.107	0.133	2.528

续表

亚洲—欧洲—美洲

目标＼来源	伦敦	纽约	迪拜	莫斯科	孟买	东京	上海	总计
孟买	0.532	0.504	0.367	0.462		0.124	0.160	2.150
东京	0.143	0.146	0.179	0.141	0.181		0.142	0.931
上海	0.234	0.186	0.174	0.226	0.245	0.132		1.197
总计	3.242	2.572	2.603	2.580	1.927	0.594	0.681	

欧洲—美洲—亚洲

目标＼来源	伦敦	纽约	迪拜	莫斯科	孟买	东京	上海	总计
伦敦		0.715	0.746	0.797	0.548	0.173	0.261	3.240
纽约	0.702		0.524	0.457	0.800	0.162	0.191	2.836
迪拜	0.059	0.070		0.015	0.479	0.133	0.118	0.875
莫斯科	0.935	0.508	0.499		0.527	0.180	0.251	2.900
孟买	0.083	0.146	0.473	0.055		0.104	0.127	0.987
东京	0.132	0.144	0.196	0.087	0.172		0.134	0.865
上海	0.160	0.138	0.200	0.108	0.229	0.126		0.961
总计	2.071	1.722	2.638	1.520	2.755	0.877	1.083	

美洲—亚洲—欧洲

目标＼来源	伦敦	纽约	迪拜	莫斯科	孟买	东京	上海	总计
伦敦		0.039	0.744	0.774	0.544	0.067	0.110	2.278
纽约	0.634		0.524	0.431	0.800	0.162	0.191	2.742
迪拜	0.767	0.070		0.506	0.479	0.133	0.118	2.074
莫斯科	0.892	0.070	0.517		0.542	0.110	0.152	2.282
孟买	0.596	0.146	0.473	0.561		0.104	0.127	2.007
东京	0.151	0.144	0.196	0.151	0.172		0.134	0.948
上海	0.251	0.138	0.200	0.251	0.229	0.126		1.195
总计	3.290	0.608	2.654	2.675	2.766	0.701	0.832	

以各市场对其他 6 个市场溢出的加总来计,国际原油期货市场最重要的信息来源为伦敦市场,伦敦市场的信息溢出总量在三个时序分别为 3.242、2.071 和 3.290,在其中的两个时序中信息溢出总量排名为各市场第一位。上海原油期货市场的信息溢出总量在三个时序分别为 0.681、1.083 和 0.832,从信息溢出总量上而言,高于东京市场,但低于其他市场。亚洲市场中,信息溢出总量比较大的是迪拜与孟买。而在三个非美元市场中,孟买的信息溢出总量明显大于东京与上海。

从信息接收角度看,伦敦也是最重要的市场,伦敦在三种时序下接收信息总量分别为 2.802、3.240 和 2.278,在其中两种时序下排名第一。上海原油期货市场信息接收总量在三种时序下分别为 1.197、0.961 和 1.195,均高于日本,但基本低于其他市场。孟买与迪拜是亚洲市场中接收信息总量较大的市场,而孟买也是非美元市场中接收信息较多的市场。

表 6.3　美元与非美元原油期货市场间信息溢出

亚洲—欧洲—美洲			欧洲—美洲—亚洲			美洲—亚洲—欧洲		
来源 目标	美元 市场	非美元 市场	来源 目标	美元 市场	非美元 市场	来源 目标	美元 市场	非美元 市场
美元 市场	7.702	2.217	美元 市场	6.028	3.823	美元 市场	5.969	3.407
非美元 市场	3.294	0.985	非美元 市场	1.921	0.892	非美元 市场	3.258	0.892

除了市场间的溢出,本章关注不同计价货币市场间的信息溢出情况,表 6.3 为以美元和非美元计价的市场的信息溢出加总。从表 6.3 中可以发现,发生在美元市场之间的原油期货市场的信息传递水平最高。在三种时序下,美元市场对美元市场的信息溢出总量分别为 7.702、6.028 和 5.969。非美元市场间的信息溢出相对较小,在三种时序下均小于 1。有意思的是,美

元市场与非美元市场间的信息溢出也比较多，并且不是仅由美元市场向非美元市场传递的。在欧洲—美洲—亚洲与美洲—亚洲—欧洲时序下，非美元市场对美元市场的信息溢出总量均大于美元市场对非美元市场的信息溢出总量。

从原油市场间信息溢出量的实证结果可以总结出以下几点。一是除了伦敦市场信息溢出与接收量明显较大，其他多个市场均有较大的信息溢出。二是亚洲市场中，孟买与迪拜是信息溢出与接收较大的市场，上海原油期货市场次之，高于东京市场。三是美元计价的原油期货市场间的信息溢出最为丰富，但美元与非美元市场间的溢出也较多，且并非仅由美元向非美元单向溢出，具体情形取决于时序的设定。

（二）基于多元信息熵的原油期货市场信息溢出网络分析

为了描绘原油期货市场构成的信息溢出网络，我们对 7 个市场进行了基于多元信息熵的网络分析。值得注意的是，不能直接以溢出矩阵中的信息量来代表网络中节点间的关系，而是需要通过统计检验同时确定目标节点的所有统计显著的来源节点，以及节点间的条件传递熵是否显著。即同步确定 $T_{Y \to X|Z}(k)$ 是否显著，以及除 $\{Y_n\}$ 外哪些节点 $\{Z_n\}$ 应当作为 $T_{Y \to X|Z}(k)$ 的条件。对此，IDTxl 程序包提供基于贪婪算法的多元信息熵网络分析算法。我们对不同时序下的信息溢出网络分析后绘制了网络图（见图 6.1）。图中带标签的圆代表各个原油期货市场，带箭头的连线代表在 5% 水平显著的市场间的有向关系。

在三种时序的信息溢出网络中可以发现，7 个原油期货市场均在信息溢出网络中，即这 7 个市场均至少有一条连接其他市场的显著关系。对具体的市场而言，首先，人民币原油期货主要是信息的接收方。在亚洲—欧洲—美洲时序中，INE 没有显著地指向其他市场的溢出关系，在欧洲—美

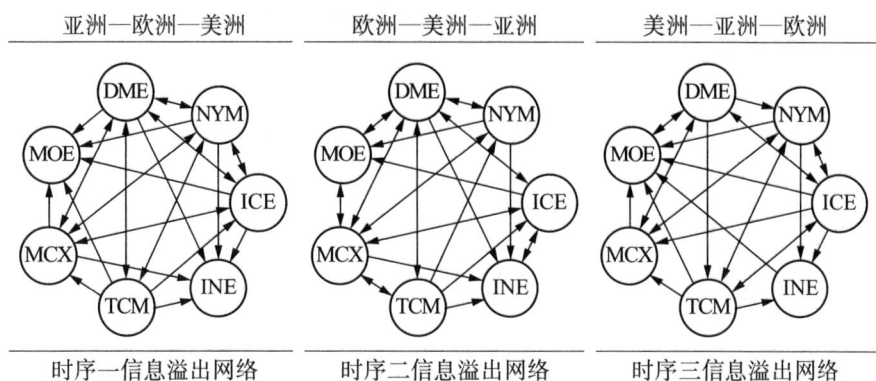

图 6.1 不同时序下伦敦(ICE)、纽约(NYM)、迪拜(DME)、莫斯科(MOE)、
孟买(MCX)、东京(TCM)和上海(INE)原油期货信息溢出网络

洲—亚洲时序中,INE 对 ICE 有显著溢出,在美洲—亚洲—欧洲时序中,
INE 对 MOE 有显著溢出。这表明,人民币原油期货市场对国外原油期货
市场独特的信息溢出作用较小。其次,孟买与东京作为另外两个非美元原
油期货市场,对其他期货市场存在多条显著的溢出关系。表 6.4 反映了各
个市场作为来源或目标的显著的关系个数,以亚洲—欧洲—美洲时序为例,
孟买与东京对其他期货市场的显著溢出关系分别有 5 条和 6 条。并且孟买
与日本对伦敦、纽约等最主要的美元原油期货市场有显著的溢出关系,表明
这两个市场与主要美元原油期货市场有显著的双向溢出关系。从与主要市
场的溢出关系上看,人民币原油期货较其他非美元市场仍有一定差距。另
外,以在网络中的关系个数来看,欧洲市场中伦敦较莫斯科与其他市场的关
系更多,亚洲市场中迪拜、孟买与东京在同一水平。这表明若以亚洲、欧洲
与美洲划分原油期货市场,欧洲与美洲均存在较为明确的关键节点市场,而
亚洲尚未形成某个市场在信息溢出上主导其他市场的格局。

进一步,考虑到网络中存在美元与非美元原油期货,信息传递可能还与
汇率有关,因此我们在网络分析中加入 3 种货币兑美元的汇率,其中人民币

表 6.4　原油期货网络中各市场显著的关系的个数

		亚洲—欧洲—美洲			欧洲—美洲—亚洲			美洲—亚洲—欧洲		
		来源	目标	总计	来源	目标	总计	来源	目标	总计
伦敦	ICE	5	4	9	4	4	8	6	3	9
纽约	NYM	6	4	10	4	3	7	5	4	9
迪拜	DME	6	4	10	6	5	11	5	3	8
莫斯科	MOE	0	5	5	2	4	6	1	6	7
孟买	MCX	5	4	9	6	5	11	3	4	7
东京	TCM	6	2	8	5	2	7	5	3	8
上海	INE	0	5	5	1	5	6	1	3	4

汇率则同时加入了在岸汇率(CNY)与离岸汇率(CNH)。包含 7 种原油期货与 4 种汇率的信息溢出网络见图 6.2。首先,最明显的特征是,无论在哪种时序下,人民币的在岸与离岸汇率与各原油期货市场均无显著的联系。仅存在从 CNH 到 CNY 的显著信息溢出,表明两者间的信息传递主要是从离岸市场向在岸市场,并且原油期货市场对人民币汇率没有显著的信息溢出,人民币汇率也没有显著的对原油市场的信息溢出。这说明人民币原油价格与人民币汇率两者较为独立,并不存在显著的由油价向汇率传递的关系,与现有的理论及其他市场的实证结果不符。考虑到一方面人民币原油市场成立较短,另一方面人民币汇率,尤其是在岸价格的相关衍生品缺失,对于对冲人民币原油价格中的汇率因素缺乏可用金融工具,可能是造成原油与人民币目前缺乏独特信息溢出的主要原因。

　　与人民币汇率相比,印度卢比与日元均与原油期货市场有显著的溢出关系。以亚洲—欧洲—美洲时序为例,存在显著的由孟买原油市场(MCX)向印度卢比(INR)的溢出关系,同时印度卢比对莫斯科原油市场(MOE)有溢出关系,而东京原油市场(TCM)与日元(JPY)之间则是双向显著的溢出

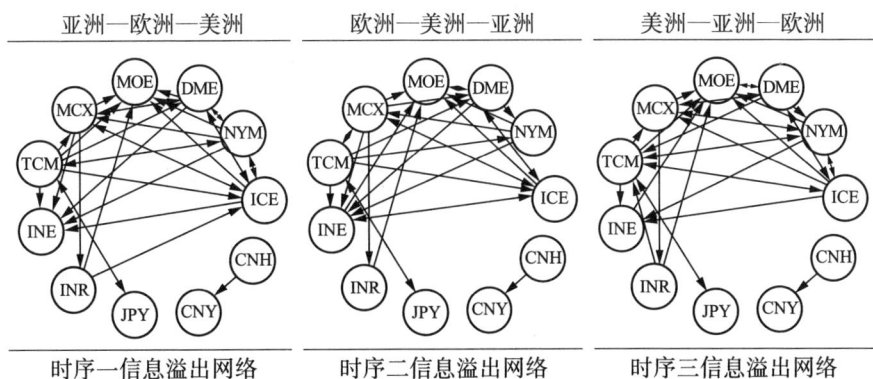

图 6.2　不同时序下伦敦（ICE）、纽约（NYM）、迪拜（DME）、莫斯科（MOE）、
孟买（MCX）、东京（TCM）和上海（INE）原油期货，以及印度卢比（INR）、
日元（JPY）、在岸人民币（CNY）和离岸人民币（CNH）汇率信息溢出网络

关系。可见非美元原油市场是联系美元油价与相关汇率（主要是交易所所
在国汇率）的重要通道。人民币原油市场与人民币汇率间这种缺乏信息溢
出的状况可能对人民币原油价格对全球其他市场的信息溢出产生影响。

（三）非美元原油期货信息溢出的变化

除了静态的网络分析，我们还获得了非美元原油期货与美元原油期货
间的信息溢出的动态变化。为此，我们选取从 2018 年 3 月 27 日至 2020 年
11 月 30 日这段时间内以 90 天为窗口的滚动样本区间，获取每个样本区间
里各原油期货市场间的传递熵，计算非美元原油期货与美元原油期货间的
信息溢出，获得这些信息溢出量形成的时间序列（见图 6.3）。

首先，在样本区间内非美元原油期货对美元原油期货的信息溢出及接
收水平基本同步增减，两个方向上的信息溢出水平线在大部分时间几乎重
叠。其次，自 2018 年 8 月至 2020 年 2 月，信息溢出水平处于缓慢上升，而
在 2020 年 2 月以后，信息溢出水平先是明显跃升，在 2020 年 4 月以后又骤
降。表明信息溢出水平会随时间变化，特别是在 2020 年 2 月至 4 月，新冠

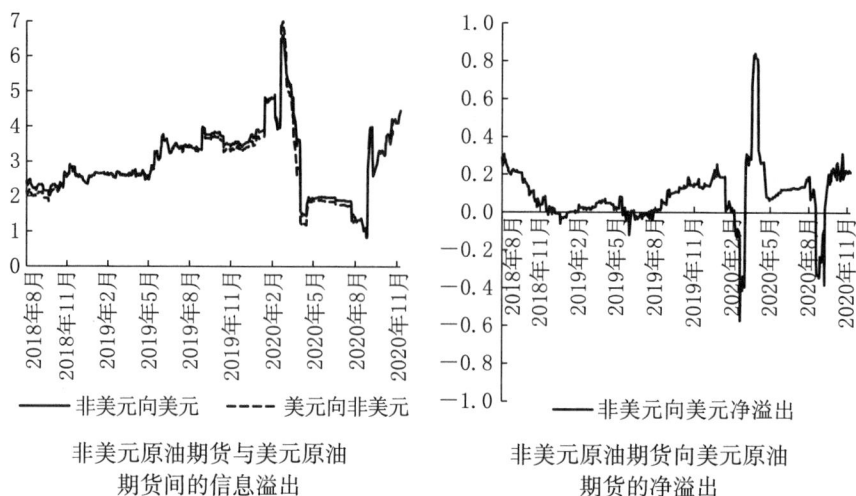

非美元原油期货与美元原油
期货间的信息溢出

非美元原油期货向美元原油
期货的净溢出

图 6.3　非美元原油期货与美元原油期货间的信息溢出

疫情对国际原油市场带来剧烈波动,国际原油价格从 50 美元以上一度跌至 20 美元以下,信息溢出水平在市场动荡时期也会发生跃升与骤降。再次, 非美元原油期货向美元原油期货的净溢出也在市场动荡时期展现出剧烈变化。总体而言,非美元原油期货对美元原油期货在整个时间段基本有净溢出,表明非美元原油期货市场的信息贡献。

图 6.4 反映的是人民币原油期货与其他原油期货市场间的信息溢出水平。人民币原油期货溢出与接收信息基本处于同一水平,值得注意的是,这一发现与人民币原油期货在原油期货信息溢出网络中主要为信息接收方的结论并不矛盾。原油期货信息溢出网络中的关系反映的是来源市场向目标市场基于目标市场的历史与所有来源市场为条件的信息溢出,可以说是具有统计显著性的独特信息,与两个市场间存在双向信息溢出并不矛盾。同时,从人民币原油期货的信息净溢出可以发现,大部分时间里存在着正的净溢出。而在 2020 年 2 月以后,人民币原油期货市场的信息溢出也随市场波动发生溢出水平的剧烈变动。

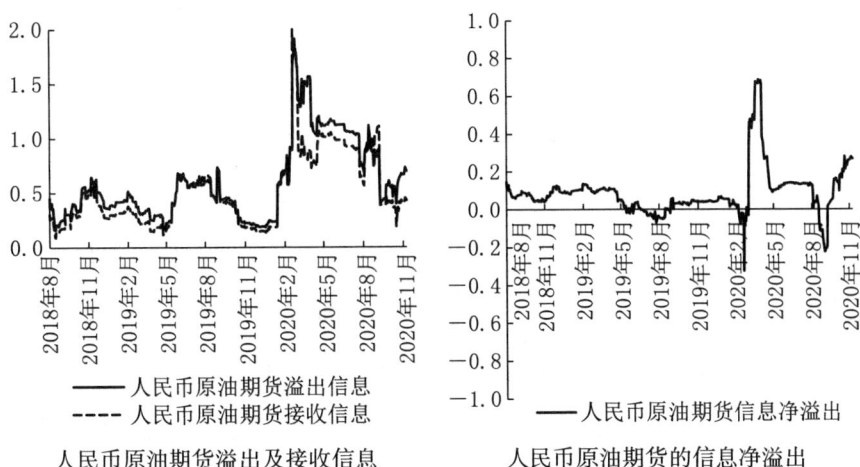

人民币原油期货溢出及接收信息

图例：
—— 人民币原油期货溢出信息
---- 人民币原油期货接收信息

人民币原油期货的信息净溢出

图例：
—— 人民币原油期货信息净溢出

图 6.4　人民币原油期货与其他市场间的信息溢出

第三节　研究结论与政策启示

过去 20 年,原油期货计价货币由美元垄断转向逐渐出现多元化的趋势,原油计价货币多元化将对美元垄断计价下长期以来形成的油价与汇率关系产生深远影响。通过基于多元传递熵的信息溢出网络分析方法,本章揭示了国际原油期货市场间的信息溢出及构成的网络,证实了非美元原油期货市场的重要性。实证证据显示,孟买、东京等非美元原油期货市场对美元原油期货市场有较大的溢出,同时在信息溢出网络中存在与美元原油市场的显著的独特信息溢出关系,但人民币原油期货市场的独特信息溢出并不显著。通过构建美国、中国、欧洲及石油输出国的动态局部均衡投资组合模型,发现通过经常账户及国外净资产调整两种渠道,人民币原油计价能够缩小油价造成的美元汇率短期波动。结合国外增持人民币资产的情况下,人民币原油计价甚至将逆转美元与油价的短期正相关关系。

一、本章研究结论

本章通过基于多元传递熵的信息溢出与网络研究方法,分析国际原油市场间的信息溢出,同时构建国际原油期货信息溢出网络。研究发现,一是美元原油期货市场与非美元原油期货市场间有较多的双向信息溢出,非美元市场中孟买的信息溢出水平较高,人民币原油期货溢出水平较低。二是在7个原油期货构成的信息溢出网络中,孟买与东京这两个非美元市场对其他市场有显著的独特信息溢出,人民币原油期货市场的独特信息溢出则不显著。三是孟买与东京原油期货对卢比与日元汇率有显著的信息溢出,而人民币原油期货与人民币汇率间则没有显著信息溢出关系。

二、政策建议

本章对人民币国际化与原油和人民币金融市场发展有重要启示。一是应区别看待美元的国际地位与垄断力量,为人民币国际化制定相应的长期与阶段性计划。从原油期货的定价网络中可以发现,虽然美元的国际地位仍在很大程度上发挥着作用,但是国际金融市场正在出现计价货币多元化的趋势,对美元垄断地位形成一定的制衡。在我国制定人民币国际化的行动方案时,短期内应制衡美元垄断力量,使人民币成为在各个市场发挥国际货币作用的多元体系中的一员。

二是加快人民币原油期货市场发展,鼓励国内外投资者参与原油期货交易。2019 年中国原油月均表观消耗量约为 4.24 亿桶,人民币原油期货的最大持仓量约覆盖原油消耗量的 17.8%,平均持仓量约覆盖原油消耗量的 13.6%。与美国相比,NYMEX 合约持仓量约覆盖美国 66% 的月消耗量 (Ripple et al.,2019),人民币原油期货的交易规模仍有较大的增长潜力。

　　三是进一步完善人民币汇率衍生品市场，与人民币原油市场实现协同发展。投资者在进行人民币原油对冲以及相关交易时，可能同时需要对人民币汇率开展相关交易，特别是对于海外投资者参与国内原油市场。但目前人民币汇率相关衍生品仍缺乏，境内对冲交易工具不完善，离岸人民币外汇市场又与境内市场存在一定的割裂，这限制了人民币原油期货市场对海外投资者的吸引力。应在适当的时间推出人民币汇率衍生产品，实现与人民币原油期货的配合，以满足更多投资者的需求。

　　四是在俄乌冲突和后疫情时期的背景下，不断提升人民币原油定价权的国际地位。从 2018 年人民币原油期货上市以来，交易规模和市场占有率日益稳步扩大，境内外投资者积极参与，特别是伊朗、俄罗斯、安哥拉和沙特等市场考虑优先使用人民币交易，人民币原油定价基准功能显现，从而打破石油—美元—美债这个主导了半个世纪的原油交易体系。

第七章
金融期货风险预警功能
——基于沪深 300 股指期货的实证研究

第六章研究了商品期货的信息传递效应,本章从金融期货角度研究期货的风险预警功能。企业可以充分利用金融期货的诸多优点:在融资过程中,企业可以通过合理地利用金融期货工具来减少甚至规避融资过程中潜在的财务风险。此外,金融期货使得企业在筹集资金上更灵活、成本更低。同时,合理运用金融期货工具可以调整企业资金的来源,有助于企业协调好长期资金与短期资金的关系,从而使企业抵御风险的机制更加牢固。

第一节　金融期货风险预警功能的研究综述

一、国内外关于金融期货风险预警功能的研究

(一) 国外研究进展

由于国外期货市场起步较早,市场交易者与机制更为成熟,国外学者在期货功能研究中采用的方法更为多样化。

Garbade 等(1983)首次针对商品期货的期现货价格引导关系进行了研究。他们选取印度农产品市场的多种农产品作为样本,运用不对称因果检验方法发现:在所选商品中,现货对期货的不对称因果关系显著性较弱,而期货对现货的不对称因果关系显著更强,即期货价格对现货价格具有引导作用,这一发现为期现货关系研究奠定了基础。后续针对指数期货市场的研究中,Bessembinder 等(1992)对标准普尔 500 指数及其期货的日内收益率进行实证分析,结果显示期货对现货指数的引导证据显著强于现货对期货的引导,证实期货市场是市场信息的主要来源。Booth 等(1999)基于德国 DAX 指数的现货、期货、期权三类数据研究发现:在市场信息传递过程中,指数现货与期货的信息份额占比远高于期权,表明低成本的期货交易相较于高成本的期权交易,其价格发现功能更为突出。Zhong 等(2004)运用 EGARCH 模型研究墨西哥股指期货市场,同样证实期货交易是价格发现的有效途径。

国外学者对期货市场预警现货市场的研究多聚焦于两者间的波动传导关系。Tse(1999)以 1 分钟高频的道琼斯工业平均指数(DJIA)期货与现货为样本,通过二元 EGARCH 模型分析波动传导路径,发现市场间的波动具有双向传导性,但期货市场对现货市场的波动传导效应显著强于反向传导。Kavussanos 等(2008)对 FTSE/ATHEX-20 和 FTSE/ATHEXMid-40 的期现货时间序列进行分析,得出了与 Tse(1999)一致的结论。

(二) 国内研究探索

中国金融期货交易市场于 2010 年正式开放,在此之前,国内学者已对金融期货市场的功能寄予厚望。

早在推出股指期货前,不少学者就开展了理论探索。姚兴涛(2000)指出,开放股指期货市场有助于加速市场一体化进程,提升市场信息效率;王开国(2000)认为,价格发现功能作为金融期货市场的核心组成部分,在提升市场信息效率方面具有巨大潜力。

市场开放后,国内学者借鉴国外经验展开实证研究。华仁海等(2010)选取沪深300指数及其期货合约为研究对象,运用Johansen协整检验、Granger因果检验及向量误差修正模型,证实期货在市场信息传递中比现货更具效率。何诚颖等(2011)采用向量误差修正(VEC)模型并引入脉冲响应函数,对沪深300指数及其期货合约IF1006进行分析,得出了与华仁海等(2010)一致的结论。陶利斌等(2014)将国外Hasbrouck的信息份额方法应用于国内市场研究,发现沪深300指数的期现货市场中,股指期货在信息传递过程中发挥的主导作用更为显著,尽管研究方法不同,但其结论与前述学者的观点基本一致。

二、本研究与已有研究的区别

相比于华仁海等(2010)、何诚颖等(2011)及陶利斌等(2014),本章在样本区间选取上避免了使用波动幅度较大的时间段,从而在样本源层面上尽量排除非市场因素影响,此外本章决定应用Johansen协整检验与向量误差修正模型,以此探索期货市场向均衡状态调整的速度,较快的调整速度也就代表着较高的信息传递速度。当市场均衡被打破时,如果期货市场的反应更为敏感,说明其具备预警现货市场的能力。

此外,出于对实证检验稳健性的考虑,本章选取了期货合约全部交易日内的期、现货日度对数收益率数据进行稳健性检验,检验结果支持本章最终结论,这说明期、现货之间的关系是稳定的。

第二节　模型构建和实证分析

一、数据选取和模型构建

国内外文献普遍认为期货市场的行情表现可以部分揭示相关现货市场的信息。首先,金融期货市场是一个有组织的市场,供求法则在其中有着独一无二的作用。来自各个投资者买卖的信息相互交错、碰撞,这就形成了价格发现的前提。其次,金融期货交易市场是公平、公正且高效的。得益于期货市场的基本功能,其所形成的价格真实、连续且权威,而且侧面反映了现货市场的供求状态,这也是价格发现功能的核心所在。

对金融期货的功能进行探索与验证对于把握宏观调控尺度有一定的帮助。这是因为,在期货交易中,价格信号可以体现出全球交易市场各种要素的供求状态。由于价格形成方式是准确且高效的,因此这对于投资者把握市场供求变化具有重要的参考价值。通过观察期、现货两市场的历史表现和近期行情,不难看出两者关系密切,这就为投资者提供了参考指标,有助于投资者把握行情走势。

(一) 数据选取

在数据选取上,方匡南等(2012)、Yang 等(2012)在以中国股指期货为样本研究时,均采用了 5 分钟频率的数据。因此,本章借鉴其方法同样选取数据频率为 5 分钟,选取指标为较活跃的 IF1812 合约,由于信息冲击等诸多非市场因素导致该合约于 5 月开始交易后的三个月内价格变动幅度较大,包含了过多外生因素,因此选取样本期为 2018 年 8 月 1 日到 2018 年 12 月 21 日。现货研究指标为沪深 300 指数 5 分钟收盘价。期货研究指标为

IF1812 合约 5 分钟收盘价。由于期、现货市场交易时间不完全重合,选取 9:30 至 11:30, 13:00 至 15:00 为两者公共交易时段,共计 4 572 对有效数据。

稳健性检验选取样本为 2018 年 4 月 23 日至 2018 年 12 月 21 日(期货合约全部交易日)内 IF1812 合约与沪深 300 指数日度对数收益率,本章所有数据均选自 Wind 数据库。

(二)模型构建

1. VAR(向量自回归)模型

VAR(向量自回归)模型最早由 Sims(1980)提出并应用到宏观经济分析中。其观点为,如果模型设定过度,那么就无法准确地描述经济系统中的动态变化,从而不能得到可靠的经济结构信息。VAR 模型的优势体现在对变量的外生性要求不高,且在回归中设定的结构限制较少,适用于描述多维时间序列间的相互关系。其一般形式可以表示为:

$$Y_t = \delta + M_1 Y_{t-1} + M_2 Y_{t-2} + \cdots + M_k Y_{t-k} + \varepsilon_t \tag{1}$$

其中:

$$Y_t = (y_{1t}, y_{2t}, \cdots, y_{Nt})'$$

$$\delta = (\delta_1, \delta_2, \cdots, \delta_N)'$$

$$\varepsilon_t = (\varepsilon_{1t}, \varepsilon_{2t}, \cdots, \varepsilon_{Nt})'$$

$$E(\varepsilon_t) = 0, \ E(\varepsilon_t \varepsilon_s) = \begin{cases} \emptyset, & s = t \\ 0, & s \neq t \end{cases}$$

$$M_j = \begin{bmatrix} m_{11j} & m_{12j} & \cdots & m_{1Nj} \\ m_{21j} & m_{22j} & \cdots & m_{2Nj} \\ \vdots & \vdots & \cdots & \vdots \\ m_{N1j} & m_{N2j} & \cdots & m_{NNj} \end{bmatrix}, \ j = 1, 2, \cdots k$$

Y_t 为 $N \times 1$ 阶时间序列列向量。δ 为 $N \times 1$ 阶常数项列向量。M_1，M_2，$\cdots$，M_k 均是 $N \times N$ 阶自回归系数矩阵，其内部元素即各个待估参数，也即 VAR 模型中各滞后项的系数。ε_t 为 $N \times 1$ 阶的白噪声列向量。∅ 是 $N \times N$ 阶对称正定矩阵。k 为模型最大滞后阶数。选取 VAR 模型最佳滞后期时，本章综合考虑最终预测误差（FPE）、Akaike 信息准则（AIC）、Schwarz 准则（SC）和 Hannan-Quinn 准则（HQ）来确定最优滞后期。也即：通过不断变换模型中所选取的滞后期，来使 AIC 统计量、SC 统计量与 HQ 统计量发生变化，假设在 k 阶时，多数统计量取得极小值，则将最优滞后期确定为 k。

2. Johansen 协整检验与向量误差修正模型

通过对 VAR 模型的变换，可以得到 VECM 的一种形式为：

$$\Delta Y_t = \Pi Y_{t-1} + \sum_{i=1}^{k-1} \Gamma_i \Delta Y_{t-i} + \varepsilon_t \tag{2}$$

其中

$$\Pi = \sum_{i=1}^{k} M_i - I$$

$$\Gamma_i = -\sum_{j=i+1}^{k} M_i, \ i = 1, \cdots, k-1$$

其中 Π 为 $N \times N$ 阶长期关系矩阵，用于描述长期均衡状态。Γ_i 为 $N \times N$ 阶短期系数矩阵。上式中 Y_t 为一阶单整序列 $I(1)$ 意味着 ΔY_t 为零阶单整序列 $I(0)$，这就决定了矩阵 Π 的秩小于变量个数 N。因此可以分为以下两种情况：如果矩阵 Π 的秩满足 $rank(\Pi) = 0$，则序列间无协整关系；如果矩阵 Π 的秩满足 $0 < rank(\Pi) < N$，此时序列间有协整关系且存在 $N \times rank(\Pi)$ 阶满秩矩阵 α 与 β，使得 $\Pi = \alpha\beta^T$，则 α 可解释为变量向长期均衡调整的方向与速度，β 可以视为长期中变量间的均衡系数。

以上步骤通过 EVIEWS 软件实现，最后给出本章的结论和参考建议。

二、实证结果与分析

（一）两序列统计特征

收盘价的统计特征如表 7.1 所示。

表 7.1　收盘价的统计特征

变量	均值	标准差	偏度	峰度	JB
CPF（期货收盘价）	3 232.661	84.250 07	0.306 865	3.123 560	74.663 06*
CPS（现货收盘价）	3 247.110	95.327 54	0.137 143	2.585 672	47.034 50*

注：JB 为 Jarque-Bera 正态性检验统计量，* 表示在 5% 水平上显著。

本章首先对序列进行平稳性检验，选取方法为 ADF 检验。此处与现货的一阶差分分别用 ΔCPF 与 ΔCPS 表示。检验结果如表 7.2 所示：

表 7.2　期、现货收盘价序列平稳性检验结果

变　量	ADF 检验值	1%临界值	5%临界值	10%临界值	是否平稳（5%）
CPF（期货收盘价）	−3.142 316	−3.431 598	−2.861 976	−2.567 045	是
CPS（现货收盘价）	−2.640 490	−3.431 598	−2.861 976	−2.567 045	否
ΔCPF（期货收盘价一阶差分）	−69.615 17	−2.565 468	−1.940 893	−1.616 653	是
ΔCPS（现货收盘价一阶差分）	−67.957 50	−2.565 468	−1.940 893	−1.616 653	是

两序列不全为平稳序列，一阶差分后达到平稳性要求，也即满足协整检验中序列均为 $I(1)$ 过程的要求。随后建立 VAR 模型，并不断变换滞后阶

数来观察各个信息准则统计值的变动。如表 7.3 所示：

表 7.3　信息准则统计值

滞后阶数	FPE （最终预测误差）	AIC （赤池信息准则）	SC （施瓦兹准则）	HQ（汉南— 奎因信息准则）
一阶	296.256 9	11.366 98	11.372 61	11.368 96
二阶	266.484 6	11.261 07	11.272 33	11.265 03
三阶	258.357 8	11.230 1	11.246 98*	11.236 04
四阶	257.379 7*	11.226 31*	11.248 82	11.234 23*

注：其中 * 表示该统计值在该滞后阶数下达到了极小值。

通过表 7.3 可以看出，滞后 4 阶时，FPE、AIC、HQ 信息准则统计量达到了极小值，因此可以将最优滞后期确定为 4，从而构建 VAR(4) 模型。此处需要注意的是，在下文的误差修正模型中会包含截距项，因此此处采用无截距的 VAR 模型。解释变量对于期货收盘价的解释程度为：R2（拟合优度）＝0.993 322，Ajust R2（调整后的拟合优度）＝0.993 311；解释变量对于现货收盘价的解释程度为：R2＝0.995 837，Ajust R2＝0.995 830。拟合程度较好，这说明 CPF 与 CPS 可以较好地被两者的前 4 阶滞后项所解释。

（二）协整方程

随后采用 Johansen 协整检验来判断两序列是否具备统计上的均衡。由于协整方程是基于 VAR 模型得到的，解释变量与被解释变量均为差分形式，因此选取滞后 3 阶的协整方程，其特征根迹检验结果与最大特征值检验结果展示在了表 7.4 中：

表 7.4　特征根迹检验与最大特征值检验

特征根迹检验	t 统计量	0.05 临界值	P 值
不存在协整关系	19.424 07	15.494 71	0.012 1

续表

特征根迹检验	t 统计量	0.05 临界值	P 值
最多一个协整关系	3.936 366	3.841 466	0.047 2
最大特征值检验	t 统计量	0.05 临界值	P 值
不存在协整关系	15.487 70	14.264 60	0.031 9
最多一个协整关系	3.936 366	3.841 466	0.047 2

在 5% 的显著水平上，两种检验方法均拒绝原假设。这意味着序列间存在协整关系，从而对两者构建向量误差修正模型进行分析，估计得到的系数如表 7.5、表 7.6 所示：

表 7.5 协整方程估计结果

	CPF_{t-1}（滞后一期期货收盘价）	CPS_{t-1}（滞后一期现货收盘价）	C（截距项）
CointEq（协整方程）	1.000 000	−0.753 296 [−13.054 6]	−786.603 4

注：其中[ ]内为 t 统计值。

表 7.6 VECM 估计结果

	$\beta^T Y_t$（调整系数）	ΔCPF_{t-1}	ΔCPF_{t-2}	ΔCPF_{t-3}
ΔCPF（期货收盘价一阶差分）	−0.015 077 [−3.203 63]	−0.136 308 [−3.504 47]	−0.096 174 [−2.346 15]	−0.006 526 [−0.167 20]
ΔCPS（现货收盘价一阶差分）	−0.008 810 [−2.092 90]	0.232 467 [6.681 69]	0.102 406 [2.792 87]	0.061 585 [1.764 05]

	ΔCPS_{t-1}	ΔCPS_{t-2}	ΔCPS_{t-3}	C（截距项）
ΔCPF（期货收盘价一阶差分）	0.132 535 [3.050 78]	0.094 730 [2.090 11]	0.003 076 [0.071 49]	−0.104 597 [−1.030 57]
ΔCPS（现货收盘价一阶差分）	−0.244 707 [−6.297 25]	−0.116 819 [−2.881 49]	−0.065 870 [−1.711 63]	−0.113 553 [−1.250 79]

注：其中[ ]内为 t 统计值。

可得到其协整方程为：

$$EC_{1,\,t-1}=CPF_{t-1}-0.753\,296CPS_{t-1}-786.603\,4 \qquad (3)$$

可得到向量误差修正模型为：

$$
\begin{aligned}
\Delta CPF=&-0.015\,077EC_{t-1}-0.136\,308\Delta CPF_{t-1}-0.096\,174\Delta CPF_{t-2}\\
&-0.006\,526\Delta CPF_{t-3}+0.132\,535\Delta CPS_{t-1}+0.094\,730\Delta CPS_{t-2}\\
&+0.003\,076\Delta CPS_{t-3}-0.104\,597 \qquad (4)
\end{aligned}
$$

$$
\begin{aligned}
\Delta CPS=&-0.008\,810EC_{t-1}+0.232\,467\Delta CPF_{t-1}+0.102\,406\Delta CPF_{t-2}\\
&+0.061\,585\Delta CPF_{t-3}-0.244\,707\Delta CPS_{t-1}-0.116\,819\Delta CPS_{t-2}\\
&-0.065\,870\Delta CPS_{t-3}-0.113\,553 \qquad (5)
\end{aligned}
$$

由表 7.6 可知，CPF 的调整系数为 $-0.015\,077$（t 统计值为 $-3.203\,63$，在 5% 水平上显著），CPS 的调整系数为 $-0.008\,810$（t 统计值为 $-2.092\,90$，在 5% 水平上显著），两者均为负值且期货收盘价调整速度高于现货收盘价。这意味着，当由两者构成的系统处于非均衡状态时，误差修正项会按调整速度不断修正下一期的价格直至其达到均衡值。正的误差修正项（即 $EC_{1,\,t-1}>0$）说明此时期货市场价格高于现货市场价格，交易者可以借此套利，从而在下一期降低期货价格并提升现货价格；负的误差修正项（即 $EC_{1,\,t-1}<0$）说明此时期货市场价格低于现货市场价格，从而在下一期提升期货价格并降低现货价格。此外，由于 CPF 的调整系数要高于 CPS 的调整系数，因此期货市场相比于现货市场向长期均衡的调整速度要更快。

对于方程(1)，ΔCPS 滞后一阶、二阶的系数之和未超过 0.24 且均在 10% 水平上显著，这说明在短期中现货市场不能充分解释期货市场达到均衡价格的变动额；对于方程(2)，ΔCPF 滞后一阶、二阶、三阶的系数之和接近于 0.4 且均在 10% 水平上显著，这说明在短期中期货市场传递信息的能力强于现货市场。

三、稳健性检验

本节利用期货合约日期区间内期、现货的对数收益率数据进行稳健性检验，即变换不同指标来验证期、现货之间是否仍存在协整关系。在本章中，对数收益率可以表示为 $R = \ln \dfrac{P_t}{P_{t-1}}$，其中 P_t 为第 t 日收盘价，P_{t-1} 为第 $t-1$ 日收盘价，R 表示对数收益率，期、现货日度对数收益率由 FY、SY 表示。在回归方法上，采用与上文相同的方法，回归结果展示在了下文各表中。

表 7.7 展示了两序列的统计特征：

表 7.7　收益率的统计特征

变量	均值	标准差	偏度	峰度	JB
FY （期货收益率）	$-0.001\,206$	0.016 209	$-0.086\,702$	4.254 148	11.020 33*
SY （现货收益率）	$-0.001\,320$	0.014 482	0.002 080	3.812 641	4.540 273

注：JB 为 Jarque-Bera 正态性检验统计量，* 表示在 5% 水平上显著。

表 7.8 展示了两序列 ADF 检验结果：

表 7.8　期、现货收益率序列平稳性检验结果

变　　量	ADF 检验值	1%临界值	5%临界值	10%临界值	是否平稳 （5%）
FY（期货收益率）	$-14.528\,27$	$-2.579\,139$	$-1.942\,781$	$-1.615\,416$	是
SY（现货收益率）	$-14.008\,35$	$-2.579\,139$	$-1.942\,781$	$-1.615\,416$	是
ΔFY（期货收益率 一阶差分）	$-18.043\,08$	$-2.579\,315$	$-1.942\,805$	$-1.615\,400$	是
ΔSY（现货收益率 一阶差分）	$-17.261\,76$	$-2.579\,315$	$-1.942\,805$	$-1.615\,400$	是

表 7.9 展示了两者在建立 VAR 方程时通过不断变换滞后期，各个信息

准则统计值的变化情况：

表 7.9　信息准则统计值

滞后阶数	FPE（最终预测误差）	AIC（赤池信息准则）	SC（施瓦兹准则）	HQ（汉南—奎因信息准则）
一阶	1.71e−09*	−14.508 39*	−14.429 85*	−14.476 49*
二阶	1.79e−09	−14.467 06	−14.309 98	−14.403 26
三阶	1.81e−09	−14.453 38	−14.217 76	−14.357 68

注：其中＊表示该统计值在该滞后阶数下达到了极小值。

通过表 7.9 可以看出，当滞后阶数为 1 阶时，FPE、AIC、HQ 信息准则均达到了极小值，因此选取 VAR 模型滞后阶数为 1 阶。

表 7.10 展示了对两序列运用 Johansen 协整检验的结果：

表 7.10　特征根迹检验与最大特征值检验

特征根迹检验	t 统计量	0.05 临界值	P 值
不存在协整关系	162.182 6	15.494 71	0.000 1
最多一个协整关系	66.119 71	3.841 466	0.000 0
最大特征值检验	t 统计量	0.05 临界值	P 值
不存在协整关系	96.062 89	14.264 60	0.000 0
最多一个协整关系	66.119 71	3.841 466	0.000 0

期、现货收益率序列存在协整关系且在 5％水平上显著，随后对两收益率序列建立向量误差修正模型的结果如表 7.11、表 7.12 所示：

表 7.11　协整方程估计结果

	FY_{t-1}（滞后一期期货收益率）	SY_{t-1}（滞后一期现货收益率）	C（截距项）
CointEq（协整方程）	1.000 000	−1.011 678 [−61.243 1]	−0.000 162

注：其中[]内为 t 统计值。

表 7.12 VECM 估计结果

	$\beta^T Y_t$（调整系数）	ΔFY_{t-1}	ΔSY_{t-1}	C（截距项）
ΔFY（期货收益率 一阶差分）	−3.853 745 [−4.652 68]	1.530 400 [3.032 26]	−2.109 700 [−3.994 07]	−0.000 198 [−0.132 41]
ΔSY（现货收益率 一阶差分）	−2.335 990 [−3.074 81]	1.426 151 [3.080 73]	−1.998 015 [4.124 01]	−0.000 155 [−0.113 21]

注：其中[]内为 t 统计值。

其协整方程为：

$$EC_{2,t-1} = FY_{t-1} - 1.011\,678 SY_{t-1} - 0.000\,162 \tag{6}$$

可得到向量误差修正模型为：

$$\Delta FY = -3.853\,745 EC_{2,t-1} + 1.530\,400\Delta FY_{t-1} - 2.109\,700\Delta CPS_{t-1}$$
$$- 0.000\,198 \tag{7}$$

$$\Delta SY = -2.335\,990 EC_{2,t-1} + 1.426\,151\Delta FY_{t-1} - 1.998\,015\Delta SY_{t-1}$$
$$- 0.000\,155 \tag{8}$$

此处 ΔFY 的调整系数为−3.853 745（t 统计值为−4.652 68，在 1％水平上显著），ΔSY 的调整系数为−2.335 990（t 统计值为−3.074 81，在 5％水平上显著），两系数均为负，也即调整方向为负，且期货市场的调整速度要快于现货市场。更换期、现货的数据衡量指标并不影响二者向均衡状态的调整方向，这说明二者之间的关系是稳健的。

第三节 实证结论与政策建议

一、研究结论

通过上述实证分析，得出以下核心结论：

第一,沪深300指数与期货合约的协整关系:沪深300指数与其期货合约存在显著的统计协整关系。当现货价格呈现下行趋势时,股指期货往往提前做出反应并率先下跌。这一特性使得市场参与者可借助股指期货的价格发现功能与风险预警功能预测现货市场走势,为规避现货市场系统性风险提供有效路径。

第二,波动区间与风险预警机制:当期货价格出现大幅波动时,需将其设定为风险预警指标。可依据指数历史表现及投资者风险承受能力等因素,划定价格波动的正常区间,以降低剧烈波动带来的损失。

第三,金融期货与实体经济的联动需求:在我国新常态金融改革与扩大开放的背景下,经济转型面临新产业萌发、旧产业革新、人民币国际化及利率市场化等挑战,对市场资源配置效率提出更高要求。随着经济全球化进程中实体产业的快速发展,资本市场需同步升级。金融期货作为市场经济的重要组成部分,为实体企业优化资本结构开辟了新路径,其发展具有长期性与必要性。

二、政策建议

第一,金融期货市场的战略价值:金融期货市场交易覆盖多领域,其价格发现与风险预警功能有助于降低市场运行成本、优化社会资源配置,与我国扩大开放背景下经济结构调整及效率提升的需求高度契合。同时,深化改革为金融期货市场发展提供了有利条件,进一步开放金融期货市场是历史必然选择。

第二,宏观经济调控的工具创新:我国经济调控正逐步强化市场决定性作用,各类经济要素价格市场化进程加快,伴随而来的价格波动可能对国民经济产生冲击。提升经济抗风险能力成为关键,而市场化改革将推动金融期货机构进一步发展。因此，借助金融期货工具创新宏观调控方式具有重要意义。

第三，完善市场体系：市场是多元要素构成的经济综合体，当前交易市场已从实物商品扩展至证券、期货等金融商品。进一步开放金融期货可释放金融市场潜力，创新资源配置方式，提升市场机制运行效率，降低交易成本，更好地服务实体经济。

第四，保障股市稳定：股市中散户跟风交易易加剧泡沫化与系统性风险。开放金融期货市场可为个人投资者提供新的投资渠道，提升机构投资者比例，优化市场结构，助力股市平稳运行。

第五，拓展宏观调控空间：我国经济发展成就离不开强有力的宏观调控，股市指数变化是政策关注重点。政府可通过分析期货市场行情预判现货走势，提前规避风险，提升调控效率。此外，金融期货市场提供的真实数据信息，对国民经济运行监测与宏观决策具有重要参考价值。

第八章
期货和衍生品对企业发展促进效应的实证分析

我国期货和衍生品市场相比国外起步比较晚,但伴随着我国经济和金融市场的发展壮大,期货和衍生品的交易量以及规模也逐渐增大,后发优势逐步显现,我国期货和衍生品市场在国际上的影响力也越来越大,促进国内外企业发展作用日益明显,并逐渐发展成为全球最大的农产品期货交易市场,同时也是全球最大的商品期货市场。本章从实证的角度分析期货和衍生品对实体企业和金融业价值的促进效应。

第一节　研究背景及特色

一、研究背景

在发展新阶段,我国各个行业、企业开始有意识利用期货和衍生品防范价格风险。根据相关数据(中国期货协会)显示,2021年全年中国期货市场成交量累计约75.14亿手,成交额累计约为581.20万亿元,同比增长约为22.13％和32.84％。随着市场越来越火爆,作为期货市场的参与者,各个期货公司的收入也一路看涨。截至 2021 年，国内就有 150 家期货公司获得了 394.2 亿元的营收，140.7 亿元的净利润，这比 2020 年总量高出了一大截。因此不难发现期货在促进期货市场的定价和风险管理作用方面所起的积极作用，随着《期货和衍生品法》在 2022 年 8 月 1 日实施，预计能帮助企业扩大服务范围、探索新的商业模式、满足各种不同的投资需求，从而增强其服务实体经济的能力。

本章首先以黑色系产品与农产品为例，阐述这两个重要产业如何通过现货与期货市场的融合，发挥期货市场的风险管理功能，凸显期货在助力企业转型中的作用。

黑色产业作为国民经济的重要组成部分，期货价格一直备受市场关注。2021 年，黑色系产品出现大幅波动的情况，对整个行业的发展都产生了重大影响。因此，如何有效发挥期货的市场功能，进行风险管理，已经成为行业所关注的焦点问题。近年来，黑色产业链现货与期货市场不断融合发展，衍生品深刻影响到黑色系产品的定价和交易。

表 8.1　2021 年黑色系品种期货年度涨跌幅、振幅

品种分类	年初价格 1 月 4 日	年末价格 12 月 31 日	年度 涨跌幅	年内 最高价	年内 最低价	年度 振幅
螺纹钢主力	4 383.0	4 315.0	−1.6%	6 208.0	4 026.0	54.2%
热卷主力	4 492.0	4 411.0	−1.8%	6 727.0	4 233.0	58.9%
铁矿石主力	1 019.5	680.0	−33.3%	1 358.0	509.5	166.5%
焦炭主力	2 929.5	2 934.0	0.2%	4 550.0	2 096.5	117.0%
焦煤主力	1 688.0	2 228.5	32.0%	3 878.5	1 387.0	179.6%
动力煤主力	671.4	672.2	0.1%	1 982.0	660.4	200.1%

2022 年 1 月以来，国内黑色系期货产品高开高走，日盘基本处于高位横盘状态。其中铁矿石期货涨幅高达 5% 以上，螺纹及热卷期货创近 3 个月新高，焦炭与炼焦走势略显分歧，焦炭勉强收涨，但涨幅大幅度减少，现货市

表 8.2　2021 年黑色系品种现货年度涨跌幅、振幅

品种分类	年初价格 1 月 4 日	年末价格 12 月 31 日	年度 涨跌幅	年内 最高价	年内 最低价	年度 振幅
螺纹钢绝对价格指数	4 457.1	4 750.0	6.6％	6 290.1	4 374.2	43.8％
线材绝对价格指数	4 685.2	5 089.0	8.6％	6 699.8	4 583.5	46.2％
热轧板卷绝对价格指数	4 611.4	4 776.9	3.6％	6 713.6	4 465.5	50.3％
冷轧板卷绝对价格指数	5 643.1	5 364.5	−4.9％	7 246.6	5 267.6	37.6％
中厚板绝对价格指数	4 563.3	5 039.3	10.4％	6 586.8	4 475.4	47.2％
废钢绝对价格指数	2 834.1	3 562.3	25.7％	4 043.3	2 834.1	42.7％
钢坯绝对价格指数	3 846.0	4 298.0	11.8％	5 822.0	3 828.0	52.1％
62％铁矿石价格指数	164.4	119.7	−27.2％	233.7	86.9	169.1％
焦炭绝对价格指数	2 351.5	2 583.2	9.9％	4 090.5	2 033.9	101.1％
炼焦煤价格指数	1 094.8	1 989.4	81.7％	3 303.2	1 094.8	201.7％
动力煤价格指数	835.0	780.0	−6.6％	2 550.0	572.0	345.8％

场价格小幅上探。然而由于南方地区有冬储采购，且受新年开盘影响，大部分地区延续半休假态势，市场涨跌指导意义基本不大。

2020 年下半年，国务院印发了《关于完整准确全面贯彻新发展理念做好碳达峰碳中和工作的意见》，"双碳"战略和目标作为政府近期重点发布的政策，深刻而广泛地影响了各行业发展。黑色系产业一直以来是传统高能耗行业，碳排放比重占全国碳排放的 15％。在国家"双碳"的战略目标下，黑色系产业迎来的机遇与挑战不容小觑。

与此同时，期货市场在助力黑色系企业转型升级。"双碳"战略的实施，对黑色产业链的期货价格都产生了或多或少的影响。期货和衍生品能帮助上下游产品分摊损益风险，平滑产业链面临的不确定性风险。通过产业公司所提供的基差服务，产品的价格流与物流分离，使产业链上下游的关系从传统的对立博弈转变为合作共赢。期货公司等交易服务机构逐步提出了含

权贸易、期货稳价定单等新的服务模式，引领黑色产业链的高质量发展。期货公司充当中介服务机构的角色，注重于相关上市期货品种及产业链的研究，不断创新产品和服务模式，发挥专业特长和风险管理优势，推动黑色产业链企业合理利用金融衍生工具，为企业保供稳价贡献出一份力量，并进一步服务于国家绿色低碳转型的战略。

另外，作为传统农业大国，农产品期货也是中国期货市场不可或缺的组成部分，与服务"三农"、推进精准扶贫密不可分。由于不同期货品种的价格发现功能发挥水平差异较大，实体经济和服务实体经济的有效程度不同，不同农产品期货品种市场价格都有所波动。为此，政府在2019—2021年提出扩大、优化"保险＋期货"试点模式，继续推进农产品期货期权上市，发挥其在振兴农村产业中的作用。"保险＋期货"通过将保险资金间接参与到期货市场的方式，激发期货市场的活力，推动农业保险发展，实现多方共赢。然而，"保险＋期货"的政策也面临着许多困难。首先，由于不同农产品期货有所差异，该政策的效果也会有所差异。因此，不同期货品种价格发现功能的显著差异应该成为中国农产品期货国际化决策的一个重要考量因素，研究表明农产品价格发现功能的发挥与期货挂牌交易的时间长短呈显著正相关。期货市场的引入可以帮助农业从业者有效转移自身风险。首先，从业者购买保险，将自身风险转嫁给保险公司，保险公司获得保金的同时也承担了从业者面临的价格风险；保险公司再通过购买看跌期权产品对冲风险，由期货公司负责在期货市场中进行风险对冲操作，通过市场再次转移风险。"保险＋期货"模式融合了农业保险的汇聚风险作用和期货市场的风险规避功能，其中，价格风险通过购买场外期权进行分散，产量风险则由保险公司自行承担。项目到期后，若价格对农业从业者不利，可向保险公司提出索赔，保险公司向从业者赔偿损失，同时执行期权合约，获得期货经营机构支付的期权结算金额,期货经营机构平仓了结,最终实现风险分散、各方收益的闭环(林正等,2023)。

以上仅用黑色系产业和农产品说明了期货和衍生品在产业和企业发展中所发挥的作用,本章研究对象为上市公司,涉及各个行业,但由于篇幅有限,难以对各个行业的情况进行一一阐述,仅用黑色产业系和农产品来作为背景窥见期货和实体企业发展之间的联系。

二、本章研究思路和特色

(一) 本章研究思路

本章聚焦于我国上证上市企业中年报中有披露期货和衍生品运用数据的企业进行研究,由于篇幅所限,仅把上市企业分以实体企业和金融业进行区分,金融业由于种类众多,数据标准难以统一,本章仅用银行业数据进行研究,然后利用 Heckman 模型和多元回归计量模型实证分析期货和衍生品交易对实体企业与银行业公司价值的变化关系,以便探求期货和衍生品对实体企业和金融业的不同作用路径,用中国特色期货和衍生品实践丰富和发展衍生品理论,并为我国《期货和衍生品法》顺利实施做出决策参考。

(二) 研究特色

从理论视角来看,探索中国特色期货服务实体企业和金融业发展的效应及影响因素,用中国特色实践丰富和发展期货理论。

从方法角度来看,本章同时运用 Heckman 模型和多元回归实证分析企业和衍生品运用对实体企业和银行业上市公司价值影响,能够增强实证结果的可信度,这与其他文献中的方法有所不同。

从研究变量设置上,实体企业和银行业由于经营业务的不同,选取了不同的控制变量,这样更适合分析期货和衍生品对实体企业和银行业的不同。

当然由于篇幅所限，企业的划分上仅仅以实体企业和银行业进行了划分，本章没有把实体企业进行行业细分，研究结果可能会有一定偏差，这也是后续进一步研究的方向。

第二节　研究假设和模型设定

本章以 2009—2021 年共计十三年的数据为基础，采用两阶段方法实证分析期货和衍生品的应用在实体企业和金融业价值的影响，金融业由于数据可得标准难以统一，本章仅以银行业进行分析，并比较期货和衍生品对实体企业和金融业影响效果程度的异同。

一、研究假设的提出

（一）文献综述与理论基础

Ahmed 等（2020）从理论与实证层面探讨了企业对冲活动对公司价值及绩效的影响。其构建的理论模型表明，对冲对企业价值的作用机制受经济因素（如管理层自利、代理问题、管理能力、风险厌恶）与行为因素（过度自信）的综合影响，呈现出复杂的模糊性。实证分析以 2005—2017 年英国上市企业为样本，聚焦外汇、利率和商品价格风险的衍生品对冲策略，研究发现：对冲效应的正负性因风险类型、衍生品合约类型及时间段的不同而存在显著差异。外汇对冲整体显著提升企业价值与绩效，而利率和商品价格对冲则多表现出负面影响。

Tang 等（2022）对比了金融对冲与运营对冲在汇率风险管理中的效果，指出利用外汇衍生品（如期货、期权）进行对冲虽在短期具有显著风险降低效应,但该效应依赖于金融市场的成熟度。通过对 2011—2018 年海外收入占比超 5％的中国 A 股上市建筑企业的实证分析,研究证实:金融对冲短期内可降低风险,但对企业盈利存在负向影响;而运营对冲在长期更具有效性,且能显著提升盈利水平。

Graham 等(2002)则从企业财务策略角度切入,检验了对冲行为的两大潜在动机:一是通过降低波动性以扩大债务容量、获取债务税收利益;二是通过降低应税收入波动性以减少预期税收负担。研究发现,企业对冲的核心税收动机是通过增加债务容量来获取利息税收扣除,该行为带来的税收利益较为显著,平均可提升 1.11％的企业价值。

（二）期货与衍生品的经济影响及监管研究

从企业与金融机构应用视角看,期货和衍生品的功能发挥产生了多维度影响。马萍萍(2018)指出,企业在应用期货及衍生品时面临诸多问题,建议通过强化风险防控、优化套期保值策略及减少政府不当干预等措施完善金融期货市场。Donohoe(2015)聚焦企业税收领域,深入探讨了期货及衍生品的避税效应,证实其在节省企业税负方面的积极作用,并提出鼓励企业合理运用衍生品工具以推动市场发展的建议。

在宏观经济影响层面,钱小安(1995)引用诺贝尔经济学奖得主默顿·H.米勒教授的观点,强调"金融期货是近二十年来最重要的金融创新"。他指出,金融期货虽不直接具备融资功能,但可通过降低证券批发商存货的非系统性风险、平抑证券价格波动、提升 TobinQ 比率等机制促进资本形成;对宏观经济均衡的影响则体现为:通过高杠杆投资、拓展新兴投资渠道等方式增加社会总投资,对社会总储蓄产生双重效应(既可能增加银行存款,也可能导致生产领域资金向金融期货市场分流),并改变宏观经济均衡关系。基于此,他提出加强金融期货宏观管理的路径,包括强化交易监管、规范财务统计与税收处理、关注其对货币供应量的影响、与外汇管理体制协同及推进国际合作等,同时建议利用其价格发现功能辅助宏观经济决策。

Vo等(2019)以中国、印度、日本、美国四大经济体为研究对象,剖析了衍生品市场与经济发展的动态关联,发现衍生品发展对国家经济的促进效应在短期更为显著,长期效应则相对弱化。

在市场监管领域,欧阳新勇(1995)通过分析美国期货市场监管体系,指出其管理架构包含三个层次:期货交易所的微观自律管理、全国期货行业协会的行业协调管理及联邦期货交易委员会的政府监督,形成了微观与宏观结合的监管模式。谢洋(2015)从监管框架与措施双维度出发,针对我国期货及衍生品市场面临的问题,提出设立专门的期货监督管理委员会、强化行业自律、健全风险管理制度、推行金融交易信息公开公示、创建新型清算部门以优化风险监控等建议。苏小勇(2011)强调期货市场与现货市场的高度关联性,主张对金融期货与现货市场实施跨市场监管,并完善相应的法律制度。Barrera(2017)以哥伦比亚证券市场为例,探讨了监管策略设计与实施的不一致性对场外衍生品市场的影响,指出现有监管体系的缺陷并提出改进建议。

(三) 研究假设的提出

基于国内外研究成果,结合我国实体企业与金融业运用期货及衍生品的现实状况,提出以下研究假设:

(1) 期货和衍生品对实体企业的促进效应

假设一:期货及衍生品的运用对我国实体企业的公司价值具有显著的正向促进效应。

(2) 期货和衍生品对金融业发展的促进效应

假设二:期货及衍生品的运用对我国上市银行的价值具有显著的正向

促进效应。

假设三：在期货及衍生品对企业价值的促进效应方面，银行业的效应强度显著高于实体企业。

二、实证模型设计

（一）多元回归模型设计

不管是实体企业还是银行业，公司价值选择托宾 Q 值来表示作为被因变量，以期货和衍生品规模变量作为自变量，控制变量上考虑到实体企业和银行业经营特点的不同，实体企业以总资产、产权比率、净利润同比增长率、流动资产/总资产、总资产净利率 ROA、资产负债率和固定资产增长率等变量作为控制变量。对银行业来说，以总资产、存贷款比例、总资产净利率 ROA、资本充足率、资产负债率以及时间变量等作为控制变量，进行多元回归统计分析。

多元回归方程如下：

$$Q_i = \alpha + \sum_{j=1}^{5} \beta_j X_{ij} + \beta_6 EOB_i + \beta_7 H_i + \varepsilon_i \qquad (1)$$

Q_i 是因变量，表示公司的价值，这里是托宾 Q 值；EOB_i 是自变量，表示银行或企业使用衍生品的量；X_{ij} 表示影响企业价值的控制变量；ε_i 为误差项，α 为常数。当回归结果中 EOB_i 变量的系数 β_6 大于 0 且在统计上显著时，表明企业对期货和衍生品的运用能够提升公司价值，反之则不能。

（二）Heckman 模型设计

Allayannis 等（2001）的研究结论认为企业使用衍生品通过降低面临的汇率风险提升企业的价值。并且 Graham 等（2002）的研究也证明了这点。

Diamond(1984)建立模型研究后提出银行具有监控成本优势，并以此获得收益。

基于前人研究基础之上，本研究选择 Heckman 模型进行两阶段分析，具体模型如下所示：

$$D = \delta_0 + \delta_1 X_1 + \delta_2 X_2 + \delta_3 X_3 + \cdots + \delta_n X_n + H + \varphi \qquad (2)$$

以上公式(2)是 Heckman 模型第一阶段的公式，D 表示公司使用期货和衍生品的意愿，当公司使用期货和衍生品时取值为 1，否则为 0，是第一阶段模型的因变量；变量右下角的数字标记代表不同变量；H 是时间控制变量，2010 年及之前取值为 0，之后取值为 1，因为直到 2010 年 4 月 16 日，首批 4 个沪深 300 股指期货合约挂牌交易，我国金融期货交易才再次登上金融市场的舞台，φ 是模型的误差项。

$$Q = \theta_0 + \theta_1 X_1 + \theta_2 X_2 + \theta_3 X_3 + \cdots + \theta_n X_n + \eta EOB$$
$$+ \delta lambda + H + \mu \qquad (3)$$

公式(3)为模型的第二阶段，Q 表示使用期货和衍生品的公司或者银行的公司价值，即托宾 Q 值，是模型的因变量；公式中的下标表示变量的个数，θ_0 是带估计常数，θ_1，θ_2，$\cdots$，θ_n 是变量的待估计参数，X_1 是第一个自变量，X_2 是第二个自变量，以此类推；EOB 表示衍生品使用的规模变量；$lambda$ 是逆米尔斯比率，用来检验样本是否存在选择性误差；在这里加入时间虚拟变量 H，作为期货和衍生品的作用系数。因为 2010 年 4 月 16 日首批 4 个沪深 300 股指期货合约挂牌交易，我国金融期货交易登上金融市场的舞台，定义在 2010 年及以前 H 取值为 0，在 2010 年以后取值为 1。μ 是模型的误差项。

第三节　资料来源与变量选取的考量

一、实体企业相关样本数据与变量选取

在实体企业方面，选用 2009—2021 年上证 180 指数成分股的企业（去除金融业）面板数据为样本，在公司的年报中，与期货和衍生品有关的信息存在于两个位置：一是市场风险的定性与定量披露的地方；二是合并财务报表的说明所处的位置。这两个位置中包含的有关信息有衍生品的利率、汇率、商品和权益的名义价值以及种类等。而在一些企业公布的信息中我们并不能找到有效的信息，原因是这些信息可能并不准确或者与所需的信息无关，在这里我们会重新整理这些企业的数据。公司来自不同的行业，既有信息技术、科技产业等新型产业，也有公共事业、大宗商品、农产品和消费品等传统行业。数据是从同花顺和 Wind 数据库的多维数据浏览器中下载的，在数据使用时对数据进行了相应的标准化处理以便于分析。

二、银行样本数据与变量选取

上市银行样本选择 2009 年至 2021 年同花顺数据库申银万国行业中的银行业相关变量的面板数据，分析期货和衍生品的运用对银行价值的影响，相关解释变量的数据是在同花顺和 Wind 数据库股票栏的数据浏览器中下载的，银行样本共有 36 家，它们的市值之和在中国银行业总体市值中占比超过了 70％。具体变量指标说明如表 8.3。

表8.3 指标使用说明

		研究变量	定义及测度	符号及系数
被解释变量	SW 银行	托宾 Q（衍生品使用 D）	股东权益市值/账面值（使用为 1，否则为 0）	Y
	上证 180（非金融）	托宾 Q（衍生品使用 D）	股东权益市值/总资产账面值（使用为 1，否则为 0）	Y
解释变量		期货和衍生品的规模	期末期货和衍生品的公允价值	EOB，系数预期为正
控制变量	SW 银行	总资产	取总资产对数	X_1，不确定
		资本充足率	资本/风险资产	X_2，不确定
		存贷款比例	贷款总额/存款总额	X_3，不确定
		总资产净利率 ROA	净利润/平均资产总额	X_4，系数预期为正
		资产负债率	负债总额/资产总额	X_5，不确定
		时间控制变量	2009、2010 年取值 0，其他取值 1	H
	上证 180（非金融）	总资产	取总资产对数	X_1，不确定
		流动资产/总资产	流动资产在总资产中占比	X_2，不确定
		总资产净利率 ROA	净利润/平均资产总额	X_3，系数预期为正
		产权比率	负债总额/股东权益	X_4，不确定
		净利润同比增长率	（当期净利润额－上年同期净利润额）/上年同期净利润额	X_5，系数预期为正
		资产负债率	负债总额/资产总额	X_6，不确定
		固定资产增长率	（期末固定资产额－期初固定资产额）/期初固定资产额	X_7，系数预期为正
		时间控制变量	2009、2010 年取值 0，其他取值 1	H

资料来源：WIND 数据库。

三、描述性统计分析

从样本数据衍生品使用情况统计来看，申银万国行业分类中的银行共有 36 家，其中包括中国银行、中国工商银行、中国建设银行等传统六大行以及各股份制银行和城商行等。而以上证 180 成分股为样本的数据（去除金融业企业和 ST 股），共有 132 家公司，这些公司包括了交通运输、大宗商品、移动通信、工程机械以及医疗健康、农产品、文化教育等各种行业，是各实体行业中具有代表性的企业。依照表格的数据显示，银行和实体企业使用衍生品的数量呈现出稳定上升的趋势。相关指标的描述性统计如表 8.4。

表 8.4　相关指标的描述性统计

行业	变量	观察值	平均值	标准差	最小值	最大值
SW 银行	托宾 Q	446	0.069	0.016	0.025	0.235
	总资产	446	39 118.93	64 946.81	315.587 7	351 713.8
	资本充足率	426	13.064 13	1.962 837	0.11	18.02
	存贷款比例	430	71.636 04	13.114 73	28.67	115.99
	总资产净利率	458	1.019 608	0.250 7	0.477	1.826
	资产负债率	458	93.058 9	1.612	76.475	97.657
	衍生金融资产（亿元）	305	131.123	222.45	0	1 717.38
上证 180（非金融）	托宾 Q	1 659	0.425	0.240	−3.465	0.974
	总资产	1 705	1 393.328	3 087.015	0	27 331.9
	流动资产/总资产	1 656	52.869	23.831	1.551	98.523
	总资产净利率	1 671	7.216	10.085	−33.865	267.720
	产权比率	1 665	1.645	1.614	0.027	18.932
	净利润同比增长率	1 669	217.046	1 555.812	−13 030.99	51 614.79
	资产负债率	1 670	53.348	23.631	2.594	446.481
	固定资产增长率	1 627	0.285	1.274	−1	25.650
	衍生金融资产	136	4.943	20.253	0	183.71

资料来源：WIND 数据库。

从描述性统计分析的结果可以看到，除了个别变量的标准差较大外，其他的大多是在一定的区间内的，表明文章选取的银行和实体企业的样本数据分布比较集中，这些数据是可靠的，可以经过标准化处理后直接使用。

在实体企业的样本数据中，托宾 Q 的平均值为 0.425，最大值为 0.974，最小值为 -3.465，相差较大，说明我国实体企业在资产质量上的差异也较大；实体企业衍生品使用量与总资产净利率的平均值分别为 4.943、7.216，而且它们的最大值与最小值的差距都比较大，有许多企业的衍生品使用量为 0，也有一些企业的总资产净利率的值为负数，说明不同实体企业的资产规模、获利能力等都可能有较大的差异，而且其衍生品的使用量也有较大的不同，获利能力更强的企业可能会对衍生品有更大的需求。

在银行的样本数据中，托宾 Q 的平均值为 0.069，最大值为 0.235，最小值为 0.025，相差 9 倍多，说明我国上市银行在资产质量上的差异较大；衍生品规模变量的平均值 131.123，最大值为 1 717.38，最小值为 0.003，相差数额巨大，说明我国不同资产规模的上市银行在使用衍生品的规模上的差异也较大；变量总资产净利率的平均值为 1.019 6，而其最大值与最小值的差距也比较大，也表明了现实中银行在获利能力上也有比较大的差异。

四、单因素检验

本章对样本数据进行了单因素检验，以 D 变量为分组标准，即使用衍生品的银行或企业为一组，未使用衍生品的分为另一组，计算两组样本数据的总体均值，即两组各自的托宾 Q 均值，并进行对比分析，判断银行和实体企业运用衍生品后与未使用时，对其价值的影响是否有所不同。

从表格统计的检验结果中可以看到，使用衍生品的银行的价值是有较大的不同的，这里，EOB 统计量的值为 1.49，p 值为 0.141 7，而且在 1% 的显著性水平上显著。使用衍生品的银行的托宾 Q 值的平均值为 0.068 5，而未使用衍生品的银行的平均值为 0.071 8,后者高于前者。这说明样本的单因素分析结果显示银行使用期货和衍生品没有提升银行的价值。从上证180 的检验结果可以看到,衍生品交易对企业价值也有比较显著的影响,其中,*EOB* 值＝6.82, p 值＝0.000 1,而且在 1％的显著性水平上显著。使用衍生品的银行的托宾 Q 值的平均值为 0.425 3,而未使用衍生品的企业的平均值为 0.433 2,后者高于前者。这说明选取的实体企业的样本中,衍生品的运用对企业的价值没有明显的提升效果。

表 8.5　单因素检验结果

指标	平均值	分组		平方和	df	均值平方	F	显著性（p 值）
银行（托宾 Q）	0.071 8	0	群组间	0.003 6	10	0.000 36	1.49	0.141 7
	0.068 5	1	群组内	0.105 6	435	0.000 24		
总计				0.109 2	445	0.000 25		
上证 180（托宾 Q）	0.433 2	0	群组间	1.165 6	3	0.388 5	6.82	0.000 1
	0.425 3	1	群组内	94.292 6	1 655	0.057 0		
总计				95.458 1	1 658	0.057 6		

资料来源:WIND 数据库。

五、相关性分析

从表格 8.6 的结果中可以看到,在 1％的显著性水平上,总资产变量与资本充足率、存贷款比例、资产负债率存在着线性的相关关系,资本充足率与资产负债率、存贷款比例与总资产净利率和资产负债率,以及总资产净利率与资产负债率这几对变量之间也存在一定的相关关系,但是它们的相关系数都低于 0.8,即模型中变量间的共线性问题并不严重,可以继续进行下一步分析。

表 8.6　银行控制变量间的相关性分析

	总资产	资本充足率	存贷款比例	总资产净利率 *ROA*	资产负债率
总资产	1.000				
资本充足率	0.319*** (0.000)	1.000			
存贷款比例	0.183*** (0.000 1)	0.147*** (0.002 4)	1.000		
总资产净利率 *ROA*	0.12 (0.798 8)	−0.013 (0.789 5)	−0.305*** (0.000 0)	1.000	
资产负债率	−0.137*** (0.003 7)	−0.625*** (0.000)	−0.463*** (0.000)	−0.042 (0.374 4)	1.000

资料来源：WIND 数据库。

从实体企业的相关性分析表中可以看到，总资产变量与流动资产/总资产、总资产净利率、产权比率和资产负债率在 1％ 的显著性水平上存在着线性的相关性，流动资产/总资产与总资产净利率和产权比率分别在 1％ 和 5％ 的显著性水平上存在着线性相关关系，总资产净利率与产权比率、资产负债率和固定资产增长率以及产权比率与资产负债率这几对变量之间也在 1％ 的显著性水平上存在一定的相关关系，然而这些变量之间的相关性系数也都低于 0.8，即模型中变量间的共线性问题并不严重，其相关程度也是在可以承受的范围之内。

表 8.7　企业控制变量间的相关性分析

	总资产	流动资产/总资产	总资产净利率 *ROA*	产权比率	净利润增长率	资产负债率	固定资产增长率
总资产	1.000						
流动资产/总资产	−0.114*** (0.000)	1.000					

续表

	总资产	流动资产/总资产	总资产净利率 ROA	产权比率	净利润增长率	资产负债率	固定资产增长率
总资产净利率 ROA	−0.140*** (0.000)	0.130*** (0.000)	1.000				
产权比率	0.207*** (0.000)	0.102** (0.036)	−0.360*** (0.000)	1.000			
净利润增长率	0.093*** (0.000 2)	−0.146*** (0.988)	−0.039 (0.108 9)	0.018 (0.458 9)	1.000		
资产负债率	0.176*** (0.000)	−0.029 (0.232 4)	−0.309*** (0.000)	0.806*** (0.000)	0.027 (0.271)	1.000	
固定资产增长率	−0.056** (0.024 5)	0.036 (0.147 6)	0.039 (0.117 4)	0.030 (0.227 6)	−0.002 (0.927 2)	0.036 (0.149 3)	1.000

资料来源:WIND 数据库。

第四节　期货和衍生品对实体企业价值提升的实证分析

一、期货和衍生品对实体企业促进效应多元回归实证

在该部分的模型中以实体企业的托宾 Q 值为被解释变量,以衍生品的规模变量 EOB 作为解释变量,以总资产、流动资产/总资产、总资产净利率、产权比率、净利润增长率、资产负债率和固定资产增长率为控制变量进行多元回归分析。如果回归结果中规模变量 EOB 的系数为正且显著,就表示企业使用期货和衍生品能够显著提升企业的价值,反之则不能。回归的结果如表 8.8 所示。

表 8.8　上证 180 多元回归

Model2	
	托宾 Q(Y)
衍生金融资产 EOB（亿元）	0.000 2 (0.53)
$constant$	1.029 4 *** (17.96)
总资产 $\ln X_1$（亿元）	−0.021 5 *** (−3.89)
流动资产/总资产 X_2	−0.000 1 (−0.53)
总资产净利率 $ROA\ X_3$	0.004 5 ** (2.42)
产权比率 X_4	0.008 8 (0.85)
净利润增长率 X_5	−0.000 01 (−0.99)
资产负债率 X_6	−0.009 0 *** (−9.18)
固定资产增长率 X_7	−0.027 0 (−1.02)
时间固定效应	Yes
银行规模固定效应	Yes
观测值数量 N	126
公司数量	132
adj.R^2	0.836

注：括号内为 t 值，* $p<0.1$，** $p<0.05$，*** $p<0.01$。

从上述模型回归结果中的拟合度结果可以看到，模型的调整 R^2 为 0.836，说明模型拟合得较好。其中，总资产和资产负债率的系数分别为

—0.021 5、—0.009 0,且在 1% 的显著性水平上显著,说明本模型中的总资产和资产负债率的提高可能会降低企业的价值;流动资产/总资产和产权比率的系数分别为—0.000 1、0.008 8,但并不显著,说明流动资产/总资产的提高可能会降低企业的价值,产权比率的提高可能会提升企业的价值;总资产净利率的系数为 0.004 5,且在 5% 的显著性水平上显著,说明本模型中的总资产净利率的提高可能会提升银行的价值,这与预期符合;净利润增长率和固定资产增长率的系数分别为—0.000 01、—0.027,但并不显著,说明本模型中的净利润增长率和固定资产增长率的提高可能会降低企业的价值,但作用并不明显。

而本章的解释变量 EOB,即衍生品的规模变量的系数为 0.000 2,系数虽然为正,但并不显著,说明银行可以通过使用衍生品进行风险管理来达到降低税收、降低财务困境和融资成本以及增加投资机会等目的,从而提高银行自身的价值,但作用并不明显,因此,本章拒绝假设一,后续需要继续进行稳健性检验验证假设一。

二、Heckman 模型分析

期货和衍生品对实体企业(上证 180 成分股公司,去除金融业和 ST 企业)价值影响研究的 Heckman 模型的回归结果如表 8.9 所示。

在该部分的模型中以实体企业的托宾 Q 值为被解释变量,以衍生品的规模变量 EOB 作为解释变量,以总资产、流动资产/总资产、总资产净利率、产权比率、净利润增长率、资产负债率和固定资产增长率为控制变量,并通过加入二进制 D 变量计算逆米尔斯比率排除选择性偏差进行 Heckman 模型分析,当企业使用衍生品时 D 变量取值为 1,否则为 0,且当回归结果中逆米尔斯比率 $lambda$ 值不为零且显著时,说明存在选择性偏差,使用

表8.9 实体企业的 Heckman 模型回归结果

	Heckman Model2	
	第一阶段	第二阶段
	衍生品使用 D	托宾 Q(Y)
衍生金融资产 EOB(亿元)		0.001 6** (3.48)
时间控制变量 H	5.689 8*** (15.97)	
总资产 $\ln X_1$(亿元)	0.250 1*** (6.76)	−0.037 1*** (−2.69)
流动资产/总资产 X_2		−0.000 9** (−2.29)
总资产净利率 ROA X_3		0.015 6*** (6.13)
产权比率 X_4	−0.363 3** (−4.10)	
净利润同比增长率 X_5	−0.000 01 (−0.68)	−0.000 01** (−2.25)
资产负债率 X_6	0.032 5*** (4.41)	
固定资产增长率 X_7		−0.114 6*** (−2.95)
lambda 比率	0.135 6** (2.36)	
时间固定效应	Yes	
公司规模固定效应	Yes	
观测值数量	1 642	
公司数量	132	

注:括号内为 t 值,* p<0.1,** p<0.05,*** p<0.01。

Heckman 模型是适合的。最后,如果回归结果中衍生品使用量的变量系数为正且显著时,就表示企业使用期货和衍生品对企业的价值有显著的提升作用,反之则没有。

根据建立的模型的回归结果可以看出 *lambda* 的值为 0.135 6,系数不为零且在 5% 的显著性水平上显著,说明样本数据存在选择性偏差,使用 Heckman 模型分析期货和衍生品对企业价值的影响是合适的。其中,总资产和流动资产/总资产的系数分别为 −0.037 1、−0.000 9,说明本模型中的总资产和流动资产/总资产的提高可能会降低企业的价值;变量 X_3 的系数为 0.015 6,并且在 1% 的显著性水平上显著(X_3 表示总资产净利率),说明总资产净利率的提高可能对企业的价值的提高有积极作用;净利润增长率的系数为 −0.000 01,且在 5% 的水平上显著,说明净利润增长率的提高可能会降低企业的价值;而变量 X_7 的系数为 −0.114 6,并且在 10% 的显著性水平上显著(X_7 表示固定资产增长率),说明固定资产增长率的提高可能对企业的价值的提升有负面作用。

最后,衍生品使用量 EOB 的系数为 0.001 6,且在 5% 的显著性水平上显著,说明企业使用衍生品对提高企业自身的价值是有效的,企业运用衍生品在一定程度上有效地规避或分散了所面临的风险。因此,本章不能拒绝假设二。

第五节　期货和衍生品对银行业
价值提升的实证分析

一、期货和衍生品对银行业多元回归实证分析

在该部分的模型中以银行的托宾 Q 值为被解释变量,以衍生品的规模

变量 EOB 作为解释变量，以总资产、资本充足率、存贷款比例、总资产净利率和资产负债率为控制变量进行多元回归分析。如果回归结果中规模变量 EOB 的系数为正且显著，就表示银行使用期货和衍生品能够显著提升银行的价值，反之则不能。回归的结果如表 8.10 所示。

表 8.10　SW 银行多元回归

Model1	
	托宾 Q(Y)
衍生金融资产 EOB（亿元）	0.000 01** (2.53)
时间控制变量 H	0.013 8*** (10.22)
constant	0.509 1*** (9.63)
总资产 $\ln X_1$（亿元）	$-$0.000 2 ($-$0.64)
资本充足率 X_2	0.000 7** (2.49)
存贷款比例 X_3	0.000 1*** (2.81)
总资产净利率 $ROA(X_4)$	0.000 6 (0.33)
资产负债率 X_5	$-$0.005 0*** ($-$9.49)
时间固定效应	Yes
银行规模固定效应	Yes
观测值数量 N	296
银行数量	36
adj.R^2	0.677

注：括号内为 t 值，* $p<0.1$，** $p<0.05$，*** $p<0.01$。

从表 8.10 的结果可以看到，模型的调整后的 R^2 为 0.677，说明模型的拟合度较好。再看模型中的自变量系数值，控制变量 $\ln X_1$ 的系数为 $-0.000\,2$，但并不显著（$\ln X_1$ 表示总资产对数），说明本模型中的总资产的提高可能会降低银行的价值，但效果并不明显；控制变量 X_2、X_3 的系数分别为 $0.000\,7$、$0.000\,1$，并且分别在 5％和 1％的显著性水平上显著（X_2、X_3 分别表示资本充足率、存贷款比例），说明资本充足率和存贷款比例的提高可能会提升银行的价值；控制变量 X_4 的系数为 $0.000\,6$，但并不显著（X_4 表示总资产净利率），说明本模型中的总资产净利率的提高可能会提升银行的价值，但效果并不明显，这与预期符合；控制变量 X_5 的系数为 $-0.005\,0$，而且在 1％的显著性水平上显著（X_5 表示资产负债率），说明资产负债率的提高可能会降低银行的价值；时间控制变量 H 的系数为 $0.013\,8$，而且在 1％的显著性水平上显著，说明衍生品的出现对使用衍生品的银行的价值可能是有益的。

而本章的自变量使用的是银行使用的衍生品的量，用 EOB 表示，其系数为 0.000 01，并且在 1％的显著性水平上显著，说明使用衍生品对银行提高自身的价值是有效的，银行可以通过运用衍生品来达到规避或分散风险的目的。因此，本章不能拒绝假设一。

二、Heckman 模型分析

模型的回归结果如表 8.11 所示。

在该部分的模型中以银行的托宾 Q 值为被解释变量，以衍生品的规模变量 EOB 作为解释变量，以总资产、资本充足率、存贷款比例、总资产净利率和资产负债率为控制变量，并通过加入二进制 D 变量计算逆米尔斯比率排除选择性偏差进行 Heckman 模型分析，当银行使用衍生品时 D 变量取

表 8.11　银行价值影响效果的 Heckman 模型

	Heckman Model3	
	第一阶段	第二阶段
	衍生品使用 D	托宾 $Q(Y)$
衍生金融资产 EOB（亿元）		0.000 01 *** (3.47)
时间控制变量 H	1.384 2 *** (5.22)	0.018 3 *** (9.36)
constant	−13.941 1 (−1.34)	−0.006 7 (−0.76)
总资产 $\ln X_1$（亿元）	0.706 4 *** (9.28)	0.000 4 (0.52)
资本充足率 X_2	−0.201 0 *** (−2.78)	0.001 8 *** (5.66)
存贷款比例 X_3	0.020 9 ** (1.99)	0.000 4 *** (8.88)
总资产净利率 $ROA(X_4)$	−1.094 4 ** (−2.53)	0.000 3 (0.10)
资产负债率 X_5	0.100 9 (0.98)	
lambda 比率	0.007 5 *** (2.84)	
时间固定效应	Yes	
银行规模固定效应	Yes	
观测值数量	424	
银行数量	36	

注：括号内为 t 值，* $p<0.1$，** $p<0.05$，*** $p<0.01$。

值为 1，否则为 0，且当回归结果中逆米尔斯比率 *lambda* 值不为零且显著时，说明存在选择性偏差，使用 Heckman 模型是适合的。最后，如果回归结果中衍生品使用量的变量系数为正且显著时，就表示银行使用期货和衍生品对银行的价值有显著的提升作用，反之则没有。

根据建立的模型的回归结果可以看出 *lambda* 的值为 0.007 5，系数不为零且在 5% 的显著性水平上显著，说明样本数据存在选择性偏差，使用 Heckman 模型分析期货和衍生品对银行价值的影响是合适的。其中，总资产和总资产净利率的系数分别为 0.000 4、0.000 3，但并不显著，说明本模型中的总资产和总资产净利率的提高可能会提高银行的价值，但作用并不明显；资本充足率和存贷款比例的系数分别为 0.001 8、0.000 4，并且在 1% 的显著性水平上显著，说明资本充足率和存贷款比例的提高可能会提升银行的价值；时间控制变量 H 的系数为 0.018 3，而且在 1% 的显著性水平上显著，说明衍生品的出现可能会对使用衍生品的银行的价值提升有积极作用。

最后，本章的解释变量 EOB，即衍生品的规模变量的系数为 0.000 01，且在 1% 的显著性水平上显著，说明银行可以通过使用衍生品进行风险管理来达到降低税收、降低财务困境和融资成本以及增加投资机会等目的，从而提高银行自身的价值，因此，本章不能拒绝假设一。

三、实体企业和银行业比较效应检验

结合银行和实体企业分析模型的回归结果，将其统计到如下表格中：

表 8.12　衍生品运用实证结果统计

变　量	多元回归分析	Heckman 模型	lambda 值
衍生品规模变量 EOB（SW 银行）	0.000 01 ** (2.53)	0.000 01 *** (3.47)	0.007 5 *** (2.84)
衍生品规模变量 EOB（上证 180）	0.000 2 (0.53)	0.001 6 ** (3.48)	0.135 6 ** (2.36)

注：括号内为 t 值，* $p<0.1$，** $p<0.05$，*** $p<0.01$。

从统计结果可以看到，在多元回归分析中，银行衍生品变量 EOB 的系数为 0.000 01，且在 5% 的显著性水平上显著，而企业衍生品变量 EOB 的系数值为 0.000 2，虽然大于银行衍生品变量的系数值，但并不显著，因此不能拒绝原假设，即衍生品运用对银行的价值影响更大；而在 Heckman 模型中，两者的 $lambda$ 值显著不为零，说明存在选择性误差，使用该模型是合适的，而其结果两者的衍生品变量 EOB 的系数值都显著大于零，但银行的 EOB 系数值小于企业的 EOB 系数值，这可能是由于银行使用的衍生品规模远大于企业，而我国银行使用衍生品进行风险管理时间还短，还无法有效发挥其作用。

第六节　实证结论及政策建议

一、实证结果分析及结论

（一）实证分析结果

从前面的实证结果分析，首先通过两阶段选择模型（Heckman 模型）对公司价值和银行贷款余额在使用和不使用金融衍生品的决策下的影响因素进行分析研究，排除选择性误差的影响，获得使用期货和衍生品和不使用期货和金融衍生品两种情况下相关自变量对公司价值和银行贷款余额的影响，结果表明使用期货和金融衍生品在一定程度上对公司价值和银行贷款额有正的促进作用。

（二）期货和金融衍生品对我国企业价值影响的因素分析

2008 年金融危机席卷全球，对各国乃至世界经济带来了重大的影响，我国在外贸出口和金融领域也受到了巨大的影响。随着布雷顿森林体系的瓦解,国际经济形势发生了剧烈变化,浮动汇率制的出现逐渐取代了固定汇率制,为了应对由此产生的影响,金融自由化政策在各国兴起。在此背景下,金融衍生品也应运而生。金融衍生品市场在市场经济的发展运行过程中有着不可替代的作用,因为金融衍生品市场有其特殊的经济功能,在管理风险、促进经济的健康运行等方面有着重要作用。

期货市场具有高度的组织化特征,实行集中交易,公开竞价,公平竞争,这些特征吸引了大量的交易者参与金融期货的交易,从而形成了一个跨区域的国际性大市场;金融期货的价格发现与风险管理功能在市场经济的运行过程中起到了稳定经济的功能,并在一定程度上对现货市场进行了补充与完善,对市场经济体系的健康发展起到了重要的稳定与促进作用;另外,金融期货交易在一定程度上提高了市场效率,有效降低了交易成本促进了社会资源的有效利用。而大多数期权、远期和互换是非标准化的衍生产品,并且是在场外进行交易,但是同样各自具备独特的风险分散和对冲的功能和作用,与期货一同在一定程度上提高了市场效率,有效降低了交易成本,促进了社会资源的有效利用。

期货和衍生品变量在回归中有正的系数,说明金融衍生品给银行和非金融公司带来了相应的风险管理上的优势;使得银行派发更多贷款,进而带来更多的投资机会和消费,有效促进经济的增长;使公司获得更大的价值及资产,公司随即会追求更多投资机会,增加投资,扩大公司规模,促进经济的增长。

总之,期货和衍生品是一个有效的风险管理工具,通过促进银行贷款的增加和公司价值的增加,使得银行与公司扩大经营规模,进而促进经济的增长,对我国经济的增长做出相应的贡献。

二、政策建议

期货与衍生品市场是金融市场成熟化的重要标志,其发展对我国金融体系稳定与资源配置优化具有战略意义。本章结合实证结论,提出以下建议。

(一) 借鉴国际成熟市场发展经验

国际金融期货市场自 1972 年芝加哥商品交易所推出外汇期货以来,已形成完整的发展体系:1975 年推出政府抵押协会凭证期货,1980 年纽约金融期货交易所成立,伦敦、多伦多等国际金融中心相继跟进。我国可吸收其制度设计与风险防控经验,探索具有中国特色的衍生品市场发展路径。

(二) 深化对外开放,推动市场国际化对接

我国应坚持对外开放战略,通过金融市场开放与创新,实现经济增长与国际金融地位提升。重点举措包括:引入国际成熟衍生品品种,丰富本土市场产品体系;吸引境外投资者参与,提升市场流动性与定价影响力;借鉴国际监管规则,构建与全球市场兼容的制度框架。

(三) 创新期货品种,强化风险管理功能

金融自由化背景下,汇率、利率波动加剧催生风险对冲需求。期货与衍生品的核心逻辑在于通过"现货—期货反向头寸"实现风险对冲:金融期货通过标准化集中交易,将价格波动风险控制在可承受范围;场外衍生品则以灵活合约设计满足个性化风险管理需求。建议聚焦汇率、利率、股价等核心风险领域,加快创新期货品种。

(四) 依托《期货和衍生品法》释放市场活力

该法律首次将场外衍生品纳入立法框架,通过三大机制赋能市场:

制度创新:确立品种上市注册制,提升创新效率;主体扩容:鼓励国有企业等参与,拓展期货公司业务边界;跨境协同:为"引进来"与"走出去"提供法律保障,助力我国构建全球商品价格中心。

加强法律宣传,引导专精特新企业、创新型实体企业运用衍生品实现价值增值,切实落实党中央对现代经济体系高质量发展的战略部署。

下篇

新时代中国期货
市场发展展望

第九章
中国期货市场发展的特点与启示

　　中国期货市场百年发展历程,是一部从萌芽、探索到规范、创新的历史,积累了丰富的经验,提供了深刻的启示。在新的历史起点上,应总结历史经验,把握发展规律,坚持服务实体经济、平衡创新与监管、循序渐进推进国际化等原则,推动期货市场高质量发展,为中国经济社会发展做出更大贡献。

第一节　中国期货市场发展的特色

一、政府主导的渐进式发展模式

　　中国期货市场发展始终在政府主导下推进,从晚清时期政府对交易所的初步规范,到北洋政府颁布《物品交易所条例》,再到新中国成立后两次大规模清理整顿,政府通过政策法规引导市场发展方向。这种模式使期货市场在短期内实现从无到有、从乱到治的跨越,避免了完全市场化可能带来的无序竞争和系统性风险。例如,1993 年和 1998 年的两次清理整顿,政府以行政手段压缩交易所数量、规范交易品种,迅速遏制市场乱象,为市场健康发展创造了条件。同时,政府根据经济发展阶段和市场需求,逐步放开期货市场,从商品期货到金融期货,从国内市场到国际化布局,呈现出明显的渐进性特征。

二、与实体经济紧密结合的发展路径

中国期货市场从诞生之初就与实体经济紧密相连,以服务实体经济为根本宗旨。在商品期货领域,围绕农产品、金属、能源化工等实体经济重要领域开发品种,如郑州商品交易所的棉花期货、大连商品交易所的大豆期货等,为相关产业链企业提供价格发现和风险管理工具。"保险＋期货"模式的推广,将期货市场价格发现功能与保险产品风险转移功能结合,截至2023年已覆盖28个省份,保障农户超120万户,成为金融服务乡村振兴的重要抓手。在金融期货领域,沪深300股指期货的推出,有效降低股票市场系统性风险,2022年套保效率达89％,服务于资本市场稳定和实体经济融资需求。这种与实体经济深度融合的特色,使期货市场成为中国经济体系的重要组成部分。

三、从商品期货到金融期货的梯度发展

中国期货市场遵循从商品期货到金融期货的梯度发展路径,先发展商品期货积累经验,再适时推出金融期货。20世纪90年代初,首先在农产品领域试点商品期货,如郑州粮食批发市场引入期货机制,随后逐步拓展到金属、能源化工等领域。2006年中国金融期货交易所成立,2010年推出沪深300股指期货,标志着金融期货时代的开启,之后陆续推出国债期货等品种。这种发展顺序符合中国金融市场改革的整体节奏,避免了金融期货过早推出可能带来的风险,同时利用商品期货发展积累的监管经验和市场基础,为金融期货的平稳运行创造条件。与国际上一些国家先发展金融期货

的路径不同,中国的梯度发展模式更适合国情,降低了市场风险。

四、与国家战略深度融合的发展导向

中国期货市场发展与国家战略紧密结合,成为国家战略实施的重要支撑。在"双碳"目标下,2021 年广州期货交易所成立,聚焦绿色发展主题,2023 年推出碳排放权期货模拟交易,引导资源向低碳领域配置,上海期货交易所的低硫燃料油期货、大连商品交易所的棕榈油期货等绿色相关品种成交量年均增长超 20%。在"一带一路"倡议下,期货市场国际化步伐加快,2018 年推出的原油期货引入境外交易者,2023 年其交割仓库延伸至新加坡、富查伊拉等国际枢纽港口,人民币计价的原油期货价格成为中东原油现货贸易的重要参考,郑州商品交易所的 PTA 期货、大连商品交易所的铁矿石期货等品种也逐步实现国际化,服务沿线产业链企业。这种与国家战略深度融合的特色,提升了期货市场在国家经济发展中的战略地位。

五、监管体系的集中统一与制度创新

中国期货市场建立了集中统一的三级监管体系,包括政府监管、交易所一线监管和行业自律,形成权责清晰、协同高效的监管框架。1998 年将证券委与证监会合并,明确证监会为全国期货市场主管部门,实现监管权力统一。交易所强化一线监管职能,如实时监控交易活动、完善风险控制制度等。中国期货业协会发挥行业自律作用,制定行业规范、开展从业人员培训。同时,不断进行制度创新,如引入净资本监管体系、建立期货保证金监控中心,实现客户资金"一户一码"监管,有效杜绝期货公司挪用保证金问题。这种集中统一的监管体系和制度创新,保障了期货市场的规范运行和风险防控,与国际监管标准逐步接轨。

第二节　期货市场对中国经济社会发展的促进作用

一、服务实体经济,助力产业升级

期货市场通过价格发现功能,为实体经济提供准确的价格信号,引导资源优化配置。以农产品为例,郑州商品交易所的棉花期货价格成为国内棉花现货交易的重要参考,帮助棉农和纺织企业合理安排生产经营活动。2022年碳酸锂期货上市首年成交量突破1.2亿手,为新能源产业提供关键风险管理工具,助力产业扩张。在工业领域,上海期货交易所的铜期货价格影响全球铜价,为铜相关企业提供定价依据和风险对冲手段。期货市场还促进产业整合,如"保险＋期货"模式推动农业规模化经营,2023年该模式覆盖18个品种,累计赔付金额达87亿元,提高农业抗风险能力,推动农业现代化进程。对于制造业,期货市场帮助企业锁定原材料成本,稳定生产经营,如钢铁企业通过螺纹钢期货对冲价格波动风险,保障利润稳定,助力制造业转型升级。

二、完善金融体系,增强市场稳定性

期货市场是现代金融体系的重要组成部分,丰富了金融市场产品体系,与股票、债券等市场形成互补关系。2010年沪深300股指期货推出后,投资者可通过套期保值降低股票市场系统性风险,2022年其套保效率达89％,有效平抑股市波动。国债期货的发展为商业银行提供利率风险管理工具,2023年国债期货成交量达2.8亿手,提升了金融体系应对利率波动的能力。期货市场的保证金交易和杠杆机制,提高了资金使用效率,增强了金

融市场流动性。同时,期货市场与现货市场的良性互动,促进金融市场价格
发现功能的完善,推动整个金融体系效率的提升。例如,外汇期货的筹备和
人民币对美元期权交易的开展,为外汇市场提供风险管理工具,助力汇率市
场化改革。

三、提升国际定价权,推动人民币国际化

中国期货市场在部分大宗商品领域逐步掌握定价话语权,改变"中国买
什么,国际市场涨什么"的被动局面。2018 年上海国际能源交易中心推出
人民币计价的原油期货后,2023 年日均成交量达 120 万手,人民币结算比
例超过 40%,成为中东原油现货贸易的重要参考,削弱了美元定价的垄断
地位。大连商品交易所的铁矿石期货、郑州商品交易所的 PTA 期货等品种
的国际化,吸引境外投资者参与,提升了中国在相关产业链的定价影响力。
期货市场的国际化发展推动人民币在跨境贸易和投资中的使用,如原油期
货以人民币计价和结算,扩大人民币在国际能源市场的应用场景,助力人民
币国际化进程。同时,期货市场为国内企业参与国际竞争提供风险管理工
具,如中国企业通过境内外期货市场进行跨市场风险管理,2022 年参与境
外期货套保的资金规模同比增长 43%,增强企业国际竞争力。

四、促进市场机制完善,优化资源配置

期货市场的运行机制推动市场价格形成的市场化和透明化,倒逼现货
市场规范发展。期货交易的集中竞价和信息披露制度,使价格能够充分反
映市场供求关系和未来预期,为现货市场提供定价基准。例如,农产品期货
价格引导农民调整种植结构,工业期货价格引导企业调整生产规模,提高资
源配置效率。期货市场的风险管理功能还吸引更多长期资金进入实体经

济,如机构投资者通过期货市场对冲风险,更愿意投资于长期产业项目。此外,期货市场的发展推动相关法律法规和监管制度的完善,如 2022 年《期货和衍生品法》的实施,首次在法律层面明确期货交易定义,将衍生品交易纳入统一监管框架,促进市场秩序规范,为市场经济体制的完善提供制度保障。

五、推动金融创新,培育专业人才

期货市场的发展推动金融创新,衍生出多种金融产品和服务模式。除传统的期货合约外,期权产品不断推出,如豆粕期权、白糖期权等,丰富了投资者的风险管理工具和投资策略。期货公司从单纯的经纪业务向资产管理、投资咨询等多元化业务转型,创新服务模式,如为实体企业提供定制化套保方案、开展跨境衍生品业务等。金融科技在期货市场的应用也不断深化,如高频交易、智能投顾等,提升市场运行效率。同时,期货市场的发展培育了大批专业人才,包括交易员、分析师、风险管理人员等,这些人才具备扎实的金融知识和丰富的实践经验,为中国金融市场的发展提供人才支撑,推动了金融教育和研究的发展,促进金融学科建设和理论创新。

第三节 中国期货市场发展的历史经验与启示

一、坚持服务实体经济的根本宗旨

中国期货市场发展的历史经验表明,必须始终坚持服务实体经济的根本宗旨,才能实现可持续发展。从晚清时期期货萌芽服务于民族工商业,到改革开放后期货市场为企业提供风险管理工具,再到"双碳"和"一带一路"

倡议下期货市场助力国家经济转型,凡是期货市场功能发挥较好的时期,都是与实体经济紧密结合的时期。反之,若脱离实体经济需求,过度投机则会引发市场危机,如1921年的"信交风潮"和20世纪90年代初期的市场乱象。未来发展中,应继续围绕实体经济需求开发期货品种,创新服务模式,如深化"保险＋期货"模式、发展绿色期货等,使期货市场真正成为实体经济的"稳定器"和"助推器"。

二、平衡创新与监管的关系

期货市场发展需要在创新与监管之间寻求平衡。中国期货市场在两次清理整顿中,通过加强监管遏制了市场乱象,为创新创造了条件;在稳步推进阶段,通过制度创新如推出金融期货、试点保税交割等,推动了期货市场发展。历史经验表明,创新是期货市场发展的动力,监管是市场稳定的保障,两者缺一不可。例如,"327国债事件"暴露了监管滞后于创新的问题,促使监管制度完善;而监管过度又会抑制市场活力。未来应建立动态监管机制,根据市场发展情况及时调整监管政策,鼓励基于实体经济需求的创新,同时加强风险防控,防范系统性风险,实现创新与监管的良性互动。

三、循序渐进推进期货市场国际化

中国期货市场国际化经历了从境外期货套保到引入境外投资者、开展跨境业务的渐进过程,积累了宝贵的经验。20世纪70年代利用国际期货市场进行套期保值,2000年后逐步推动期货品种国际化,如原油期货引入境外交易者,2023年境外投资者在原油期货中的持仓占比达12％。历史启示我们,期货市场国际化应与国家经济实力和金融市场发展阶段相适应,分步骤、分阶段推进。要先完善国内市场基础,提升市场深度和流动性,再逐步扩大对外开放；要注重与国际规则接轨，同时保持中国特色，如人民币计价的原油期货既符合国际惯例，又体现中国特色。未来应进一步优化国际化路径，如拓展跨境衍生品业务、加强国际监管合作，提升中国期货市场的国际影响力和定价话语权。

四、加强法律法规和制度建设

健全的法律法规和制度是期货市场健康发展的保障。中国期货市场从早期缺乏统一法规到2022年《期货和衍生品法》的实施，逐步建立起较为完善的法律体系，历史经验表明，制度建设滞后会导致市场混乱，如20世纪90年代初期因法规缺失引发的风险事件。未来应继续完善法律法规，如细化衍生品监管规则、加强投资者保护等；同时，要强化制度执行，提高监管效率，避免制度流于形式。要借鉴国际先进经验，结合中国实际，构建符合现代金融市场发展要求的制度体系，为期货市场的长期稳定发展提供坚实的制度保障。

五、培育多元化的市场参与者结构

中国期货市场发展初期以散户为主，机构投资者占比低，导致市场投机性强、稳定性差。经过多年发展，机构投资者占比逐步提升，2023年AA类期货公司数量从2012年的16家增至25家，行业集中度CR10从32％提升至41％，但机构投资者占比仍仅23％，中小企业套保参与率不足15％。历史经验表明，多元化的市场参与者结构是期货市场功能有效发挥的基础，应大力培育机构投资者，如鼓励社保基金、养老金等长期资金参与期货市场，引导产业客户利用期货进行风险管理；同时，加强投资者教育，提高中小投资者的风险意识和专业水平，形成理性投资的市场氛围，提升市场运行效率和稳定性。

六、注重期货市场与其他金融市场的协同发展

期货市场与股票、债券、外汇等金融市场相互关联、相互影响，中国期货市场发展过程中，注重与其他金融市场的协同，如沪深 300 股指期货与股票市场的互动、国债期货与债券市场的联动等，提升了金融体系的整体运作效率。历史启示我们，应进一步加强期货市场与其他金融市场的协同发展，如推动期货市场与现货市场的价格联动、促进衍生品市场与基础金融市场的协调发展等，构建多层次、多元化的金融市场体系。同时，要防范跨市场风险传导，建立跨市场监管协调机制，维护金融体系稳定。

第十章
金融期货市场在社会主义现代经济体系中的作用

——基于中国金融期货指标的分析

在金融市场深化改革与经济高质量发展的背景下，金融期货作为现代金融体系的重要工具，其服务实体经济、优化资源配置的功能愈发关键。本章基于金融市场功能、风险管理及全球化理论，构建涵盖服务实体经济、市场表现与国际化水平的三级指标体系，通过熵权法客观赋权，结合沪深300股指期货、国债期货等实证数据，系统分析我国金融期货市场在价格发现、风险对冲及国际竞争中的表现。研究既剖析期现货价格联动、套保效率等核心指标，也对比全球金融期货市场格局，揭示我国市场在成交量国际占比、机构参与度等方面的发展现状与挑战，为健全金融期货市场服务社会主义现代经济体系提供理论与实践参考。

第一节 期货市场在经济体系中作用的研究综述

期货市场作为现代经济体系的重要组成部分，其在服务实体经济中的作用日益受到关注。党的十九大强调金融要服务实体经济,期货市场凭借价格发现和风险管理等核心功能,成为提升经济金融体系风险承受能力的关键。当前,国内外学者围绕期货市场与经济增长的关系、对冲有效性、信息传递模式等展开了丰富研究。本章将对期货市场在经济体系中作用的相关研究进行综述,梳理国内外研究成果,为我国期货市场进一步服务实体经济提供理论参考。

党的十九大报告强调金融要服务实体经济,期货市场作为资本市场重要组成部分,其核心功能是价格发现和风险管理,能提升经济金融体系风险承受能力。当前我国已推出沪深 300、上证 50、中证 500 股指期货和 5 年期、10 年期国债期货,但股指期权、外汇期货等工具空白,国债期货品种缺乏,需推动股指期权、ETF 期权、外汇期货研究上市,上线其他期限国债期货,以建立长中短期产品体系,通过创新工具、培育市场、完善机制增强服务实体经济能力(郭远爱,2018)。

从定价功能角度,沪深 300 股指期货自 2010 年上市后运行规范平稳,成交活跃,期现货拟合度超 99.9%,2013 年机构持仓占比已近 30%,有效降低股市波动率 19%;2013 年上市的 5 年期国债期货成交活跃,基差 0.22元接近国际水平,提升了国债市场定价效率。下一步我国应通过产品引领、技术先行、服务提升、国际发展、人才保障五大战略,建设全球人民币资产风险管理中心(张慎峰,2014)。

党的十九大提出健全货币政策和宏观审慎政策双支柱调控框架,境外经验表明金融期货市场可通过提供价格与预警信号、健全国债收益率曲线、发挥风险管理功能提升双支柱政策效果。完善金融期货产品体系,推动商业银行等机构参与,有助于加强风险防控,夯实金融风险管理基础(郑凌云等,2018)。

Şendeniz-Yüncü 等(2018)运用时间序列方法，对 32 个发达国家和发展中国家的股指期货市场发展与经济增长的关系进行了研究，证明了股指期货与实体经济之间存在关系。Kaur 等(2018)使用 NIFTY50 指数期货及其17 种综合股票期货来估计印度股票期货市场的对冲有效性，证实固定套期比动态套期更有效。Yarovaya 等(2016)利用股票指数和股票指数期货，对亚洲、美洲、欧洲和非洲 10 个发达市场和 11 个新兴市场的内部和区域间信息传递模式提供了实证证据，其结果证明期货数据提供了更有效的信息传递渠道，能够快速地反馈市场变化。同样，国外学者对利率期货也做了相当多的研究。Smales(2013)调查了澳大利亚利率期货在重大宏观经济公告发布前后的行为，调查显示利率期货对新信息的调整很快，尤其是在 2007—2008 年金融危机前后的调整更为剧烈。Young 等(2004)研究了东京证券交易所(TSE)交易的日本 10 年期日本国债期货合约对不同期限和信用品质的日本债券组合进行套期保值的有效性。结果表明，该期货合约确实提供了良好的对冲，特别是对那些最接近 10 年期合约的债券条款。

第二节　金融期货在社会主义现代经济体系中的作用指标体系构建

在社会主义现代经济体系中，金融期货的作用愈发关键。其依托金融市场功能、风险管理及金融全球化等理论，对资源配置、风险对冲和市场稳定意义重大。当前，我国金融期货市场在服务实体经济、提升市场表现和推进国际化等方面持续发展，但仍需科学构建作用指标体系以准确衡量其效能。本小节基于相关理论和现有研究，建立三级指标体系，涵盖服务实体经济、市场表现和国际化水平等维度,旨在为深入分析金融期货在社会主义现代经济体系中的作用提供理论与实践参考。

一、指标构建的理论依据

金融期货在社会主义现代经济体系中作用指标体系的构建,依托金融市场功能理论、风险管理理论及金融全球化理论。

金融市场功能理论强调金融工具对实体经济的服务价值。金融期货通过价格关联引导实体资源配置,现有研究如刘庆富等(2011)通过分析股指期货与现货价格的联动关系,验证期现货价格相关系数对价格发现功能的反映。为此期现货价格相关系数可作为金融期货通过价格联动影响资源配置的依据。风险管理理论中,套期保值是核心应用。现有研究多基于最小方差套期保值方法计算套期保值比率(佟孟华,2011)。套期保值比率体现了金融期货对冲实体企业价格风险的作用。机构投资者参与是另一个服务实体经济的重要体现。机构投资者参与金融期货市场,能够显著降低市场波动,完善市场结构,稳定金融市场(杨阳等,2010)。

金融市场流动性与规模理论,支持市场表现指标。实证证据显示,国内金融期货成交量与价格波动呈现显著相关性(张小勇等,2013)。成交量、成交额等市场流动性指标是对市场活力的反映。流动性不足可能会因为合约到期时交割量大、交割成本差异大等问题造成挤仓,交易活跃度对金融期货功能发挥具有重要作用(何志刚等,2020)。

金融全球化理论推动国际化指标构建。常清(2006)认为,国内期货市场要先本土优势化、做大做强国内市场、优化投资者结构、实现管理体制和法规国际惯例化,才能建成定价中心而非"影子市场"。

根据以上理论,本研究建立金融期货在社会主义现代经济体系中的作用三级指标体系，见表10.1。指标体系主要围绕服务实体经济指标、市场表现指标以及国际化水平指标，包括期现货价格相关系数、套保效率、市场活跃度以及成交量国际占比等。

表 10.1　金融期货在社会主义现代经济体系中的作用指标体系

一级指标	二级指标	三级指标	计算方法	单位	正逆
金融期货在社会主义现代经济体系中的作用指数	服务实体经济	期现货价格相关系数	相关性分析	%	＋
		套期保值效率	（套保前现货收益率方差－套保后期现组合收益率方差）/套保后期现组合收益率方差	%	＋
		机构投资者持仓占比	机构投资者持仓量/总持仓量	%	＋
	市场表现	成交量及成交额规模占比	金融期货成交量（额）/期货成交量（额）	%	＋
		成交量及成交额增速	［成交量（额）－上年成交量（额）］/上年成交量（额）	%	＋、－
		市场活跃度	日均成交量	万手	＋
		持仓量	年末持仓量	万手	＋
	国际化水平	成交量国际占比	我国金融期货成交量/全球金融期货成交量	%	＋

二、指标服务经济发展的具体选择

关于我国金融期货市场在服务实体经济中发挥的作用，主要通过期现货价格相关系数、套期保值效率和机构投资者持仓占比三个指标来说明。

期现货价格相关系数体现了金融期货价格发现的功能，主要通过价格信号释放效应和价格传导机制来实现。价格信号释放效应是指现货市场的价格变化趋势部分可从期货市场价格的涨跌中看出，而价格传导机制是指期现货市场价格的相互影响也会对其他相关市场的价格形成传导效应。价格信号释放效应和价格传导机制有助于市场均衡价格的确定和有效配置市场资源，同时对投资者来说可管控风险，有助于市场稳定。此外，期现货价格的传导机制可使相关产业的生产企业对市场走向有明显的认知，进而合理组织相关产品的生产工作。

期货的另一基本功能就是套期保值。随着对期货市场的研究越来越深入，套期保值理论也经历了阶段性的发展，主要分为幼稚型、选择性、资产组合投资等套期保值理论。幼稚型套期保值理论将套保比率固定为1，即在期货市场和现货市场持有等量反向的头寸，使得期现货市场的损益相互冲销，达到管控风险的目的。选择性套期保值理论期货市场和现货市场的价格波动幅度存在基差，而基差是可用来套利的，该理论认为套期保值并不是为了防范风险，而是进行套利，因此该理论也被称为基差型套保理论。资产组合投资套期保值理论同样认为期货套期保值是为了规避价格波动风险，其将套期保值与资产组合投资理论结合起来，认为投资者会根据自身的风险偏好来调整持有的期货头寸。

通过对套期保值理论的研究从而衍生出套保的效果评估，即套保效率。套期保值效率的计算标准目前研究较多的有两种，分别是基于收益风险水平策略的绩效评价体系和基于风险最小化策略的绩效评价标准。基于收益风险水平策略的绩效评价体系主要围绕三个因素，分别是投资者的风险偏好、风险大小以及收益水平。基于风险最小化策略的绩效评价标准以哈里马科维茨的资产组合理论为理论基础，将套保操作前后的收益率进行比较。由于其操作简单方便且基于收益风险水平策略的绩效评价体系需要考虑无风险收益率的选择，因此本章计算套保效率采用的是基于风险最小化策略的绩效评价标准。

近年来，金融市场机构化的倾向越来越显著，机构化促使金融市场中以传统银行为主要向导的迅速变化，拓展了金融市场的功能，提升了金融市场的效率，同时增强了国家竞争力以及促进经济的可持续发展。机构化趋势背后蕴藏的是羊群效应、反馈效应等行为金融学理论。我国证券市场在发展过程中最鲜明的特点就是投资者结构以散户为主，带有高度的投机性。个人投资者带有明显的投机倾向，往往盲目跟风、追涨杀跌，为了提高我国证券市场的稳定性，国内提出的普遍观点就是大力发展机构投资者，通过其专业的投资理念、理性的投资手段来加强市场的稳定性。而证券市场的稳定性对于实体经济的稳定与发展又是至关重要的。

金融期货市场表现指标的构建主要是基于 SCP 理论、有效市场假说等理论。SCP 理论在 20 世纪 30 年代由梅森教授提出，其认为市场的三大因素：市场结构、市场绩效、市场主体行为相互作用。20 世纪 70 年代，谢勒又进一步发展了该理论，SCP 理论从两段论发展为三段论。分析由行业结构、经营绩效和企业行为所产生的变化就是 SCP 理论所要分析的。决定结构类型的因素很多，主要包括买卖双方企业的数量和规模、产品差异化、市场份额和市场集中度、进入壁垒等。有效市场假说是尤金·法马在 20 世纪 70 年代提出的，它建立在三个理论假设上，首先投资者是理性的，以效用最大化为目标。其次，尽管在某种程度上投资者并不是完全理性的，但由于交易是随机的，因此非理性得以抵消，对价格不产生影响。最后，非理性投资者对价格的影响会随着其受理性投资者的影响而消失。总而言之，价格在有效市场中能充分反映所有信息。并且价格能对新信息做出迅速、准确的反应。有效市场假说将对资本市场价格波动规律的探索向前迈了一大步，具有里程碑式的意义。

金融期货期货市场国际化的理论基础主要包括比较利益理论和三次竞争理论。比较利益理论认为相对于每个国家自给自足来说，国际分工效率更高,各个经济体应相互合作,生产自己具有比较优势的产品,再进行交易,从而使世界更加一体化。比较利益理论同样适用于期货市场。在全球经济一体化背景下,由于现货市场存在国际分工,所以各国及其交易所也需参与世界期货市场的国际分工,从而使其根据自身优势从事具有比较优势的期货合约交易。三次竞争理论是指随着全球工业化进程的推进,依次出现初级资源竞争、产品市场的竞争、金融业的竞争。如今我们已处于金融业竞争阶段。金融市场的重要作用日益显现,金融资本统治产业资本,经济增长需要健全的金融体系来保障。所有国家都在谋发展,目前的制高点就是高级金融产品,因此要加快推动期货市场的国际化进程。

第三节　金融期货市场国际排名及分析

美国期货业协会数据显示,2009 年以来亚洲期货交易量超越北美、欧洲,成为全球最大期货交易地区,但各地区金融期货品种结构与合约表现差异显著。本小节基于 2008—2017 年全球期货交易数据,从地区总体情况、交易品种及合约排名等维度展开分析,揭示全球金融期货市场的格局演变与发展特征,为我国金融期货市场的国际化发展提供参考。

一、各地区期货交易总体情况

根据美国期货业协会 2008—2017 年各地区期货交易量数据可得到图 10.1。2009 年前全球期货市场由北美和欧洲地区占据主导地位,2009 年北美、欧洲、亚洲的期货成交量分别占全球期货成交量的 34.59%、31.43%、22.30%。2009 年亚洲、欧洲超过北美成为全球期货交易量第一、第二的地区,分别占全球期货交易量的 33.54％、30.18％,并且将这一排名延续到 2017 年。具体来看,各地区期货交易量占全球期货交易量的比例一直在变化。亚洲在 2009 年成为全球期货交易量最大地区之后,期货规模继续扩大,2010 年期货成交量国际占比达到 41.23％,之后四年在 38％上下小幅浮动。2015 年期货成交量国际占比达到历史最高水平 42.67％,之后又小幅回落。2017 年亚洲期货成交量为 557 457.35 万手,同比 2016 年下降 20.24％,全球占比为 37.56％。欧洲、北美期货成交量国际占比都在 2008 年达到最高水平,2009 年后欧洲期货成交量国际占比在 26％—30％区间内浮动,北美期货成交量国际占比在 25％—29％区间内浮动。2017 年,欧洲期货成交量为 391 210.05 万手,相对于 2016 年同比下降 5.77％,国际占比达到 26.36％,北美期货成交量为 371 742.57 万手,相对于 2016 年同比增长 2.27％,国际占比达到 25.05％。以巴西为代表的拉美地区期货成交量国际占比较低,但近年来也在逐渐上升。2016 年拉美地区期货成交量相对于 2015 年同比增长 13.91％,国际占比达到 5.38％。2017 年拉美地区期货成交量相对于 2016 年同比增长 24.93％,国际占比达到 7.68％。

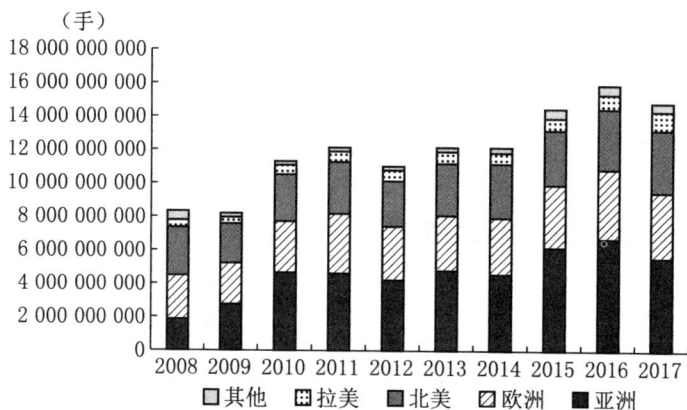

图 10.1　2008—2017 年全球期货交易量

资料来源:根据美国期货业协会数据整理。

表 10.2　2015—2017 年各地区期货成交量及增速

地区	2015 年成交量 （万手）	2016 年成交量 （万手）及增速		2017 年成交量 （万手）及增速	
亚洲	617 755.69	670 259.13	7.83%	557 457.35	−20.24%
欧洲	373 454.79	413 796.69	9.75%	391 210.05	−5.77%
北美	326 721.93	363 290.69	10.07%	371 742.57	2.27%
拉美	73 678.06	85 578.06	13.91%	113 996.14	24.93%
其他	56 209.02	56 284.80	0.13%	49 870.22	−12.86%

资料来源：根据美国期货业协会数据整理。

二、按交易品种排名

目前在国际市场上交易的金融期货主要有利率、股指、外汇和个股等期货品种。从图 10.2 中可看出，自 2008 年起，除了 2009 年和 2016 年股指期货成交量国际占比略微超过利率期货成交量国际占比之外，利率期货占据着金融期货国际市场上的领导地位，并在 2008 年达到成交量国际占比的最

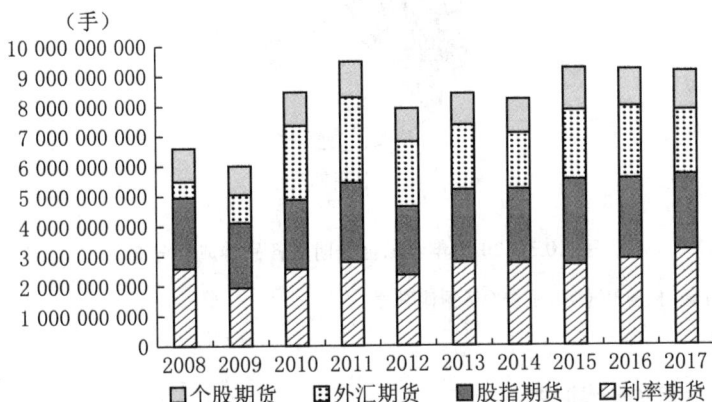

图 10.2　2008—2017 年全球金融期货各品种成交量

资料来源：根据美国期货业协会数据整理。

高水平 39.22％,其余年份在 30％上下变化。股指期货紧随利率期货之后成为金融期货国际市场上交易的第二大品种,其在 2008 年和 2009 年成交量国际占比水平较高,分别为 35.85％和 36.10％,其余年份在 27％—31％之间浮动。外汇期货成交量国际占比在 2008 年和 2009 年较低,分别为 8.16％和 15.82％,但其增长速度快,2010 年外汇期货成交量国际占比已达到 29.19％,之后与股指期货交易量国际占比相差不大。个股期货是金融期货品种里交易量国际占比最小的,且浮动不大,2008 年达到国际占比的最高水平 16.77％,之后一直在 14％上下波动。

具体到 2017 年,利率期货、股指期货、外汇期货以及个股期货的全球交易量分别为 318 361.45 万手、250 398.60 万手、216 324.45 万手、128 428.51 万手,较 2016 年同比增长 10.29％、−6.26％、−10.54％、4.73％,分别占全球金融期货交易量的 35％、27％、24％以及 14％(见图 10.3)。

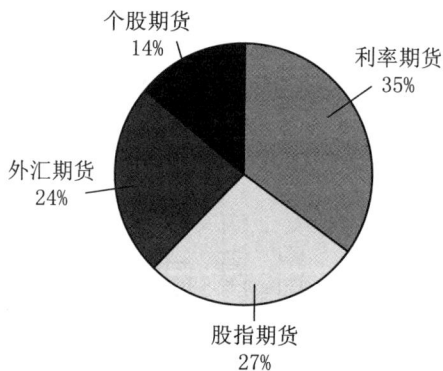

图 10.3　2017 年全球金融期货各品种成交分布

资料来源:根据美国期货业协会数据整理。

三、按交易合约排名

根据美国期货业协会相关数据,本章截取了 2017 年全球股指期货、利率期货以及外汇期货成交量前五名合约。

　　表 10.3 列举了 2017 年全球股指期货成交量排名前 5 位的合约。芝加哥商业交易所的电子迷你标普 500 指数期货以 36 560.16 万手的成交量成为 2017 年全球股指期货成交量第一的合约，虽然与 2016 年相比同比下降了 22.7％，但仍然与排名第二的巴西证券期货交易所的迷你指数期货拉开了巨大的差距。除此之外，排名第三、第四、第五的合约分别是来自欧洲期货交易所的欧洲斯托克 50 指数、日本交易所的日经 225 迷你期货、莫斯科交易所的 RTS 指数期货。其中巴西证券期货交易所的迷你指数期货成交量增速令人惊讶，较 2016 年同比增长了 92.9％。

表 10.3　2017 年全球股指期货成交量排名前 5 位的合约

排名	交易品种及上市交易所	2016 年成交量（万手）	2017 年成交量（万手）	增速（％）
1	电子迷你标普 500 指数期货，芝加哥商业交易所	47 267.87	36 560.16	−22.7％
2	迷你指数期货，巴西证券期货交易所	15 076.30	29 082.76	92.9％
3	欧洲斯托克 50 指数，欧洲期货交易所	37 445.21	28 210.73	−24.7％
4	日经 225 迷你期货，日本交易所	23 394.04	21 951.81	−6.2％
5	RTS 指数期货，莫斯科交易所	20 459.36	13 446.80	−34.3％

资料来源：根据美国期货业协会数据整理。

　　表 10.4 显示，2017 年全球利率期货成交量排名中，芝加哥商业交易所表现出众，它的欧洲美元期货、十年期美国国债期货、五年期美国国债期货分别排名第一、第二、第四，成交量分别为 63 984.72 万手、37 533.84 万手、22 644.11 万手，较 2016 年分别同比下降了 2.3％、同比增长了 7.0％、同比增长了 12.2％。2017 年全球利率期货成交量排名第三的合约是巴西证券

期货交易所的一天期银行间存款期货，成交量为 35 438.60 万手，较 2016 年同比增长 17.1％。排名第五的合约是洲际交易所欧洲期货分所的三个月期英镑利率期货，成交量为 19 884.57 万手，较 2016 年同比增长 29.2％，且是前五名合约中成交量增速最快的。

表 10.4　2017 年全球利率期货成交量排名前 5 名合约

排名	交易品种及上市交易所	2016 年成交量（万手）	2017 年成交量（万手）	增速（％）
1	欧洲美元期货，芝加哥商业交易所	65 494.73	63 984.72	−2.3％
2	十年期美国国债期货，芝加哥期货交易所	35 076.22	37 533.84	7.0％
3	一天期银行间存款期货，巴西证券期货交易所	30 251.82	35 438.60	17.1％
4	五年期美国国债期货，芝加哥期货交易所	20 190.48	22 644.11	12.2％
5	三个月期英镑利率期货，洲际交易所欧洲期货分所	15 394.08	19 884.57	29.2％

资料来源：根据美国期货业协会数据整理。

表 10.5 显示，2017 年全球外汇期货成交量前五名合约主要来自亚洲和拉美地区，其中排名第一的合约是莫斯科交易所的美元/俄罗斯卢布期货，成交量为 59 026.04 万手，虽然与 2016 年相比成交量同比下降了 31.4％，但仍甩开排名第二的印度国家证券交易所的美元/印度卢比期货合约成交量大段距离。排名第三的合约同样是来自印度孟买证券交易所的美元/印度卢比期货，成交量达 26 213.83 万手，较 2016 年同比下降 17.9％。排名第四、第五的外汇期货合约皆来自拉美地区，分别是罗萨里奥期货所的美元期货和巴西证券期货交易所的迷你美元期货，成交量分别为 14 856.29 万手和 14 645.81 万手，与 2016 年相比分别同比增长了 32.4％和 59.0％，增速较快。

表 10.5　2017 年全球外汇期货成交量排名前 5 名合约

排名	交易品种及上市交易所	2016 年成交量 （万手）	2017 年成交量 （万手）	增速 （%）
1	美元/俄罗斯卢布期货,莫斯科交易所	86 014.02	59 026.04	−31.4%
2	美元/印度卢比期货,印度国家证券交易所	35 116.30	31 247.79	−11.0%
3	美元/印度卢比期货,孟买证券交易所	31 941.33	26 213.83	−17.9%
4	美元期货,罗萨里奥期货所	11 224.24	14 856.29	32.4%
5	迷你美元期货,巴西证券期货交易所	9 211.98	14 645.81	59.0%

资料来源:根据美国期货业协会数据整理。

综合股指、利率、外汇等金融期货成交量的国际排名来看,欧美国家拥有更为完善健全的金融市场,其金融期货市场也更为发达。以印度、巴西为代表的亚洲、拉美新兴市场近年来金融期货市场的发展也引人注目。由图 10.4 可以看出,北美和欧洲的金融期货成交量分别占全球金融期货成交量的 33%

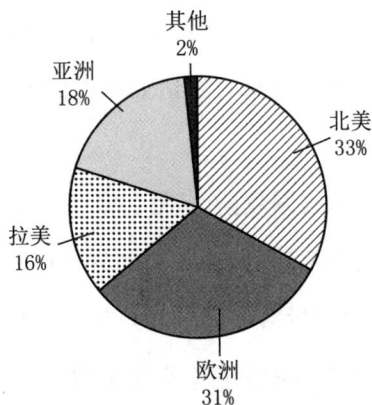

图 10.4　2017 年金融期货成交量分布(按地区)

资料来源:根据美国期货业协会数据整理。

和31％,占据极大优势。亚洲和拉美地区的金融期货成交量国际占比则为18％和16％,还有巨大的成长空间。

四、按交易所排名

表10.6列出了2015年至2017年股指期货交易量前十的交易所。2015年至2017年皆为芝加哥商业交易所,交易量分别为564 922 595手、609 691 636手、504 155 607手。2015年交易量排名第二的是欧洲洲际期货交易所,2016年和2017年交易量排名第二的是德意志交易所集团。值得注意的是,中国金融期货交易所在2015年全球交易所股指期货交易量排名第三,体现了我国金融期货发展历史虽短但潜力巨大。2016年全球股指期货交易量排名第三的交易所是日本交易所,2017年则被巴西B3交易所取代。

进一步观察可发现,2015年至2017年全球股指期货交易量前十名的交易所比较稳定,芝加哥商业交易所连续三年占据第一,第二至第五德意志交易所集团、日本交易所集团、莫斯科交易所都榜上有名,巴西B3交易所近两年表现突出。第六至第十基本由亚洲国家包揽,新加坡交易所、香港交易所和台湾交易所在2015年至2017年连续3年都位于全球股指期货交易量前十交易所。其他亚洲地区的交易所诸如印度国家证券交易所、韩国交易所等近年来也表现亮眼。

根据全球联合交易所官网数据,其将利率期货分为长短期,并对其交易量进行了统计。就短期利率期货来说(见表10.7),芝加哥商业交易所2015年至2017年排名全球交易量第一,分别为607 225 072手、688 266 468手、687 891 567手。巴西在全球短期利率交易中的竞争力也不容小觑,巴西证券期货交易所2015年成为全球短期利率期货交易量的第二大交易所,巴西B3交易所在2016年和2017年分列第二和第三。澳大利亚证券交易所、多

表 10.6　2015—2017 年全球股指期货交易量前十交易所

排名	2015 年		2016 年		2017 年	
	交易所	交易量	交易所	交易量	交易所	交易量
1	芝加哥商业交易所	564 922 595	芝加哥商业交易所	609 691 636	芝加哥商业交易所	504 155 607
2	欧洲洲际期货交易所	429 805 326	德意志交易所集团	498 173 245	德意志交易所集团	417 178 059
3	中国金融期货交易所	334 781 838	日本交易所集团	293 749 363	巴西 B3 交易所	309 127 546
4	日本交易所集团	312 036 346	莫斯科交易所	236 104 126	日本交易所集团	278 761 006
5	莫斯科交易所	195 077 549	巴西 B3 交易所	170 157 338	莫斯科交易所	152 629 708
6	印度国家证券交易所	165 005 113	新加坡交易所	142 186 086	新加坡交易所	141 164 086
7	新加坡交易所	164 546 177	香港交易所	82 693 876	香港交易所	75 546 018
8	巴西证券期货交易所	112 848 326	印度国家证券交易所	74 873 789	韩国交易所	66 332 720
9	香港交易所	72 199 611	台湾期货交易所	60 595 256	洲际交易所美国期货分所	61 057 693
10	台湾期货交易所	56 522 378	洲际交易所美国期货分所	58 606 763	台湾期货交易所	57 798 917

资料来源：根据全球联合交易所(WFE)数据整理。

伦多证交所集团、德意志交易所集团排名上下浮动不大,2016 年和 2017 年分列第四、第五、第八。欧洲洲际期货交易所近年来排名上升趋势明显,2015 年至 2017 年在全球短期利率期货交易量排名中分列第九、第三、第二。相反,墨西哥下降趋势明显,2015 年墨西哥衍生品交易所在全球短期利率期货交易中排名第三,而墨西哥证券交易所则在 2016 年和 2017 年在全球短期利率期货交易中分列第七和第九。总的来说,全球短期利率期货交易量靠前的交易所大都分布在北美和欧洲。

表 10.7　2015—2017 年全球短期利率期货交易量前十交易所

排名	2015 年		2016 年		2017 年	
	交易所	交易量	交易所	交易量	交易所	交易量
1	芝加哥商业交易所	607 225 072	芝加哥商业交易所	688 266 468	芝加哥商业交易所	687 891 567
2	巴西证券期货交易所	379 443 803	巴西 B3 交易所	336 225 890	欧洲洲际期货交易所	402 649 237
3	墨西哥衍生品交易所	277 555 979	欧洲洲际期货交易所	294 627 100	巴西 B3 交易所	389 621 943
4	蒙特利尔交易所	34 583 434	澳大利亚证券交易所	35 367 906	澳大利亚证券交易所	33 785 830
5	澳大利亚证券交易所	21 746 698	多伦多证交所集团	26 316 537	多伦多证交所集团	28 962 355
6	马来西亚衍生品交易所	12 085 292	纳斯达克北欧交易所	7 958 004	纳斯达克北欧交易所	10 998 566
7	香港交易所	5 693 368	墨西哥证券交易所	545 100	约翰内斯堡证券交易所	10 219 938
8	欧洲期货交易所	376 277	德意志交易所集团	169 335	德意志交易所集团	74 505
9	欧洲洲际期货交易所	29 850	约翰内斯堡证券交易所	40 091	墨西哥证券交易所	25 938
10	约翰内斯堡证券交易所	6 072	哥伦比亚证券交易所	29 775	莫斯科交易所	23 462

资料来源:根据全球联合交易所(WFE)数据整理。

　　相对于短期利率期货来说,全球长期利率期货交易量交易所排名更加稳定(见表 10.8)。2015 年至 2017 年全球长期利率期货交易量前三名的交易所分别是芝加哥商业交易所、欧洲洲际期货交易所和澳大利亚证券交易所,且三大交易所各自的长期利率期货交易量呈逐年增长趋势。除了前三名交易所,其他交易所排名都有小幅变化。韩国交易所在 2015 年位列第四,2016 年和 2017 年降至第五位。欧洲期货交易所与韩国交易所相反,其在 2015 年位列第五,2016 年和 2017 年升至第四。印度国家证券交易所、蒙特利尔交易所、中国金融期货交易所和日本交易所皆连续三年进入全球长期利率期货交易量前十。其中中国金融期货交易所 2015 年和 2016 年位列第九,2017 年升至第八位。相对于短期利率期货而言,长期利率期货交易分布更加均衡,欧美国家主要分布于上位圈,亚洲国家主要分布于下位圈。

表 10.8　2015—2017 年全球长期利率期货交易量前十交易所

排名	2015 年		2016 年		2017 年	
	交易所	交易量	交易所	交易量	交易所	交易量
1	芝加哥商业交易所	703 124 159	芝加哥商业交易所	751 606 737	芝加哥商业交易所	836 481 051
2	欧洲洲际期货交易所	428 549 978	欧洲洲际期货交易所	467 102 126	欧洲洲际期货交易所	508 720 954
3	澳大利亚证券交易所	81 299 947	澳大利亚证券交易所	92 517 625	澳大利亚证券交易所	99 911 369
4	韩国交易所	37 791 849	欧洲期货交易所	53 765 296	欧洲期货交易所	51 568 953
5	欧洲期货交易所	34 304 672	韩国交易所	38 824 185	韩国交易所	34 287 487
6	印度国家证券交易所	28 536 771	蒙特利尔交易所	21 085 080	蒙特利尔交易所	24 304 781
7	蒙特利尔交易所	18 092 625	印度国家证券交易所	15 281 634	印度国家证券交易所	16 325 501
8	日本交易所集团	8 721 116	约翰内斯堡证券交易所	9 167 378	中国金融期货交易所	14 770 315
9	中国金融期货交易所	6 087 493	中国金融期货交易所	8 934 012	孟买证券交易所	9 338 072
10	约翰内斯堡证券交易所	5 292 686	日本交易所集团	7 389 883	日本交易所集团	8 192 170

資料来源:根据全球联合交易所(WFE)数据整理。

与股指期货和利率期货欧美表现抢眼不同,亚洲地区在外汇期货交易中更为突出。由表 10.9 可看出,2015 年至 2017 年全球外汇期货交易量排

表 10.9 2015—2017 年全球外汇期货交易量前十交易所

排名	2015 年		2016 年		2017 年	
	交易所	交易量	交易所	交易量	交易所	交易量
1	莫斯科交易所	982 931 717	莫斯科交易所	930 716 193	莫斯科交易所	660 347 194
2	印度国家证券交易所	395 377 589	印度国家证券交易所	396 431 206	印度国家证券交易所	358 254 960
3	孟买证券交易所	259 420 574	孟买证券交易所	322 747 312	孟买证券交易所	264 995 990
4	芝加哥商业交易所	198 875 882	芝加哥商业交易所	196 951 833	巴西 B3 交易所	222 996 785
5	巴西证券期货交易所	105 735 430	巴西 B3 交易所	163 892 083	芝加哥商业交易所	211 526 328
6	韩国交易所	53 899 525	韩国交易所	65 606 504	伊斯坦布尔交易所	69 334 515
7	伊斯坦布尔交易所	36 944 429	伊斯坦布尔交易所	41 670 839	韩国交易所	62 203 981
8	约翰内斯堡证券交易所	34 123 588	约翰内斯堡证券交易所	34 393 431	约翰内斯堡证券交易所	47 794 037
9	洲际交易所美国期货分所	13 137 855	墨西哥证券交易所	8 632 764	新加坡交易所	9 090 035
10	墨西哥衍生品交易所	8 024 457	澳大利亚证券交易所	8 632 764	墨西哥证券交易所	8 576 719

资料来源:根据全球联合交易所(WFE)数据整理。

名前三的交易所分别为莫斯科交易所、印度国家证券交易所、孟买证券交易所。芝加哥商业交易所 2015 年和 2016 年位列第四,2017 年降至第五。巴西的外汇期货市场也比较发达,巴西证券期货交易所在 2015 年全球外汇期货交易量排名中位列第五,2016 年和 2017 年巴西的 B3 交易所分别位列第五和第四。由此可见,全球外汇期货交易量排名上位圈主要是亚洲、拉美等发展中国家。韩国交易所和伊斯坦布尔交易所不相上下,2015 年至 2017 年分占了第六和第七名。约翰内斯堡证券交易所连续三年位列第八,第九和第十位主要是墨西哥、新加坡、澳大利亚等国家占据。综上所述，外汇期货交易主要以亚洲、拉美等市场为代表，展现了与股指期货、利率期货不同的发展面貌。

第四节　我国金融期货市场服务实体经济指标分析

我国金融期货市场历经发展，已上市多个股指期货和国债期货品种，在价格发现、风险管理等方面发挥着日益重要的作用。本节聚焦沪深 300 股指期货、5 年期和 10 年期国债期货，通过分析期现货价格相关系数、套期保值效率及机构投资者持仓占比等指标，系统评估我国金融期货市场服务实体经济的实际效果，以期为市场的进一步发展与完善提供参考依据。

一、金融期现货价格相关系数

金融期货通过其价格发现的功能向市场传递价格变动信号，帮助投资者降低投资风险，提高投资和监管效率，有利于金融市场的稳定和服务实体经济。截至目前，中国金融期货交易所共上市了三个股指期货和三个国债期货。下文选取了沪深 300 股指期货、10 年期国债期货和 5 年期国债期货来具体分析期现货价格相关系数。

2010 年 4 月 16 日，以沪深 300 指数作为标的物的沪深 300 股指期货上市交易。自上市以来，沪深 300 股指期货价格对沪深 300 指数价格拟合度高，在降低股市波动、稳定股市运行等方面发挥着积极作用，为股票现货市场直接融资功能发挥奠定了良好的市场基础，发挥了其价格发现的功能。根据中国期货业协会相关数据可得到表 10.10，2011 年至 2017 年沪深 300

表 10.10　2011—2017 年沪深 300 期现货价格相关系数

		绝对指标					相对指标（%）		
		最高价	最低价	平均价	标准差	极差	离散率	波幅率	相关系数
2011 年	期货主力合约价格	3 374.8	2 321.2	2 934.57	274.99	1 053.6	9.37	35.90	99.94
	沪深 300 指数价格	3 372.04	2 305.04	2 928.93	274.17	1 067	9.36	36.43	
2012 年	期货主力合约价格	2 717.2	2 117.4	2 431.39	152.20	599.8	/		99.84
	沪深 300 指数价格	2 717.78	2 108.85	2 424.78	155.16	608.93			
2013 年	期货主力合约价格				/				99.56
	沪深 300 指数价格								
2014 年	期货主力合约价格	3 596.4	2 046.6	2 375.75	333.05	1 518.80	14.02	1.45	99.90
	沪深 300 指数价格	3 542.34	2 077.76	2 372.95	318.47	1 446.74	13.42	1.21	

续表

		绝对指标					相对指标（%）		
		最高价	最低价	平均价	标准差	极差	离散率	波幅率	相关系数
2015年	期货主力合约价格	5 400.0	2 686.0	3 885.4	585.2	2 714.0	15.06	69.85	99
	沪深300指数价格	5 380.4	2 952.0	3 929.9	556.1	2 428.4	14.15	61.79	
2016年	期货主力合约价格	3 657.40	2 732.40	3 202.22	150.20	925.00	4.69	28.89	99.22
	沪深300指数价格	3 726.24	2 821.21	3 227.75	141.35	905.00	4.38	29.04	
2017年	期货主力合约价格	4 271.00	3 191.40	3 661.38	253.43	1 079.60	6.92	29.49	99.92
	沪深300指数价格	4 260.64	3 264.21	3 673.55	247.83	996.43	6.75	27.12	

资料来源：根据中国期货业协会数据整理。

股指期货主力合约价格与沪深 300 指数价格的相关系数都在 99% 以上,2011 年达到最高值 99.94%。

2013 年 9 月 6 日,5 年期国债期货在中国金融期货交易所上市,完成了 2013 年经济体制改革重点工作之一,是我国多层次资本市场建设取得的重要成果,也是继股指期货之后期货衍生品市场创新发展的重要突破。自上市以来,5 年期国债运行平稳,助力国债市场健康发展、反映国债收益率曲线和深化利率市场化等,为国债期货市场的长远发展打好了基石。根据中国期货业协会相关数据可得到表 10.11,近年来 5 年期国债期货连续价格和现货价格的相关系数在 90% 以上,较好地刻画了国债现货价格的变化趋势。

表 10.11 2015—2017 年 5 年期国债期现货价格相关系数

		最高值	最低值	平均值	标准差	价格相关系数(%)
2015 年	5 年期国债期货连续价格	101.050	95.120	98.207	1.382	93
	国债现货价格	101.614	96.301	98.539	1.460	
2016 年	5 年期国债期货收益率(%)	3.499	2.444	2.816	0.197	99
	主力合约对应 CTD 收益率(%)	3.191	2.406	2.654	0.139	
2017 年	5 年期国债期货收益率(%)	3.906	3.082	3.501	0.202	93.96
	主力合约对应 CTD 收益率(%)	3.972	2.895	3.505	0.297	

资料来源:根据中国期货业协会数据整理。

2015 年 3 月 20 日,10 年期国债期货挂牌上市,这是继 5 年期国债期货之后我国国债期货市场的第二个品种。国债期货相对于国债现货的优势在于它采用百元净价报价的方式,具有公开透明和直观易懂的特点,能够更好地发挥金融期货向市场传达价格强弱信号的作用,对于完善反映市场供求关系的国债收益率曲线、促进债券市场发展具有积极意义。10 年期国债期货上市以来,市场运行平稳,期现货联动性良好,提高了债券市场的流动性,降低了交易成本。由表 10.12 可看出,2015 年至 2017 年 10 年期国债期现货价格相关系数皆在 96％以上,且呈连年上升的趋势,在 2017 年达到最高值 99.63％。

表 10.12　2015—2017 年 10 年期国债期现货价格相关系数

		最高值	最低值	平均值	标准差	价格相关系数(%)
2015 年	10 年期国债期货连续价格	100.590	93.900	96.921	1.536	96
	国债现货价格	101.213	94.709	97.335	1.780	
2016 年	10 年期国债期货收益率(%)	3.664	2.732	3.017	0.172	99
	主力合约对应 CTD 收益率(%)	3.374	2.640	2.858	0.129	
2017 年	10 年期国债期货收益率(%)	4.134	3.289	3.695	0.197	99.63
	主力合约对应 CTD 收益率(%)	4.101	3.100	3.639	0.243	

资料来源:根据中国期货业协会数据整理。

二、套期保值效率

套期保值是指在现货市场和期货市场对同一类商品进行数量相等但方向相反的买卖活动,或者通过构建不同的组合来避免未来价格变化带来损失的交易。股指期货是十分成熟和基础的风险管理工具,在参与股市投资中,机构投资者可以通过持有股指期货进行套期保值规避系统性风险,实现稳定持股。股指期货虽然不直接参与实体经济的生产、销售、运营等环节,但股指期货为企业市值管理、定向增发业务等提供风险管理,进而更好地服务实体经济发展。由表 10.13 可知,沪深 300、上证 50、中证 500 等股指期货近年来一直保持着较高的套期保值效率,为投资者规避风险和维持金融市场的稳定发挥作用。

表 10.13　2015—2017 年金融期货分品种套期保值效率

	套期保值效率(%)		
	2015 年	2016 年	2017 年
沪深 300 股指期货	97.86	96.24	97.48
上证 50 股指期货	98.23	97.37	97.74
中证 500 股指期货	96.50	92.74	98.63
5 年期国债期货	91.54	/	91.48
10 年期国债期货	92.67	/	99.18

资料来源:根据中国期货业协会数据整理。

国债期货降低了债券市场的抛压压力,是有效的避险工具,为稳定债券市场发挥了积极作用。例如 2017 年债市调整期间,金融机构急于抛债止损,市场卖压大,再加上很多资产管理产品所持债券以信用债为主,流动性低,更是难以卖出。在此情况下,由于国债期货流动性好且成交快速,部分金融机构及时在国债期货市场上卖空保值,冲抵其在现货市场上的损失。5 年期国债期货和 10 年期国债期货近年来皆保持着较高的套期保值效率,尤其在 2017 年 10 年期国债期货的套期保值效率更是高达 99.18%。

三、机构投资者持仓占比

金融期货市场的成熟度可由机构投资者持仓占比来衡量。利用股指期货对冲风险的作用,机构投资者可以更加放心地将股票持有规模稳定在合理水平,从而为股市提供长期稳定的买方力量,推动长线资金入市。由表10.14可看出,近三年来我国股指期货机构投资者持仓占比基本上处于增长趋势,2017年,沪深300、上证50、中证500股指期货法人客户持仓占比分别为68.44％、70.64％、69.20％,标志着我国金融期货市场发展迅速。

表10.14　2015—2017年金融期货机构投资者持仓占比

	机构投资者持仓占比(％)		
	2015年	2016年	2017年
沪深300股指期货		69.95	68.44
上证50股指期货	41	74.2	70.64
中证500股指期货		62.87	69.20
5年期国债期货	65	75	88.35
10年期国债期货			76.77

资料来源:根据中国期货业协会数据整理。

自国债期货上市以来,国债期货市场呈现机构投资者多元化程度提高、入市进度加快、市场参与度提升等特点,市场成熟度不断提升,服务市场功能进一步显现。国债期货上市初期,中金所就积极推动各类金融机构入市,切实提高证券公司参与国债期货深度和广度,促进国债期货资产管理业务创新,持续推动商业银行入市工作,致力于建立以机构投资者为主的市场机构。据中国期货业协会相关数据可知,至2017年底已有70多家证券公司参与国债期货交易,成为推动国债期货市场发展的中坚力量。证券公司承销团利用国债期货管理债券承销风险,证券公司做市商利用国债期货管理做市业务风险,以促进债券市场维持稳定。表10.14显示,近三年来我国国债期货机构投资者持仓占比不断提高,国债期货机构投资者力量的壮大,为商业银行、保险资金入市奠定了坚实的基础。

第五节　我国金融期货市场表现指标

金融期货市场表现是反映市场运行效率与活力的重要维度。我国金融期货自 2010 年沪深 300 股指期货推出以来，历经八年发展，在成交量、成交额、市场活跃度及持仓量等方面呈现出复杂的变化态势。本小节基于中国期货业协会和中金所的相关数据，从成交量及成交额的规模占比、增速、市场活跃度和持仓量等指标入手，系统分析我国金融期货市场的表现，以期全面了解市场发展现状与趋势。

一、成交量及成交额的规模占比

以 2010 年 4 月 6 日由中金所推出的沪深 300 股指期货为起点，我国金融期货经历了八年的发展。根据中金所和中国期货业协会的相关数据可得到表 10.15，从中可大致看出从 2011 年至 2015 年我国金融期货发展迅速，成交量和成交额都在不断上升，相对于整个期货市场的占比也在不断提高。

具体来看，我国金融期货在 2011 年至 2015 年的成交量分别为 5 041.19 万手、10 506.2 万手、19 354.9 万手、21 758.11 万手和 34 086.93 万手，分别较上一年同比上升了 9.89％、108.41％、84.22％、12.42％、56.66％，2014 年上升速度最快，成交量分别占整个期货行业成交量的 4.78％、7.24％、9.39％、8.70％、9.52％，2015 年占比最大。

从成交额来看，2011 年至 2015 年我国金融期货的成交额分别为 43.77 万亿元、75.84 万亿元、141.01 万亿元、164.02 万亿元、417.76 万亿元，分别

表 10.15　2011—2018 年我国金融期货成交情况

年份	成交量（万手）	占比（%）	同比增长（%）	成交额（万亿元）	占比（%）	同比增长（%）
2011 年	5 041.19	4.78	9.89	43.77	31.83	6.56
2012 年	10 506.2	7.24	108.41	75.84	44.32	73.29
2013 年	19 354.9	9.39	84.22	141.01	52.72	85.92
2014 年	21 758.11	8.70	12.42	164.02	56.17	16.32
2015 年	34 086.93	9.52	56.66	417.76	74.75	154.71
2016 年	1 833.59	0.45	−94.62	18.22	9.42	−95.64
2017 年	2 459.59	0.83	34.14	24.59	13	34.98
2018 年	2 721.01	1.18	10.63	26.12	15.86	6.22

资料来源：根据中国期货业协会、中国金融期货交易所数据整理。

较上一年同比上升了 6.56％、73.29％、85.92％、16.32％、154.71％，2015 年上升速度最快，成交额分别占整个期货行业成交额的 31.83％、44.32％、52.72％、56.17％、74.75％，2015 年占比最大。

相比前几年，2016 年和 2017 年我国金融期货成交量和成交额大幅度下降，综合表 10.16，可发现主要是由于股指期货成交量和成交额大幅下降引起的，这是因为自 2014 年下半年起，我国股市迎来牛市，出现单边上涨迅猛的局面，市场配资高达几十倍。2015 年 6 月证监会连续发布严厉监管措施，触发市场急速下跌，股指期货和现货市场日日跌停。2015 年 7 月，中金所宣布限制股指期货的交易行为、手续费和开仓量，导致股指期货交易量骤减。经过 2016 年的调整，市场逐渐稳定运行，2017 年 2 月 16 日，中金所称将逐渐放宽股指期货的交易限制，因此 2017 年我国金融期货交易量和交易额相对于 2016 年有小幅上升。

由表 10.15 可知 2016 年和 2017 年我国金融期货的成交量仅为 1 833.59 万手和 2 459.59 万手，只占整个期货行业成交量的 0.45％ 和 0.83％。2016

年和 2017 年我国金融期货的成交额为 18.22 万亿元和 24.59 万亿元,成交额分别占整个期货行业成交额的 9.42% 和 13%。2018 年延续 2017 年小幅上涨的趋势,金融期货成交 2 721.01 万手,占期货整个行业的 1.18%,但成交额占期货整体的 15.86%,可见虽然金融期货市场体量不大,但市场资金流量巨大,发展前景广阔。

具体到我国金融期货各个品种(见表 10.16),2015 年沪深 300 股指期货成交量为 27 710.2 万手,成交额为 341.91 万亿元,分别占当年金融期货成交量和成交额的 81.29% 和 81.84%,是我国金融期货交易中最活跃、体量最大的金融期货品种。相比之下,上证 50 和中证 500 等股指期货交易量要低得多。2015 年上证 50 股指期货成交量和成交额分别为 3 548.39 万手和 30.69 万亿元,中证 500 股指期货成交量和成交额分别为 2 219.59 万手和 39.15 万亿元。国债期货在 2015 年的市场规模较小,成交量和成交额占比均在 1% 左右。

表 10.16　2015—2018 年金融期货各品种成交情况

	品　　种	成交量（万手）	占比（%）	成交额（万亿元）	占比（%）
2015 年	沪深 300 股指期货	27 710.2	81.29	341.91	81.84
	上证 50 股指期货	3 548.39	10.41	30.69	7.35
	中证 500 股指期货	2 219.59	6.51	39.15	9.37
	5 年期国债期货	440.36	1.29	4.36	1.04
	10 年期国债期货	168.39	0.49	1.65	0.40
2016 年	沪深 300 股指期货	422.56	23.04	4.01	22.03
	上证 50 股指期货	162.44	8.86	1.05	5.75
	中证 500 股指期货	355.19	19.37	4.26	23.26
	5 年期国债期货	275.72	15.04	2.77	15.23
	10 年期国债期货	617.68	33.69	6.13	33.63

续表

	品　种	成交量 （万手）	占比 （%）	成交额 （万亿元）	占比 （%）
2017 年	沪深 300 股指期货	410.11	16.67	4.51	18.34
	上证 50 股指期货	244.36	9.93	1.90	7.73
	中证 500 股指期货	328.10	13.34	4.10	16.66
	5 年期国债期货	282.13	11.47	2.75	11.19
	10 年期国债期货	1 194.90	48.58	11.33	46.08
2018 年	沪深 300 股指期货	748.68	27.51	7.83	29.97
	上证 50 股指期货	451.73	16.60	3.52	13.49
	中证 500 股指期货	434.02	15.95	4.39	16.80
	5 年期国债期货	184.29	6.77	1.80	6.88
	10 年期国债期货	898.87	33.03	8.52	32.61
	2 年期国债期货	3.41	0.13	0.07	0.26

资料来源：根据中国期货业协会、中国金融期货交易所数据整理。

2016 年，由于对股指期货市场的限制，股指期货交易量和交易额在绝对值上大幅下降。2016 年沪深 300 股指期货市场规模缩小，成交量和成交额占整个金融期货市场的 20% 左右，上证 50 股指期货表现与 2015 年差异不大，中证 500 股指期货占比上升至 20% 左右。国债期货方面，5 年期国债期货成交量和成交额皆有小幅下降，市场规模占比则上升至 15% 左右。10 年期国债期货表现亮眼，成交量较 2015 年上升了近 500 万手，成交额也上升了近 5 万亿元，市场规模占比更是由 2015 年的不到 1% 上升到 33% 左右。

2017 年沪深 300 股指期货、中证 500 股指期货和 5 年期国债期货市场规模占比下降，上证 50 股指期货成交量和成交额市场规模占比有小幅上升,10 年期国债期货延续 2016 年的强劲增势,成交量上升至 1 194.90 万手,较 2016 年上升了 500 万手,成交量占金融期货市场成交量的 48.58%;成交额为 11.33 万亿元,较 2016 年上升了约 5 万亿元,成交额占金融期货市场成交额的 46.08%。10 年期国债期货成为我国金融期货的最主要品种。

2018 年 8 月 17 日,国债期货又添新品种,2 年期国债期货上市。2018 年,10 年期国债期货的成交量和成交额占比最高,分别占金融期货整体市场的 33.03% 和 32.61%。股指期货经过不断地调整后,股指期货市场也在慢慢回暖。2018 年沪深 300 股指期货成交量和成交额都大幅上升,分别占整个金融期货市场的 25.71% 和 29.97%,上证 50 股指期货成交量和成交额规模占比同样上升趋势明显。相比于 10 年期国债期货的坚挺,5 年期国债期货成交量和成交额规模占比则大幅下降。

二、成交量及成交额增速

上一节从总体以及分类别对我国金融期货市场的规模做了简短的分析,下文将纵向地对我国金融期货成交量和成交额增速进行分析。由表 10.17 可以看出,2012 年前我国金融期货成交量上升趋势明显,较 2011 年上升了 108.41%。2013 年至 2014 年我国金融期货的增速则在下降,分别较上一年增长了 84.22%、12.42%,而后 2015 年增速又有小幅上涨,为 56.66%,2016 年由于市场背景等因素,我国金融期货成交量不增反降,较 2015 年同比下降了 94.62%。2017 年则小幅回升。2018 年增速放缓,成交量较上年增长 10.63%。市场总体金融期货成交额同比增长也与成交量有类似的趋势。总的来说,我国金融期货经历了一个高速发展而后限制整治的阶段,现处于回暖、高质量发展的阶段。

表 10.17 2011—2018 年我国股指期货和国债期货成交情况

年份	股指期货				国债期货			
	成交量（万手）	成交量同比增长(%)	成交额（万亿元）	成交额同比增长(%)	成交量（万手）	成交量同比增长(%)	成交额（万亿元）	成交额同比增长(%)
2011 年	5 041.19	9.89	43.77	6.56	/	/	/	/
2012 年	10 506.2	108.41	75.84	73.29	/	/	/	/
2013 年	19 322.05	83.91	140.7	85.52	32.88	/	0.31	/
2014 年	21 665.83	12.13	163.14	15.95	92.29	180.68	0.88	186.73
2015 年	33 478.18	54.52	411.75	152.39	608.75	559.63	6.01	584.18
2016 年	940.18	−94.19	9.32	−97.14	893.4	46.76	8.9	48.09
2017 年	982.56	4.51	10.51	12.77	1 477.03	65.33	14.09	58.23
2018 年	1 634.43	66.34	15.74	49.81	1 086.57	−26.44	10.38	−26.99

资料来源：根据中国期货业协会、中国金融期货交易所数据整理。

具体到股指期货和国债期货，可发现股指期货成交量和成交额的增长状况与金融期货整体增长情况类似。成交量在 2012 年取得最高同比增长率 108.41%，在 2016 年下降趋势最明显，较 2015 年下降了 94.19%，成交额在 2015 年上升趋势最明显，较 2014 年上升了 152.39%，在 2016 年下降幅度最大，为 97.14%。在实施市场管制后，中金所实施了一系列调整措施优化股指期货交易运行，以促进市场功能的有效发挥。例如降低交易保证金和手续费，调整日内开仓量限制，进一步满足市场中各类主体的风险管理需求，促进股指期货市场功能进一步发挥，有利于市场的长期稳定健康发展。经过不断调整，2018 年股指期货成交量和成交额较上年分别同比增长 66.34% 和 49.81%。国债期货自挂牌交易以来一直保持着增长趋势，成交量在 2015 年增长幅度最大，较 2014 年上升了 559.63%，成交额同样在 2015 年增速最快，较 2014 年上升了 584.18%。2018 年首次出现负增长，成交量和成交额分别较上年下降了 26.44％和 26.99％。

三、市场活跃度

市场活跃度反映了一个市场的主体参与程度,是衡量一个市场重要性的指标之一。本章采用我国金融期货市场的日均成交量作为衡量市场活跃度的标准。表 10.18 显示 2011 年至 2015 年我国金融期货市场主体日均成交量稳步上升,2015 年金融期货市场总体日均成交量最高,为 139.70 万手。2016 年骤降至日均 7.51 万手,较 2015 年同比下降了 94.62％,2017 年回升至 10.08 万手,2018 年小幅上升至 11.20 万手。

表 10.18　2011—2018 年我国金融期货市场日均成交量

年份	市场总体日均成交量(万手)	市场总体日均成交量同比增加(％)	股指期货日均成交量(万手)	股指期货日均成交量同比增加(％)	国债期货日均成交量(万手)	国债期货日均成交量同比增加(％)
2011 年	20.66	−21.62	20.66	−21.62	—	—
2012 年	43.24	109.29	43.24	109.29	—	—
2013 年	81.32	88.07	81.19	87.77	0.43	—
2014 年	88.81	9.21	88.43	8.92	0.38	−11.63
2015 年	139.70	57.30	137.21	55.16	2.49	555.26
2016 年	7.51	−94.62	3.85	−97.74	3.66	46.99
2017 年	10.08	34.22	4.03	4.68	6.05	65.30
2018 年	11.20	11.11	6.73	67.00	4.47	−26.12

资料来源:根据中国金融期货交易所数据整理。

具体到股指期货,可发现市场总体的日均成交量基本上是股指期货贡献的。与市场总体日均成交量增长趋势类似,股指期货日均成交量在 2015 年达到最高峰 137.21 万手,2018 年日均成交量达到 6.73 万手,较上年同比增长 67%。

自 2015 年 10 年期国债挂牌交易之后,国债期货日均成交量增速迅猛,2015 年日均成交量达 2.49 万手,较上一年同比增长 555.26%,2017 年国债期货日均成交量为 6.05 万手,较 2016 年同比上涨 65.30%,首次超过股指期货日均成交量。这也体现了近两年来国债期货市场的迅速成长。但 2018 年国债期货市场流动性下降,日均成交 4.47 万手,较上年同比下降 26.12%。

四、持仓量

期货市场中,持仓量一般指的是买卖方向未平合约的总和,持仓量的变化反映了市场对某合约的反应,是投资者非常关注的指标之一。总持仓增长表明越来越多的资金在流入该合约交易中;总持仓减少,表明资金在流出该合约交易。根据中金所数据整理可得表 10.19,可直观地看到除了 2015 年同比下降了 45.30% 之外,其余年份我国金融期货市场总体年末持仓量都在增长,2014 年持仓量最高,为 23.70 万手,2012 年同比增长最快,相对于 2011 年同比上升了 127.87%。

表 10.19　2011—2018 年我国金融期货持仓量

年份	市场总体年末持仓量(万手)	市场总体年末持仓量同比增加(%)	股指期货年末持仓量(万手)	股指期货年末持仓量同比增加(%)	国债期货年末持仓量(万手)	国债期货年末持仓量同比增加(%)
2011 年	4.84	62.53	4.84	62.53	—	—
2012 年	11.04	127.87	11.04	127.87	—	—
2013 年	12.32	11.58	11.95	8.29	0.36	—
2014 年	23.70	92.42	21.54	80.23	2.16	493.50
2015 年	12.97	−45.30	7.10	−67.03	5.86	171.82

续表

年份	市场总体年末持仓量（万手）	市场总体年末持仓量同比增加（%）	股指期货年末持仓量（万手）	股指期货年末持仓量同比增加（%）	国债期货年末持仓量（万手）	国债期货年末持仓量同比增加（%）
2016 年	17.94	38.42	9.91	39.55	8.03	37.04
2017 年	19.51	8.74	8.77	−11.52	10.74	33.76
2018 年	25.87	32.59	17.86	103.65	8.01	−25.46

资料来源：根据中国金融期货交易所数据整理。

国债期货年末持仓量一直处于上升趋势，2017 年年末持仓量达到 10.74 万手，首次超过股指期货年末持仓量。同时，国债期货年末持仓量在 2014 年增速最快，相较于 2013 年同比增长了 493.50%。但在 2018 年与股指期货年末持仓量 103% 的强势同比增长不同，国债期货年末持仓量首次出现下降趋势，较上年同比下降了 25.46%。

第六节　我国金融期货市场国际化指标分析

在全球金融市场一体化背景下，金融期货市场国际化是我国金融开放的重要内容。近年来，我国金融期货市场在国际化进程中积极探索，股指期货和国债期货市场在制度创新、外资引入等方面取得一定进展，但与国际成熟市场相比仍有差距。本小节基于相关数据，从现状、指标等方面分析我国金融期货市场国际化水平，以期为市场进一步发展提供参考。

一、我国金融期货国际化现状

近年来，国内金融期货市场国际化进程稳步推进，金融期货市场在这一浪潮中呈现出独特的发展态势。

2011 年,QFII 获准参与股指期货,开启外资参与国内股指期货市场的篇章,不过当时存在额度限制且仅能进行套期保值交易。2022 年《期货和衍生品法》实施后,QFII/RQFII 参与商品期货、期权合约交易的渠道得以拓宽。沪深 300 股指期货因与 A 股市场相关性高、对冲效率良好,备受境外投资者青睐。尽管外资参与取得一定进展,但目前股指期货在产品丰富度上,与国际成熟市场相比仍存在差距,国际投资者进行 A 股风险管理时,对新加坡富时 A50 期货、香港 MSCI 中国 A50 互联互通指数期货依赖度较高,因为国内尚未有股指期货品种纳入特定品种对外开放范畴,限制了外资交易策略的丰富性与参与深度。

国债期货市场国际化进程同样引人注目。2020 年,四部委联合发文允许符合条件的试点商业银行参与国债期货交易,目前已有 6 家商业银行参与试点。2023 年,渣打中国成为首家获准参与国债期货交易的在华外资银行,这是国债期货市场开放的重要突破。截至 2024 年 11 月末,境外机构持有银行间市场债券 4.15 万亿元,占比 2.7%,凸显其在债券市场的重要地位。国债期货市场已形成相对完整的产品体系,涵盖 2 年期、5 年期、10 年期和 30 年期产品。2024 年,国债期货成交持仓稳步增长,1—9 月日均成交 21.66 万手、日均持仓 48.60 万手,分别较上年增长 20.54%、24.21%,成交持仓比维持在 0.4 倍左右的合理水平。不过,在对外开放程度上,国债期货虽有进展,但与利率互换等银行间金融衍生品市场相比,步伐稍缓,境外机构参与国债期货交易的便利性与深度有待提升。

在制度建设方面,中金所不断完善国债期货交易机制,如引入单向大边及跨品种单向大边保证金制度、开展国债作为保证金业务、实施券款对付(DVP)交割机制、启动期转现交易、引入做市商制度等,增强了市场流动性与承载力，为国际化奠定制度基础。然而，与国际惯例接轨的过程中，仍需优化部分规则，以提升对境外投资者的吸引力。

伴随着对外开放和金融国际化的步伐，近年来我国也在不断推进金融期货市场走出去。2015年10月29日，由上海证券交易所牵头的中欧国际交易所在法兰克福成立，并上线了首批人民币计价产品。截至2017年12月底，中欧所共有72只产品挂牌交易，其中13只为ETF产品、2只为ETN产品，其余为债券类产品。截至2017年底，中欧所总交易金额共计85.84亿元人民币，约99％的交易金额来自ETF产品，人民币计价产品的交易金额为3.53亿元人民币。2016年，中金所、上交所、深交所联合成功竞得巴基斯坦证券交易所30％的股权，这有利于拓宽中巴两国经济金融合作领域，有利于落实"一带一路"倡议和中巴经济走廊建设规划，有利于稳步推动我国金融期货市场的国际化，打造金融期货市场双向开放的新格局。据中国期货业协会数据显示，截至2017年底，全国期货公司共设立21家境外子公司，包括20家中国香港子公司和1家美国子公司。境内期货公司在中国香港上市的有两家。相较于2016年，皆有小幅上涨。摩根大通期货有限公司和银行期货有限公司外资持股皆在5％以上，期货公司国际化趋势日益明显。

二、我国金融期货国际化指标

成交量国际占比是衡量一个产业或市场国际化程度的标准之一。在国际市场上占有更大份额一定程度上意味着更具有国际竞争力。我国推出金融期货较晚，与欧美等发达国家相比，还未形成健全的金融期货市场。根据中国期货业协会和美国期货业协会相关数据整理可得表10.20，可以发现我国金融期货成交量占全球金融期货成交量的份额极低，2015年份额最高，但占比仅为 3.68%，2016 年和 2017 年我国金融期货成交量国际占比更是低到 0.2% 和 0.27%。相对于国债期货，我国股指期货成交量占全球股指期货成交量的比例更高，并且在 2011 年至 2015 年这一比例呈增长趋势，在 2015 年取得最高水平 11.80%，同金融期货总体成交量国际占比一样，2016 年和 2017 年我国股指期货成交量国际占比骤减至 0.35% 和 0.39%。2018 年我国股指期货和国债期货成交量国际占比下降至 0.16% 和 0.24%。我国国债期货成交量国际占比绝对值不高，这与我国金融期货市场历史的短暂和尚不成熟有关，经过不断的发展和试炼之后，我国金融期货市场仍有很好的发展前景。

表 10.20　2011—2018 年我国金融期货成交量国际占比

年份	金融期货成交量占比	股指期货成交量占比	国债期货成交量占比
2011 年	0.53%	1.91%	
2012 年	1.33%	4.59%	
2013 年	2.30%	8.03%	0.01%
2014 年	2.65%	8.78%	0.03%
2015 年	3.68%	11.80%	0.23%
2016 年	0.20%	0.35%	0.31%
2017 年	0.27%	0.39%	0.46%
2018 年	0.11%	0.16%	0.24%

资料来源：根据美国期货业协会、中国期货业协会数据整理。

第七节　各指标权重及总的作用指数

本小节运用熵权法，根据指标变异程度客观赋权，通过数据标准化、计算信息熵与效用值等步骤，确定各指标权重，构建综合评价模型。通过客观赋权整合多维度指标，避免主观赋值偏差，为科学评估金融期货的作用提供量化依据，进而揭示其在现代经济体系中的实际效能与发展态势。

一、指标权重赋值方法

本研究使用熵权法计算指标权重。熵权法是一种根据包含各个变量的变异程度进行赋权的方法，是一种客观赋权法。熵权法计算步骤包括：

（1）数据标准化。即 $y_{ij}=(x_{ij}-x_{j\min})/(x_{j\max}-x_{j\min})$。$y_{ij}$ 为标准化处理后的无量纲的第 i 个单位第 j 个指标。x_{ij} 为原始的第 i 个单位第 j 个指标。$x_{j\min}$ 为第 j 个指标的最小值，$x_{j\max}$ 为第 j 个指标的最大值。

（2）令 $Y_{ij}=y_{ij}/\sum_{i=1}^{m}y_i$。

（3）计算信息熵 e 和信息效用值 d。其中第 j 个指标的 $e_j=$ $-\dfrac{1}{\ln(m)}\sum_{i=1}^{m}Y_{ij}\ln Y_{ij}$，$d_j=1-e_j$。

（4）计算第 j 个指标的权重。即 $w_j=\dfrac{d_j}{\sum_{j=1}^{m}d_j}$。

（5）总指数：$F=\sum w_j y_{ij}$。

二、指标计算

对金融期货服务实体经济能力的各级指标进行加权时，选择了具有代表性的沪深 300 期现货价格相关系数、5 年期国债期现货相关系数、沪深 300 期货套期保值效率、股指期货机构投资者持仓占比、国债期货机构投资者持仓占比等五个三级指标，分别以 $coif$、$cotf$、$efif$、$sihold$、$irhold$ 来表示，服务实体经济能力由 SEEC 表示。经计算，各指标的 d 值和权重 w

如表 10.21 所示。由此可得金融期货服务实体经济能力与各级子指标的关系式：

$$SEEC = 0.070\ 9coif + 0.376\ 0cotf + 0.223\ 4efif + 0.169\ 1sihold$$
$$+ 0.160\ 7irhold$$

由此表达式可看出以 5 年期国债期货为代表的国债期货对提高金融期货服务实体经济能力贡献较大，这与国债期货上市以来显著的价格发现和套期保值的功能是一致的。另外，股指期货的套保效率对提高金融期货服务实体经济的能力也是较为重要的。机构投资者持仓占比反映了金融期货市场的投资者结构，以机构投资者为主的市场投机性较小，更为稳定，因此在金融期货服务实体经济能力指标中权重也较大。

表 10.21　服务实体经济能力指标子指标权重

指标	信息效用值 d	权重 w
$coif$	0.119 6	0.070 9
$cotf$	0.634 8	0.376 0
$efif$	0.377 1	0.223 4
$sihold$	0.285 5	0.169 1
$irhold$	0.271 3	0.160 7

对金融期货市场表现的各级指标进行加权时，选择了具有代表性的金融期货成交量（额）规模占比、金融期货成交量（额）增速、金融期货市场总体日均成交量、金融期货市场总体年末持仓量等 6 个子指标，分别以 $sovo$、$sova$、$govo$、$gova$、$voperday$、$holding$ 表示，市场表现指标用 MP 表示。经计算，各指标的 d 值和权重 w 如表 10.22 所示。由此可得金融期货市场表现指标与各级子指标的关系式：

$$MP=0.224\ 1sovo+0.116\ 0sova+0.093\ 9govo+0.105\ 5gova$$
$$+0.334\ 9voperday+0.125\ 7holding$$

金融期货市场表现与成交量(额)规模占整个期货市场的比率和以日均成交量代表的市场活跃度关系密切,成交量(额)越高,市场越活跃,则金融期货的市场表现越好。金融期货成交量(额)增速与市场总体年末持仓量相较而言在市场表现衡量中权重较低,但同样也是正面影响。

表 10.22　市场表现指标子指标权重

指标	信息效用值 d	权重 w
$sovo$	0.190 9	0.224 1
$sova$	0.098 8	0.116 0
$govo$	0.08	0.093 9
$gova$	0.089 9	0.105 5
$voperday$	0.285 3	0.334 9
$holding$	0.107 1	0.125 7

由于国际化指标由我国金融期货成交量国际占比一个指标表示,因此无需加权。在对二级指标进行加权赋值后,再汇总对一级指标金融期货在健全社会主义现代经济体系中的作用指标加权赋值。一级指标即金融期货在健全社会主义现代经济体系中的作用用 EOFF 表示,金融期货成交量国际占比用 sog 表示。经计算,各指标的 d 值和权重 w 如表 10.23 所示。由此可得表达式:

$$EOFF=0.087\ 5coif+0.089\ 5cotf+0.052\ 0efif+0.055\ 9sihold$$
$$+0.135\ 0irhold+0.099\ 5sovo+0.051\ 5sova+0.041\ 7govo$$
$$+0.046\ 9gova+0.148\ 7voperday+0.055\ 8holding$$
$$+0.136\ 0sog$$

其中较突出的是金融期货成交量、市场总体日均成交量在金融期货健全社会主义现代经济体系中的作用中贡献较大。我国金融期货推出时间不久，品种较少，成交量绝对值不高，但其成交额曾达到整个期货市场的70％以上，可见金融期货市场潜力巨大，与现货价格较高的相关系数、日益上升的套保效率、正在完善的投机者结构都证实了金融期货具有为实体经济服务的能力，通过提高资本市场效率、维护资本市场稳定为健全社会主义现代经济体系发挥着独一无二的作用。

表 10.23　金融期货在健全社会主义现代经济体系中的作用指标子指标权重

指标	信息效用值 d	权重 w
$coif$	0.167 9	0.087 5
$cotf$	0.171 7	0.089 5
$efif$	0.099 8	0.052 0
$sihold$	0.107 2	0.055 9
$irhold$	0.258 9	0.135 0
$sovo$	0.190 9	0.099 5
$sova$	0.098 8	0.051 5
$govo$	0.08	0.041 7
$gova$	0.089 9	0.046 9
$voperday$	0.285 3	0.148 7
$holding$	0.107 1	0.055 8
sog	0.261 0	0.136 0

根据综合评价公式可得各级指标的综合指数，即表 10.24。可以发现，2015 年各级指标（除服务实体经济能力外）评分最高，这与当时市场向好的背景相符合。尽管由于之后管制力度加大，金融期货市场降温加速，但也在

慢慢回暖中。尤其是服务实体经济能力指标，2017 年综合评分达到历年最高，可见金融期货服务实体经济能力在逐步加强。

表 10.24　二级指标和一级指标综合评价

年份	二级指标			一级指标
	服务实体经济能力	市场表现	国际化程度	健全社会主义现代经济体系的作用
2011 年	0.136 8	0.118 3	0.016 0	0.271 2
2012 年	0.083 2	0.226 1	0.046 5	0.355 8
2013 年	0.052 1	0.297 1	0.083 4	0.432 6
2014 年	0.103 3	0.313 7	0.096 8	0.513 7
2015 年	0.138 2	0.399 2	0.136 0	0.673 4
2016 年	0.267 3	0.041 2	0.003 4	0.312 0
2017 年	0.328 3	0.105 9	0.006 1	0.440 2
2018 年	—	0.119 6	0.000 2	0.119 8

第八节　金融期货服务社会主义现代化经济体系的结论

自 1972 年美国芝加哥商业交易所推出第一批外汇期货以来，金融期货开始在金融市场上活跃起来，其对现货市场价格的发现引导作用和套期保值以此冲销现货市场的损失的功能使其成为稳定金融市场、助力实体经济增长的有效工具。国际市场上，金融期货交易多集中在北美、欧洲等发达国家，印度、日本等亚洲国家表现得也比较突出。我国一直注重金融市场的发展，尤其是党的十九大提出金融市场要为实体经济发展服务以来，金融期货如何助力社会主义现代化经济发展也被提上日程。

金融期货助力社会主义现代化经济发展的作用可从三个方面来进行分析：服务实体经济能力、市场表现和国际化程度。金融期货服务实体经济的能力直接体现其在社会主义现代化经济发展中的作用，上文分析结果证明，我国金融期货与现货市场价格相关度高，价格发现功能日益显现，股指期货对现货市场存在价格领先效应，能有效向市场和投资者反馈信息变动，规避系统性风险。国债期货可增加价格信息含量，为收益率曲线的构造、宏观调控提供预期信号；近三年股指期货和国债期货套保效率保持在90％以上，日益成为投资者有效的避险工具，股指期货可在期现货市场买卖对冲风险，国债期货不仅可规避国债现货市场风险，对规避信用债和商业银行利率风险也有重要作用；机构投资者持仓占比虽然不算高，但其日益上升的趋势正在改善我国散户投资多、投机性强的特点，有助于金融市场的稳定。

金融期货的市场表现体现了其在社会主义现代化经济建设中能起到多大的作用。市场表现可分为市场规模、交易量（额）增速、市场活跃度和持仓量。市场规模横向体现了金融期货市场的扩张速度。我国金融期货成交额占比要高于成交量占比，两者变化趋势类似，虽近三年市场规模不如前几年可观，但仍在不断发展中。交易量（额）增速纵向体现了金融期货市场的成长速度。由于政策调整，我国金融期货近三年的交易量（额）也不如前几年，但正在慢慢回暖。市场活跃度可用日均成交量来衡量。我国股指期货一直在金融期货市场上表现活跃，而国债期货近三年也开始活跃起来，国债期货市场的成长令人惊叹，日益活跃的金融期货市场提高了资金的流动性。金融期货持仓量反映了投资者对市场的预期和信心程度。我国国债期货持仓量稳步上涨，已与股指期货持仓量相当。

金融期货市场的国际化程度反映了其在国际市场的竞争力，有助于吸引境外投资，助力社会主义现代化经济建设。我国金融期货市场国际化程度目前不高，相比较欧美历史悠久和成熟的金融期货市场，我国金融期货市场仍是不健全不完善的，产品创新、法规完善、市场监管都需要借鉴国外先进经验，使金融期货市场日益成熟。

第十一章
国外期货市场在后发转型时期的发展经验及展望

我国期货市场的发展必然要吸收和借鉴外国成熟期货市场的成功经验并且避免一些他们已经走过的弯路。综合国际期货市场来看,既有一些历史悠久的期货市场的宝贵经验,也有一些后发转型的成功案例和失败的教训。对我国当前而言,这正是值得我们深入研究、学习和借鉴的资源。

第一节　欧美国家期货市场在后发转型时期的发展经验

欧美国家是传统金融市场的主要发源地,有着很多传统国际金融中心。这些国际金融中心仰仗其得天独厚的地理优势,通过现代化的通信手段将其各个触角伸向了世界各个地方,再者它们具有很强大的经济实力优势、人才优势与发达的制度优势,理所当然就成为期货市场的标杆。

一、不断创新、规模庞大的美国期货市场

美国期货市场的发展在世界都起着标杆的作用。美国期货市场规模庞大且不断创新,这是它的一个重要特征。1970 年以来美国在国际金融期货市场交易中占有重要的地位。接下来的几年,美国几乎垄断了全球金融期货产品交易市场。近些年情况略有改变,但其交易额仍然占据全球市场的一半以上。

在 20 世纪 70 年代以前,美国虽然有芝加哥商业交易所和芝加哥期货交易所,但都以商品衍生品为主要交易标的,且大多数是农产品类。之后由于布雷顿森林体系的破裂,美国金融市场出现了巨幅震荡,首先是美国的外汇市场,之后美国的利率也发生了非常大的动荡。从客观上来看,美国市场迫切需要发展金融期货来进行套期保值,1972 年世界上第一个金融期货——外汇期货——出台了,过了三年后美国推出了国民按揭抵押利率期货,这也是美国的第一个利率期货,之后在 1981 年里根总统实行一系列政策来抑制通货膨胀,这就使得利率大幅上行,从而使得股票价格暴跌,在这样的背景下,股票指数期货应市场的需求而产生。从中我们可以看到,美国金融期货的发展是应市场需求而逐步推出并逐步发展,主要是市场自发而产生的,同时政府起到的作用微乎其微,甚至曾经出现过监管空缺的情况。

根据美国期货业协会(FIA)发布的 2018 年全球期货期权交易报告,芝加哥期权交易所(CBOE)成交量达到 20.5 亿手,排名第 5,较 2017 年下降 1 个名次。芝加哥商业交易所的欧元/美元期货以 7.6 亿手的成交额持续位列交易榜首。芝加哥期货交易所 10 年期和 5 年期国债分别以 4.6 和 2.9 亿手的成交额位列第 2 位和第 4 位,增幅均超过 20%。在美国多个期权交易所交易的 SPDR 标普 500ETF 期权成交 8.3 亿手,排名全球第 2 位。

二、崛起的欧洲期货市场

20 世纪 60 年代末起,欧洲期货交易在全球金融化浪潮中逐步崛起,伦敦成为关键枢纽城市。当时,伦敦商品交易所凭借"自我监管"模式,在可可、咖啡、糖等软商品期货领域建立全球优势,其金融诚信与行业自律机制吸引了大量国际参与者。70 年代,欧洲与美国的监管路径分化明显。美国于 1974 年成立商品期货交易委员会(CFTC),实施严格政府监管;而欧洲,尤其是英国,坚持市场自我调节。伦敦六大商品交易所在 1973 年确认了自我监管地位。20 世纪 80 年代,欧洲金融自由化改革推动各国衍生品交易所成立。英国取消外汇管制、完成利率市场化,撒切尔政府实行金融大变革,法国、德国等也纷纷采取金融自由化措施,放宽金融限制,为期货市场发展扫除障碍。到 90 年代,欧洲主要国家都成立了各自的衍生品交易所,交易标的以本国金融产品为主。

随着欧洲经济金融一体化,货币一体化进程推进,欧洲交易所掀起兼并浪潮。各国自身交易纷纷合并,衍生品交易所之间、证券与衍生品交易所合并成立交易所集团。如德国期货交易所(DTB)与法兰克福证券交易所合并,意大利、法国等国的证券与金融衍生品市场也相继合并。同时,新交易所集团间的国际竞争与合作,推动了泛欧洲范围衍生品交易所集团的成立,如德国期交所(DTB)与瑞士期货期权交易所(SOFEX)合并成立欧洲期货交易所(EUREX),法国、荷兰、比利时等国交易所集团合并成立 Euronext。

如今,欧洲期货交易市场中,德国的 Eurex 是最大的期货与期权市场,交易各类欧洲股票、德国债务工具等衍生品,其电子交易平台先进,成交量巨大。英国的 ICE 欧洲在利率、能源等产品交易上占据优势。2024 年上半年,欧洲地区期货与期权成交量达 29.69 亿手,增幅为 23.0%,持仓量增长了 28.2%,达到 3.01 亿手。欧洲期货交易市场在全球金融市场中仍占据重要地位,持续发展并不断创新。

三、欧美国家期货发展过程中如何利用后发优势

欧美地区有相当成熟的市场经济体制和健全的经济市场体系,它们的传统金融市场历史相当悠久,法律制度基本健全,基础设施比较齐备,市场运行机制非常好,同时在这样的背景下也培育出了一批又一批具有专业金融理论知识与丰富实践经验且具有创造力的金融人才。既有的金融框架和经济框架对期货有着很好的容忍度。最初推出期货是为了能够做现货市场的套期保值工具,因为欧美地区现货市场高度发达,因此他们更多是为了避险而参与期货市场;同时金融期货又是新的投资品种,可以用来构成资产组合。因为金融期货风险非常高,所以愿意承担这个高风险以获取额外收益报酬的投资者往往会倾向于金融期货的投资,更能满足这类投资者追求高收益预期的动机;同时现货市场的国际化会导致期货市场的国际化。因此欧美国家形成了现在这样成熟的金融期货市场。

第二节　其他亚洲国家期货市场在后发转型时期的发展经验

新兴期货市场的出现使得欧美期货市场在世界的份额有所下滑。原因主要是:第一,由于新兴市场的网络非常发达,互联网覆盖到全国的大部分区域,这使得交易的成本大大降低,给普通家庭投资者提供了十分便利的条件;第二,投机交易比重高。由于个人投资者参与比较多,而个人投资者大

多没有专业知识以及足够的信息，所以市场投机交易氛围十分浓厚。

一、新加坡期货市场

相对于其他新兴市场来说，新加坡金融期货市场发展较早，是为了争夺亚太地区国际金融中心的地位服务的。

新加坡是一个国际化的金融大都市，新加坡金融期货交易所上市的金融期货品种包括：欧洲美元定期存款、美国长期国债等利率期货；英镑、德国马克、日元等外汇期货；日经 225 等股指期货。并且，欧洲美元、英镑、日元和德国马克这四种金融期货合约细则与芝加哥商品交易所上市交易的同种期货合约完全一致，两个交易所的这些金融期货品种相互之间可实现对冲交易。

随着海外资本和投资者队伍的扩大，国际化的交易所、清算所等基础设施也在新加坡建立起来。受益于得天独厚的贸易中转位置、自由开放的金融环境、便利优越的金融政策，新加坡的金融期货交易在世界也居前列。根据FIA（美国期货业协会）统计的数据，目前新加坡能交易金融期货的市场有新加坡交易所（SGX）和 ICE 新加坡期货交易所（ICE Futures Singapore）。

根据 FIA 发布的 2018 年全球期货期权交易报告，在外汇期货方面，新加坡交易所的美元/人民币期货成交增幅达到了 181%，达到了 534 万手，增幅排名第 1 位。

二、引人注目的韩国期货市场

值得注意的是，韩国的期货市场发展相当迅速，在发挥后发优势上真可谓是一个标杆。韩国的期货市场在很短时间内实现了明显的增长。1995年 12 月韩国的《期货交易法》颁布实施，在短短几年的时间合约数翻了千倍之多,创下世界纪录。

韩国期货市场有这些特点:

第一,韩国有发达的金融市场基础设施,是全球网络基础设施最完善的国家之一,交易系统高度电子化,电子交易占比极高,极大地提高了投资者参与的积极性。

第二,由于投资者对衍生品市场兴趣很高,而近些年来现货市场流动性很差,使资金流向衍生品市场,KOSPI 200 期货交易量以极快的速度上升。

根据 FIA 发布的 2018 年全球期货期权交易报告,在股指方面,韩国交易所的老牌劲旅 KOSPI 200 期货成交 6.6 亿手,排名第 4 位。

三、衰落的日本期货市场

日本期货近年来交易量明显滑落。分析其原因有以下几点:

第一,日本政府对金融期货的交易管制太严。日本有关金融期货的法律有两个:《证券交易法》和《金融期货交易法》。日本在之前一段时间发展金融期货都限制很多,所以只能在有限的范围内运行。

第二,由于日本经济持续下行,公众对日本经济的信心开始有明显疲软。这使得普通投资者对投资的信心下降。

第三,日本期货市场缺乏国际性期货交易品种,国外的投资者对违约情况有所担忧,这导致了日本期货市场的国际化程度非常低。

四、亚洲国家期货市场发展过程中如何利用后发优势

新兴市场充分利用了"后发优势",由于创新不足、品种单一、国际化程度低使日本期货市场发展缓慢甚至倒退,而新加坡和韩国不断地创新交易品种从而使得它们的期货市场能够保持长期生命力。这些说明了期货创新

对一个新兴经济体的地位是多么重要。

金融和经济是期货市场赖以生存的土壤，所以，国内外的历史教训告诉我们，发展我国的期货市场必须首先完善好我国期货市场生存发展的经济金融生态环境，需要建立比较完善的基础制度，在此基础上不断创新，并且在适时推出新的期货交易品种来满足市场的需求，优化期货交易品种的结构，这才是一个国家期货市场的生命力所在。

第三节　国外经验对我国期货市场发展的借鉴意义

期货市场在世界上的发展历程为我国发展期货市场提供了宝贵的经验教训。此外，我国期货发展还处于起步阶段，总结各国的经验教训，取其精华，弃其糟粕，吸收成熟理论，并结合自身的特点，探索一条适合我国国情的期货市场发展道路，抓住金融全球化的机遇，避免一些不必要的失误，对我国当前金融市场的健康发展具有重要意义。

一、从国家战略的高度认识期货市场的重要意义

从国际角度来看，期货市场是成熟金融市场的重要组成部分，积极推动期货市场发展，维护本国金融安全与稳定，已经成为国际共识。

我国作为世界第二大经济体，然而金融业发展相对比较滞后，期货市场还存在许多问题和缺陷，我们需要以大格局来看期货市场对我国金融发展和经济增长的意义和作用，把发展期货市场提高到国家战略的高度对待，我国作为发展中国家如果能在接下来的时间正确和合理地发展我国期货市场，必将会成为下一个金融强国，甚至利用后发优势超越排在前面的一些强国。

二、期货产品次序对期货市场成败影响极大

不同国家期货的发展路径不同。各个国家次序不同，但是相同点在于期货产品的推出时间都正好是现实迫切需要的时间。可见期货产品推出的时间和次序对期货市场的成败影响非常大。

期货品种种类繁多，不同的品种所需要的发展基础和条件各不相同，也不可能同时具备和成熟。期货市场的成功与否很大程度上取决于其所推出的品种。在正式推出每一种期货品种前，都需要进行反复严密的科学论证，进行小范围的试验，然后再推广实施。

三、稳步推进我国期货市场的国际化

期货市场的对外开放需要建立完整的金融市场体系。我国应当充分借鉴国外经验和教训，掌握风险控制和市场运作的规律，采取由易到难、由少到多的步骤，探索适合我国发展的路径。

对任何一个国家而言，实现期货市场的国际化是不可抗拒的必然趋势。在过去这些年中，我国许多金融机构和企业直接或间接参与到国际期货市场中，这对我国金融业发展有十分积极的作用。我国期货市场发展需要经历两个阶段：一是国内运营阶段。这个阶段应当重点发展国内企业和社会所需要的期货品种，完善相关法律法规，提升监管水平，完善交易规则。在这个阶段，不应允许国外资本进入我国来参与期货交易，因为这个阶段市场规模小，管理能力落后，交易主体缺乏经验，市场难以承载国外资本的参与。二是期货的国际化阶段。在这个阶段上，国内期货市场已经基本完善，市场运作已经成熟，国内金融机构和大多数企业能够熟练使用期货来进行套保和防范风险，经济体制改革取得显著进展，我国金融市场国际化进入更深程

度。在这种条件下，我国期货市场对外开放的条件已经成熟，可以且应该放开对金融机构和企业参与国际期货市场的限制，并且应当允许外国资本参与国内期货市场。为了能够实现我国期货市场的国际化，使我国期货市场与世界接轨，我们既要加快金融创新，创造新的适合市场的交易品种，培养优秀的金融人才，掌握过硬的金融工程技术，我们更要不断完善金融市场的监管体系。

积极发展我国的期货市场是一项充满许多挑战的创新，经过了这十多年的基础阶段，我国已经基本实现市场化，并且以后还会走向国际化。充分吸取借鉴国际经验，以开放包容的态度迎接世界，积极参与到国际化的潮流，努力完善我国基础制度建设，有了这些才能更好地参与到国际期货市场中，成为全球有影响力的一员。

四、适时发展外汇期货

我国 2005 年实行有管理的小幅浮动汇率制度，并且在 2010 年继续增强人民币汇率的弹性，人民币与外币掉期业务等也增强了人民币汇率的弹性。但考虑到国际上汇率期货市场的发展比较缓慢，因此我国在推出外汇期货的时候要考虑我国外汇现货市场的容量和风险承受能力。

外汇期货作为期货的一种，它具有期货的普遍功能，主要有四个功能：第一，可以有效规避汇率风险。对于进出口公司而言，如果汇率大幅波动将对其产生很大的汇率风险，通过在外汇期货市场购买相关外汇期货品种可以有效实现套期保值，提前锁定未来的收益，规避汇率波动的风险。第二，套利功能。外汇期货市场存在许多交易品种，各品种之间有着十分密切的联系，有些品种之间往往有着较为稳定的关系，当他们偏离这种关系的时候套利者往往可以实现无风险套利。第三，价格发现功能。外汇期货市场的参与者非常广泛,而且结构层次也多元化,反映了市场上对未来价格的预期,再加上市场公开竞价,形成了市场均衡价格。第四,投机功能。市场当中一部分参与者赌博未来预期,通过承担风险来获取利润。

第四节 "一带一路"国家和欧美国家实体经济 对期货需求的比较

中美贸易摩擦不断升级背景下,我国与"一带一路"国家的经济合作尤为重要,比较"一带一路"国家和欧美实体经济的需求具有现实意义。

一、"一带一路"国家参与期货市场的现状

从全球交易所分布来看,发达国家与"一带一路"沿线发展中国家分布并不均衡,其中发达国家占据主导地位,除了中国以外的"一带一路"沿线国家期货交易所规模仍较小。2024年国际期货业协会(FIA)数据显示,全球十大期货和期权交易所中,"一带一路"沿线国家的交易所有中国的上海期货交易所(上期所)、大连商品交易所(大商所)、郑州商品交易所(郑商所)以及巴西B3交易所。虽然"一带一路"沿线国家交易所占据重要位置,例如,上期所2024年成交量达24.01亿手(含上期能源),位列全球第十,其铜、铝等金属期货价格已成为亚太地区贸易定价的基准。大商所2024年成交量达22.68亿手,铁矿石、棕榈油等品种的全球定价影响力持续增强,境外客户覆盖30多个国家和地区。但是发达国家交易所仍主导全球市场,芝商所(CME)、欧洲期货交易所(Eurex)等老牌交易所的交易量规模仍数倍于"一带一路"沿线国家的交易量。

"一带一路"沿线国家依赖的初级商品期货在全球市场中的占比呈现结构性调整趋势。2024年全球期货合约交易量中,农产品、能源和金属期货的合计占比约为28％,较1998年的23.6％略有上升,但金融衍生品仍占据主导地位(约72％)。

具体来看,农产品期货中,中国大商所的豆粕期货2024年上半年成交量达1.9亿手,同比增长33.4％,位居全球第一。广期所的工业硅期货在全球金属期货中排名第5,碳酸锂期货排名第15。然而,传统农产品如可可、咖啡的期货交易仍由发达国家主导,2024年ICE可可期货价格因西非减产飙升近170％,但科特迪瓦、加纳等主产国的生产者参与度不足5％。

能源期货中,上海国际能源交易中心的原油期货2024年日均成交量达13.71万手,成为全球第三大原油期货市场,但"一带一路"沿线国家在天然气、煤炭等品种上的参与度仍较低。

金属期货中,中国在新能源金属领域表现突出,广期所的工业硅、碳酸锂期货2024年累计成交额分别达4.85万亿元和5.18万亿元,法人客户持仓占比超40％,但贵金属期货仍由伦敦、纽约市场主导。

"一带一路"沿线国家在国际期货市场的参与度呈现显著的区域分化。亚洲地区,中国通过QFII/RQFII机制开放75个期货品种,2024年末境外客户数较5年前增长近5倍,大豆、铁矿石等品种的境外持仓占比超过15％。印度NSE的股指期货交易量全球领先,但商品期货参与度仍较低。

在拉丁美洲,巴西B3交易所的利率期货交易量位居全球前列,但农产品期货(如大豆、咖啡)的国际定价权仍由芝加哥期货交易所(CBOT)主导。2024年拉丁美洲在原油期货的开放兴趣占比提升至3.2％,但主要参与者为跨国能源公司。

在非洲与中东,撒哈拉以南非洲在工业材料期货的参与度不足0.1％,

中东及北非在食品类期货的开放兴趣占比约 0.25％，仍处于市场边缘。不过，南非约翰内斯堡证券交易所(JSE)的黄金期货交易量有所增长，2024 年同比上升 12％。

二、"一带一路"沿线国家参与期货市场的潜力

期货市场作为重要的风险管理工具，能为"一带一路"沿线国家的经济发展和生产者福利带来多方面潜在贡献。首先，在价格风险管理领域，期货市场提供的套期保值功能可帮助"一带一路"沿线国家生产者锁定未来价格，降低现货市场价格波动风险。通过建立与现货市场相反的期货头寸，生产者能在价格下跌时通过期货市场盈利弥补现货损失，Bond 等(1985)指出，这种"预期对冲"机制可使生产者提前规划生产与收入，尤其适合依赖单一商品出口的国家。

其次，期货市场能为"一带一路"沿线国家带来定价机制的灵活性。与传统国际商品协议设定单一目标价格的僵化模式不同，期货市场提供多种期限的合约，允许交易者根据自身需求选择不同交割期的合约进行交易，从而获得更灵活的定价策略。这种灵活性使"一带一路"沿线国家的出口商能在不同市场环境下优化定价策略，例如在预期价格上涨时选择远期合约锁定更高售价，或在价格波动时通过短期合约调整风险敞口，提升贸易决策的自主性。

在库存管理与资源配置方面，期货市场的基差能有效引导私人存储行为。基差反映了存储成本和资金利息，当基差扩大时，存储现货的激励增加，促使市场参与者增加库存，反之则减少库存，从而实现更高效的库存管理。这一机制对依赖初级商品出口的"一带一路"沿线国家尤为重要，可减少因库存积压或短缺导致的价格剧烈波动，Netz(1995)的研究所示，高效的

库存管理能平滑现货市场价格,降低生产者面临的价格风险。

此外,期货市场还能通过"价格支持"机制为"一带一路"沿线国家的小生产者提供保护。当生产者通过合作社或代理机构参与期货市场时,可通过买入看跌期权等方式设定最低销售价格,即便市场价格下跌,仍能以约定价格出售商品,仅需支付少量期权费。墨西哥的棉花生产者和阿尔及利亚的石油出口商已通过此类方式降低价格风险,证明了期货市场在保护小生产者利益方面的实际价值,为"一带一路"沿线国家实现减贫目标提供了新工具。

三、"一带一路"沿线国家参与期货市场的阻碍

"一带一路"沿线国家在参与期货市场过程中面临多重结构性障碍,这些障碍既包括市场准入的显性成本,也涉及制度和认知层面的隐性壁垒。外汇风险与信用约束是制约"一带一路"国家交易者进入国际期货市场的首要障碍。由于国际期货交易主要以美元等硬通货结算,"一带一路"沿线国家的生产者和企业需持有足够外汇才能参与交易,但许多国家面临外汇储备不足的问题,且获取外汇的成本高昂。同时,国际期货经纪商对"一带一路"沿线国家交易者的信用评估更为严格,担心其违约风险,常要求更高的保证金或拒绝提供信用支持,进一步抬高了参与门槛。

基差风险与市场基础设施缺失加剧了"一带一路"沿线国家的交易难度。期货市场的套期保值效果依赖于现货与期货价格的高度相关性,但"一带一路"沿线国家的商品现货市场常因质量标准不统一、运输成本高、物流效率低等问题,导致基差波动较大。"一带一路"沿线国家普遍缺乏期货市场所需的配套基础设施,如实时价格信息系统、专业交易平台和风险管理人才,导致交易者难以有效分析市场动态和执行交易策略。

制度环境与市场信心的缺失构成了深层次的阻碍。许多"一带一路"沿线国家的金融监管体系不完善，对期货市场的监管规则和风险控制机制缺乏明确规定，增加了市场操作的不确定性。同时，由于历史上干预政策的失败（如国际商品协议的崩溃），"一带一路"沿线国家的政府和生产者对市场机制普遍缺乏信任，对期货市场的风险管理功能存在认知偏差，担心参与期货交易可能带来更大损失。此外，国际期货市场的运作规则和交易文化与"一带一路"沿线国家存在差异，语言障碍和信息不对称进一步削弱了"一带一路"沿线国家交易者的参与意愿。

建立国内期货市场的高成本与机会成本也限制了"一带一路"沿线国家的选择。尽管建立本土期货市场可规避外汇风险和基差问题，但需要大量资金投入用于交易系统建设、市场监管和人才培养，这对财政资源有限的"一带一路"沿线国家而言是沉重负担。同时，"一带一路"沿线国家在经济发展过程中面临诸多优先事项，如基础设施建设和教育投入，将资源用于期货市场建设可能产生较高的机会成本，导致政策制定者对发展本土期货市场持谨慎态度。

第五节　我国扩大开放新背景下期货市场功能发挥的机遇

"十四五"期间，中国期货业发展蕴含着巨大的发展潜力。党的十九届五中全会提出"加快构建以国内大循环为主体、国内国际双循环相互促进的新发展格局"重要战略思想，对国民经济和社会各项事业的发展起到了纲举目张的作用。

一、内需扩容推动期货市场规模增长

（一）国内消费升级催生新兴商品期货需求

随着我国经济的持续发展和居民收入水平的稳步提升，国内消费市场正经历着深刻的升级变革。消费升级不仅体现在消费者对商品品质、品牌的追求上，更体现在消费结构的优化和新兴消费领域的崛起上。这种消费端的变化，对商品期货市场产生了深远影响，催生出一系列新兴商品期货的需求。

以消费电子市场为例，5G 技术的普及和智能终端设备的快速更新换代，推动了对高性能、新型电子材料的需求，例如，用于制造芯片的高纯硅、用于生产柔性屏幕的聚酰亚胺等材料。2024 年全球智能手机出货量同比增长 6.2% 至 12.4 亿部，每部智能手机平均需消耗约 0.3—0.5 克高纯度硅用于芯片制造，仅智能手机领域年耗硅量即达 372—620 吨。在当前全球电子产业竞争激烈的背景下，相关企业面临着原材料价格波动的巨大风险。新型电子材料期货的推出，将为电子产业链上的企业提供有效的价格风险管理工具。芯片制造企业可以通过高纯硅期货锁定原材料成本，确保生产计划的顺利进行。同时，新型电子材料期货也将吸引更多的投资者关注电子产业的发展，为产业升级注入更多的资金支持。

在汽车消费领域，新能源汽车的发展势头迅猛。随着环保意识的增强和政策的大力扶持，新能源汽车的市场占有率不断提高。这一趋势带动了对动力电池原材料的巨大需求，如碳酸锂、钴、镍等。目前，碳酸锂期货已经在市场上发挥着重要作用，不少企业通过在期货市场建立空头头寸，对冲现货价格下跌风险。而钴、镍等期货品种也在不断完善和发展。以钴为例，钴作为动力电池的关键原材料之一，其价格波动对新能源汽车产业的影响巨大。钴期货的存在，使得钴矿开采企业、电池生产企业以及新能源汽车制造企业能够更好地应对价格风险。钴矿开采企业可以通过期货市场提前锁定销售价格，保障企业的收益；电池生产企业和新能源汽车制造企业则可以通过套期保值操作，稳定原材料采购成本，降低因钴价波动带来的经营风险。

（二）产业升级带动相关期货品种上市扩容

在经济发展的进程中，产业升级与期货市场的发展存在着紧密的互动关系。产业升级不仅推动了经济结构的优化，还对期货市场的品种创新和扩容产生了积极影响。近年来，我国产业结构调整加速，传统产业转型升级、新兴产业蓬勃发展，这一系列变化促使相关期货品种不断上市，期货市场服务实体经济的能力也因此持续提升。

在新能源汽车行业迅猛发展的背景下，作为重要生产原料的铸造铝合金需求大幅增加。据相关数据显示，我国铝产业链高速发展，新能源汽车的兴起拉动了铸造铝合金的需求。在此情形下，产业链企业面临着较大的价格波动风险，急需有效的风险管理工具。上海期货交易所于2025年6月10日挂牌交易铸造铝合金期货及期权合约，这成为我国期货市场首个再生金属品种。

化工领域受国际原油价格、全球经济形势、贸易格局以及产能变化等多种因素的综合影响，我国纯苯现货市场价格波动较大。为满足芳烃产业链企业的风险管理需求，大连商品交易所积极研发纯苯期货及期权，这一举措能够与已上市的苯乙烯期货及期权形成合力，为相关产业企业提供更为完备的风险管理工具和贸易定价基准，进而助力芳烃产业链供应链安全稳定发展。

从数据上看，我国期货市场品种扩容的趋势十分明显。截至2025年5月中旬，国内已上市期货及期权品种达146个，覆盖了农产品、金属、能源、化工、金融等多个领域。这些品种不仅涵盖了原材料，还包括中间产品以及产成品，覆盖的实体产业更加多样，能够更好地满足实体经济的贸易定价和风险管理需要。随着产业升级的持续推进，新的产业形态和商业模式不断涌现，这必然会促使更多与之相关的期货品种上市，进一步丰富期货市场的品种体系。

二、新发展格局下期货市场功能深化的机遇

在新发展格局下，我国经济正经历着深刻的变革与转型。期货市场作为现代金融体系的重要组成部分，其功能深化对于促进实体经济发展和优化资源配置具有至关重要的意义。随着我国经济结构的调整、对外开放的扩大，以及科技创新的加速，期货市场迎来了前所未有的发展机遇。深入探讨这些机遇，对于充分发挥期货市场的作用、推动经济高质量发展具有重要的现实意义。

（一）服务实体经济能力全面提升

在复杂市场环境下，企业面临原材料与产品价格剧烈波动风险，期货套期保值功能成为有效应对工具。2023 年上海期货交易所数据显示，铜期货价格波动达 30％。江西铜业借套期保值锁定价格，稳定约 10 亿元利润。

期货市场能够引导传统产业优化生产和经营模式，实现转型升级。以钢铁行业为例，随着螺纹钢、铁矿石等期货品种的上市，钢铁企业可以更好地把握市场价格趋势，调整生产计划和产品结构。近年来，许多钢铁企业通过参与期货市场，从过去单纯依赖产量扩张转向注重产品质量提升和差异化竞争。

对于新能源、新材料等新兴产业，期货市场为其提供了风险管理和价格发现的平台，有助于新兴产业企业降低经营风险，吸引投资，促进产业快速

发展。例如,随着碳酸锂、工业硅等期货品种的上市,新能源汽车产业链上的企业能够有效管理原材料价格风险。

(二)资源配置功能进一步强化

期货市场交易机制提升了资源配置效率。标准化合约与集中交易降低了交易成本和信息不对称。2024 年我国期货市场成交量较上一年增长20％,活跃交易让资源能迅速流向最需之处。同时,期货大数据应用拓展了市场信息深度与广度,投资者借助大数据分析更精准地决策,进一步优化资源配置。

风险管理功能助力企业稳定经营,保障资源高效利用。企业面临原材料、产品价格波动风险,期货套期保值可有效应对。据中国期货业协会数据,2023 年参与套期保值的产业客户数量同比增长 15％,涉及化工、农产品、金属等多个领域。

三、新发展格局下期货市场创新发展机遇

(一)绿色金融期货产品创新

近年来,我国绿色产业体系加速构建,成为拉动经济增长的新引擎。随着"双碳"目标的提出,新能源、节能环保、绿色农业等产业发展迅速。国际能源署数据显示,2020—2023 年,全球可再生能源装机容量年均增长率达12％。我国风力发电、光伏发电装机量持续增长,新能源汽车产销量连续多年位居全球第一。但这些产业在技术路径、资源获取、产能布局等方面存在诸多不确定性,价格波动频繁,企业面临较大的风险管理压力。以新能源汽车核心原材料碳酸锂为例,2022—2023 年价格波动幅度超过 200％,给相关企业的生产经营带来巨大挑战。

各期货交易所积极布局绿色期货产品。郑州商品交易所联合国家气象

信息中心发布气温指数,助力相关企业管理气候风险。上海期货交易所对铜、铝等品种交割标准进行绿色升级,鼓励企业采用绿色生产工艺,引导产业绿色发展。

(二) 外汇期货产品稳步推进

人民币正式加入特别提款权(SDR)货币篮子,这是人民币国际化的一个重要事件。"一带一路"倡议的实施,以及亚投行的创立,更加强化了我国人民币的国际地位。在这样的背景下,外汇衍生品需求与日俱增。

外汇期货作为一种期货,具有期货的普遍作用,即具有价格发现功能、规避风险功能和套期保值功能。我国推出外汇期货首先可以为我国的企业提供面临外汇波动的风险管理工具,这样能够消除由于外汇波动而产生的汇率风险,解决企业的后顾之忧,进而更好地服务于实体经济。而且外汇期货还可以加快国内外外汇市场波动的市场化,防止热钱非理性波动。

外汇期货能够有效规避汇率风险,所以当前对我国而言推出外汇期货非常有必要。外汇期货是世界上推出的第一个期货,从出现到今天有40多年,外汇期货在汇率风险管理上有着相当重要的作用,对我国贸易和境外投资有许多积极作用。当前我国贸易对经济的促进作用已经不可小觑,推出外汇期货已经恰逢其时不容迟疑。人民币国际化倒逼我国金融体制改革,外汇期货的推出将会推动我国金融市场健康发展,也是我国当前期货市场亟待推出的新品种。

(三) 制度改革优化市场参与环境

随着期货市场发展,现有制度暴露出一些问题。交易规则灵活性不足,部分品种交易手续费、保证金设置缺乏弹性,难以适应市场变化与投资者需求。市场准入门槛较高,对一些中小投资者和境外投资者参与形成限制。监管协调机制有待完善,跨市场、跨品种监管存在空白与重叠,影响市场整体效率与风险防控。

监管部门推进一系列制度改革。优化交易规则，根据市场流动性、波动性动态调整手续费、保证金比例。降低市场准入门槛，简化开户流程，放宽对中小投资者适当性管理要求。加强对外开放，允许更多境外投资者参与，如合格境外有限合伙人（QFLP）试点拓展至期货市场。完善监管协调机制，建立跨部门、跨市场监管协作平台，加强信息共享与联合执法，提高监管协同性。

制度改革为市场参与主体带来诸多积极影响。降低交易成本，提高投资者资金使用效率，激发市场活力。中小投资者参与度提高，丰富市场投资者结构，提升市场流动性。境外投资者的引入带来先进投资理念与风险管理经验，促进市场国际化与专业化发展。优化市场竞争环境，推动期货公司等中介机构提升服务质量与创新能力，为实体经济提供更优质金融服务。

参考文献

一、中文文献

邓小平:《邓小平文选(第三卷)》,人民出版社1993年版。

白丽健:《1937～1949年上海证券市场的历史考察》,《南开学报:哲学社会科学版》2000年第4期,第49—55页。

曹剑涛:《上海原油期货价格变动传导效应研究》,《价格理论与实践》2019年第6期,第107—111页。

常清:《中国期货市场发展的战略研究》,经济科学出版社2001年版。

常清:《我国期货市场发展亟需走出的几个理论误区》,《财政研究》2004年第5期,第42—44页。

常清:《建立定价中心与期货市场的国际化》,《价格理论与实践》2006年第1期,第58—59页。

常远:《中国期货市场的发展历程与背景分析》,《中国经济史研究》2007年第8期,第157—164页。

常远:《中国期货史》,天津古籍出版社2011年版。

陈海强,张传海:《股指期货交易会降低股市跳跃风险吗?》,《经济研究》2015年第1期,第153—167页。

陈晗,刘玄:《金融衍生品与货币政策》,《中国金融》2015年第1期,第57—59页。

陈洪涛,周德群、王群伟:《石油金融理论研究评述》,《经济学动态》2008年第7期,第99—105页。

陈正书:《近代上海华商证券交易所的起源和影响》,《上海社会科学院学术季刊》1985年第4期,第94—103页。

陈争平,左大培:《"民十信交风潮"的教训》,《经济导刊》1994年第3期,第67—

68 页。

陈支农：《中国期货市场的产生、改革与发展》，《北方经贸》1994 年第 9 期，第 39—40 页。

戴建兵，史红霞：《近代上海黄金市场研究（1921～1935 年）》，《黄金》2003 年第 3 期，第 11—14 页。

杜岩：《期货市场发端与初期探索》，《中国金融》2018 年第 17 期，第 26—27 页。

丁玉萍：《1921 年"信交风潮"与近代上海证券市场》，《钦州学院学报》2007 年第 2 期，第 108—111 页。

方匡南，蔡振忠：《我国股指期货价格发现功能研究》，《统计研究》2012 年第 5 期，第 73—78 页。

傅为群：《老上海金市——从金业公所到金业交易所》，《上海文博论丛》2004 年第 3 期，第 78—80 页。

符仲明：《郑州商品交易所：贡献"期货力量" 彰显责任担当》，《经济日报》2021 年 6 月 21 日。

高海红，余永定：《人民币国际化的含义与条件》，《国际经济评论》2010 年第 1 期，第 46—64 页。

高伟，李海军：《我国期货市场的发展历程与展望》，《金融理论与实践》2009 年第 3 期，第 25—30 页。

郭飞：《外汇风险对冲和公司价值：基于中国跨国公司的实证研究》，《经济研究》2012 年第 9 期，第 18—31 页。

郭远爱：《发展金融期货有助于实体经济发展》，《期货日报》2018 年 8 月 16 日。

韩洪泉：《江南制造总局的"强军梦"》，《文史天地》2017 年第 11 期。

韩京芳，潘传快，向修海：《金融衍生品的经济波动平滑机制研究》，《统计与决策》2018 年第 24 期，第 160—164 页。

何诚颖，张龙斌，陈薇：《基于高频数据的沪深 300 指数期货价格发现能力研究》，《数量经济技术经济研究》2011 年第 5 期，第 139—151 页。

何启志，张晶，范从来：《国内外石油价格波动性溢出效应研究》，《金融研究》2015 年第 8 期，第 79—94 页。

何志刚，陈佳愈，李晨红：《长期国债期货挤仓风险识别及防范研究——兼析国债期货流动性提升问题》，《价格理论与实践》2020 年第 7 期，第 125—128 页。

胡滨：《论上海机器织布局》，《山东师范大学学报：人文社会科学版》1986 年第 6 期，第 1—9 页。

胡光志,张美玲:《我国期货市场操纵立法之完善——基于英美的经验》,《法学》2016 年第 1 期,第 76—87 页。

胡俞越:《中国期货市场的发展回顾与展望》,《北京工商大学学报(社会科学版)》2020 年第 4 期,第 11—20 页。

胡俞越,赵建军,刘晓雪:《期货市场立法中应注重的问题》,《中国金融》2022 年第 2 期,第 3 页。

华仁海,刘庆富:《股指期货与股指现货市场间的价格发现能力探究》,《数量经济技术经济研究》2010 年第 10 期,第 90—100 页。

黄群慧:《论新时期中国实体经济的发展》,《中国工业经济》2017 年第 9 期,第 5—24 页。

贾孔会:《试论清末的经济立法》,《福建论坛·人文社会科学版》1999 年 6 月,第 44—49 页。

季铭:《解放前上海粮食同业公会与交易市场情况》,《中国粮食经济》1996 年第 4 期,第 44—46 页。

匡家在:《旧中国证券市场初探》,《中国经济史研究》1994 年第 4 期,第 27—40 页。

郦金梁,雷曜,李树憬:《市场深度、流动性和波动率——沪深 300 股票指数期货启动对现货市场的影响》,《金融研究》2012 年第 6 期,第 124—138 页。

李稻葵,刘霖林:《人民币国际化:计量研究及政策分析》,《金融研究》2008 年第 11 期,第 1—16 页。

李红权,洪永淼,汪寿阳:《我国 A 股市场与美股、港股的互动关系研究:基于信息溢出视角》,《经济研究》2011 年第 8 期,第 15—25 页。

李剑阁:《中国期货市场年鉴》,改革出版社 1995 年版。

李江,林小春:《我国股指期货与现货市场之间价格发现及波动性关系研究》,《中国市场》2010 年第 4 期,第 20—23 页。

李泉,王大琼:《中国期货行业百年发展:历史、现状与未来》,《甘肃理论学刊》2020 年第 2 期,第 122—128 页。

李璇:《上期所:奋进期货市场高质量发展征程 践行服务实体经济发展使命》,《中国有色金属报》2022 年 10 月 15 日。

李勇,韩雪:《关于推进国内衍生品市场规范发展的思考》,《中央财经大学学报》2015 年第 2 期,第 46—50 页。

李政,梁琪,涂晓枫:《我国上市金融机构关联性研究——基于网络分析法》,《金融研究》2016 年第 8 期,第 95—110 页。

李正强,刘岩:《中美衍生品市场发展路径》,《中国金融》2017 年第 23 期,第 79—81 页。

梁巨方,韩乾:《商品期货可以提供潜在组合多样化收益吗?》,《金融研究》2017 年第 8 期,第 129—144 页。

梁琪,李政,郝项超:《中国股票市场国际化研究:基于信息溢出的视角》,《经济研究》2015 年第 4 期,第 150—164 页。

林伯强,李江龙:《原油价格波动性及国内外传染效应》,《金融研究》2012 年第 11 期,第 1—15 页。

林榕杰:《战后天津的证券交易所(1945—1948)》,中国人民大学 2004 年。

林榕杰:《1945—1946 年的华北有价证券交易所》,《中国社会经济史研究》2012 年第 3 期,第 95—110 页。

林正,陈淼:《数字金融如何破解"三农金融悖论"——基于信息不对称视角》,《当代农村财经》2023 年第 9 期,第 60—64 页。

刘华军,陈明华,刘传明,孙亚男:《中国大宗商品价格溢出网络结构及动态交互影响》,《数量经济技术经济研究》2017 年第 1 期,第 113—129 页。

刘井建,徐一琪,李惠竹:《金融衍生品投资与企业现金流波动风险研究》,《管理学报》2021 年第 1 期,第 127—136 页。

刘利:《新中国证券业大事记(1949～2001 年)(上)》,《当代中国史研究》2003 年第 1 期,第 76—84 页。

刘庆富,华仁海:《中国股指期货与股票现货市场之间的风险传递效应研究》,《统计研究》2011 年第 11 期,第 84—90 页。

刘素敏:《挹彼注此:上海华商纱布交易所探析(1921—1937)》,《中国经济史研究》2018 年第 6 期,第 128—140 页。

刘晓农,王晓娣:《发达国家期货法律制度及其对中国期货立法的启示》,《江西社会科学》2010 年第 1 期,第 158—161 页。

刘玄,崔文迁:《新格局下金融期货市场发展》,《中国金融》2021 年第 2 期,第 25—26 页。

刘妍芳:《我国金融衍生品市场发展的若干思考》,《宏观经济管理》2011 年第 7 期,第 57—58 页。

罗能生,罗富政:《改革开放以来我国实体经济演变趋势及其影响因素研究》,《中国软科学》2012 年第 11 期,第 19—28 页。

罗友山：《国家金融垄断资本扩张的产物——评 1946—1949 年的上海证券交易所》，《上海经济研究》2002 年第 9 期，第 67—73 页。

马超群，佘升翔，陈彦玲，王振全：《中国上海燃料油期货市场信息溢出研究》，《管理科学学报》2009 年第 6 期。

马萍萍：《金融期货在我国企业中的应用研究》，《商场现代化》2018 年第 22 期，第 127—128 页。

马卫锋，刘春彦：《从国际金融中心的变迁看衍生品市场的重要性》，《中国金融》2008 年第 13 期，第 75—77 页。

马源平：《经济体制因素与期货市场成长的一般理论分析》，《当代经济科学》1999 年第 4 期，第 74—78 页。

欧阳新勇：《美国对期货市场的管理及其启示》，《南方经济》1995 年第 4 期，第 49—50 页。

潘成夫：《发展人民币外汇期货市场相关问题分析》，《金融与经济》2006 年第 8 期，第 16—18 页。

潘连贵：《喫喫茶，谈谈生意经——从近代上海金融市场看茶会文化》，上海市银行博物馆 2019 年，https://m.sohu.com/a/288458447_777955/。

裴世东，陈晨：《1937 年上海"纱交风潮"事件述评》，《温州大学学报：社会科学版》2018 年第 4 期，第 96—103 页。

彭红枫，谭小玉：《人民币国际化研究：程度测算与影响因素分析》，《经济研究》2017 年第 2 期，第 125—139 页。

钱小安：《对建立我国金融期货市场的可行性研究》，《经济问题探索》1995 年第 2 期，第 4—7 页。

钱小安：《金融期货的理论与实践》，商务印书馆 2003 年版。

钱叉伟：《刘鸿儒谈中国期货市场》，《中国对外贸易》1994 年第 4 期，第 3 页。

戎志平：《发展金融期货市场　助力现代金融体系建设》，《清华金融评论》2018 年第 5 期，第 24—25 页。

沙烨：《我国金融期货市场监管问题研究》，《金融教育研究》2007 年第 5 期，第 21—23 页。

申万宏源证券课题组，杨玉成：《证券公司场外衍生品业务杠杆效用及风险监测研究》，《证券市场导报》2022 年第 3 期，第 2—11 页。

沈开艳：《中国期货市场运行与发展》，学林出版社 2003 年版。

苏小勇：《金融期货与现货跨市场监管的法律问题》，《西南金融》2011 年第 9 期，第51—52 页。

苏玉峰:《中国农产品期货市场发展与问题研究》,《改革与战略》2016 年第 3 期,第 55—57 页。

孙建华:《民国时期主要的公债风潮及其成因述评》,《内蒙古民族大学学报:社会科学版》2011 年第 1 期,第 88—90 页。

孙秀玲:《基于现货市场条件分析下的中国农产品期货市场发育研究——以中国生猪期货市场发育为例》,《经济问题》2017 年第 6 期,第 60—63 页。

孙文馨,马卫锋:《套期保值对企业价值的影响——基于有色金属行业 A 股上市公司的研究》,《中国证券期货》2022 年第 1 期,第 50—58 页。

陶利斌,潘婉彬,黄筹哲:《沪深 300 股指期货价格发现能力的变化及其决定因素》,《金融研究》2014 年第 4 期,第 128—142 页。

田丰维:《浅析期货市场在现代金融体系中的地位和作用》,《科技信息(科学教研)》2008 年第 21 期,第 654 页。

田永秀:《试论中国近代的三次股市危机》,《西南民族学院学报:哲学社会科学版》2000 年第 10 期,第 136—141 页。

田源:《期货市场》,改革出版社 1989 年版。

佟孟华:《沪深 300 股指期货动态套期保值比率模型估计及比较——基于修正的 ECM—BGARCH(1，1)模型的实证研究》,《数量经济技术经济研究》2011 年第 4 期,第 138—150 页。

汪冬华,欧阳卫平,Hayk Mkrtchyan:《股指期货推出前后股市反应的国际比较研究》,《国际金融研究》2009 年第 4 期,第 11—16 页。

王爱兰:《解放前天津的证券交易所》,《现代财经:天津财经大学学报》2001 年第 3 期,第 61—65 页。

王恩良,魏翔:《交易所大全》,中国物资出版社 1993 年版。

王开国:《股指期货:市场深化过程中的金融创新》,《经济研究》2000 年第 7 期,第 32—38 页。

王绍华:《我市历史上几个证券交易所的经验和教训》,《华北金融》1992 年第 5 期,第 11—13 页。

王屯,于金酉:《金融危机背景下中国金融衍生品市场的发展》,《金融论坛》2010 年第 2 期,第 42—48 页。

王永钦,高鑫,袁志刚等:《金融发展,资产泡沫与实体经济:一个文献综述》,《金融研究》2016 年第 5 期,第 191—206 页。

魏巍贤,林伯强:《国内外石油价格波动性及其互动关系》,《经济研究》2007年第12期,第130—141页。

魏忠:《近代上海标金期货市场的实证分析——基于上海标金期货市场与伦敦白银市场之关系的视角》,《财经研究》2008年第10期,第39—49页。

吴榴红,张学东,王磊磊:《股指期货推出对股票市场波动性影响的实证研究——基于沪深300股指期货的实证分析》,《金融理论与实践》2012年第3期,第97—100页。

谢洋:《对目前我国金融期货市场监管制度分析》,《现代商业》2015年第23期,第2页。

邢全伟:《中国期货市场发展的历史阶段和向成熟状态的嬗变》,《中国经济史研究》2018年第2期,第146—159页。

熊亮华:《红色掌柜陈云》,湖北人民出版社2005年版。

徐兵:《中国近代规模最大的证券交易所——上海华商证券交易所》,《中国城市金融》2018年第8期,第74—75页。

徐鹤龙:《利率衍生品与商业银行利率风险管理研究》,对外经济贸易大学。

许涤新,吴承明:《中国资本主义发展史(第一卷):中国资本主义的萌芽》,人民出版社2003年版。

严敏,巴曙松,吴博:《我国股指期货市场的价格发现与波动溢出效应》,《系统工程》2009年第10期,第32—38页。

杨丽娟:《大商所拼搏实干建设国际一流衍生品交易所》,《辽宁日报》2022年6月20日。

杨平:《期货沙龙》,中国经济出版社1994年版。

杨天亮:《民国时期的国货团体与国货运动》,《历史教学问题》1991年第6期,第52—54页。

杨阳,万迪昉:《股指期货真的能稳定市场吗?》,《金融研究》2010年第12期,第146—158页。

杨毅:《期货市场迎来规范发展新起点》,《金融时报》2022年4月26日。

杨荫溥:《上海金融组织概要》,商务印书馆1930年版。

杨荫溥:《中国交易所论》,商务印书馆1932年版。

杨子晖,周颖刚:《全球系统性金融风险溢出与外部冲击》,《中国社会科学》2018年第12期,第26—49页。

姚兴涛:《论中国股指期货市场发展的主体》,《金融研究》2000年第5期,第85—

89 页。

叶林,钟维:《核心规制与延伸监管:我国〈期货法〉调整范围之界定》,《法学杂志》2015 年第 5 期,第 47—54 页。

叶全良:《期货论——中美期货市场比较研究》,湖北人民出版社 2003 年版。

叶万春:《中国期货市场》,企业管理出版社 1994 年版。

张春廷:《中国证券市场发展简史(民国时期)》,《证券市场导报》2001 年第 5 期,第 45—52 页。

张大永,姬强:《中国原油期货动态风险溢出研究》,《中国管理科学》2018 年第 11 期,第 42—49 页。

张国胜,刘晨,武晓婷:《我国商品期货市场套期保值效率评价与提升对策》,《中国流通经济》2021 年第 5 期,第 42—51 页。

张林,冉光和,陈丘:《区域金融实力、FDI 溢出与实体经济增长——基于面板门槛模型的研究》,《经济科学》2014 年第 6 期,第 76—89 页。

张明,李曦晨:《人民币国际化的策略转变:从旧"三位一体"到新"三位一体"》,《国际经济评论》2019 年第 5 期,第 80—98 页。

张庆修:《发展我国期货市场的金融对策》,《金融研究》1993 年第 5 期,第 33—36 页。

张晓阳:《抗战时期的上海股市研究》,《档案春秋》1999 年第 1 期,第 44—48 页。

张小勇,任德平:《基于高频数据沪深 300 股指期货量价关系研究》,《湖南大学学报(社会科学版)》2013 年第 2 期,第 48—54 页。

张宗新,张秀秀:《引入国债期货合约能否发挥现货市场稳定效应?——基于中国金融周期的研究视角》,《金融研究》2019 年第 6 期,第 58—75 页。

赵千懿:《标金的浮沉往事》,《中国钱币》2019 年第 1 期,第 55—58 页。

赵旭:《金融衍生品使用与企业价值、风险:来自中国有色金属类上市公司的经验证据》,《经济管理》2011 年第 1 期,第 121—130 页。

郑凌云,常鑫鑫,周强龙,郑丽婷:《货币政策和宏观审慎政策双支柱调控框架中金融期货市场的作用研究》,《中国证券期货》2018 年第 5 期,第 4—11 页。

《中国期货》杂志社:《世界期货交易所全书》,中国税务出版社 1997 年版。

周鸿卫,陈莉:《利率衍生工具对银行净利息收益率决定的影响研究》,《国际金融研究》2016 年第 1 期,第 60—68 页。

周晓:《近代证券交易所法进步性与局限性探析》,《商业时代》2014 年第 9 期,第 111—112 页。

周育民:《一二八事变与上海金融市场》,《档案春秋》1999 年第 1 期,第 39—43 页。

邹琪:《中国外汇期货推出的路径选择》,《国际经济评论》2006 年第 3 期,第 19—21 页。

朱彤芳:《旧中国交易所介绍》,《商业经济研究》1984 年第 6 期,第 72—78 页。

朱荫贵:《"孤岛"时期的上海众业公所》,《民国档案》2004 年第 1 期,第 86—94 页。

左正:《论广州港口与对外贸易的历史发展》,《暨南学报:哲学社会科学版》2002 年第 5 期,第 39—46 页。

二、英文文献

Ahmed, A. S., Beatty, A., & Takeda, C. 1997, "Evidence on interest rate risk management and derivatives usage by commercial banks", Available at SSRN 33922.

Ahmed, H., Fairchild, R., & Guney, Y. 2020, "Is corporate hedging always beneficial? A theoretical and empirical analysis", *The European Journal of Finance*, 26(17), pp.1746—1780.

Al-Sahlawi, M. A. 2010, "OIL price and the US dollar: A survey of the empirical relationship estimates and alternative oil-pricing currencies", *The Journal of Energy and Development*, 36(1/2), pp.45—62.

Allayannis, G., & Weston, J. P. 2001, "The Use of Foreign Currency Derivatives and Firm Market Value", *Review of Financial Studies*, 14(1), pp.243—276.

Antônio, R. M., Lima, F. G., dos Santos, R. B., & Rathke, A. A. T. 2019, "Use of Derivatives and Analysts' Forecasts: New Evidence from Non-financial Brazilian Companies", *Australian Accounting Review*, 29(1), pp.220—234.

Barrera, L. C. A. 2017, "Multiple Strategies of Financial Regulation Adopted in the Colombian Securities Market: The Case of Over-the-Counter Derivatives", *Law and Policy in Latin America: Transforming Courts, Institutions, and Rights*, pp.167—183.

Bessembinder, H., & Chan, K. 1992, "A Further Analysis of the Lead-Lag Relationship Between the Cash Market and Stock Index Futures Market", *The Review of Financial Studies*, 5(1), pp.123—152.

Bodie, Z., & Rosansky, V. I. 1980, "Risk and return in commodity futures", *Financial Analysts Journal*, 36(3), pp.27—39.

Bond, G. E., & Thompson, S. R. 1985, "Risk Aversion and the Recommended Hedging Ratio", *American Journal of Agricultural Economics*, 67(4), pp.870—872.

Booth, G. G., So, R. W., & Tse, Y. 1999, "Price discovery in the German equity index derivatives markets", *Journal of Futures Markets: Futures, Options, and Other Derivative Products*, 19(6), pp.619—643.

Bossomaier, T., Barnett, L., Harre, M., & Lizier, J. 2016, *An Introduction to Transfer Entropy*, Springer.

Breitenfellner, A., & Cuaresma, J. C. 2008, "Crude oil prices and the USD/EUR exchange rate", *Monetary Policy & the Economy*, 4, pp.102—121.

Brennan, M. 1958, "The Supply of Storage", *The American Economic Review*, 48, pp.50—72.

Carr, P., & Chen, R. R. 1988, *Valuing Bond Futures and the Quality Option*, Cornell University, Johnson Graduate School of Management, 88(22).

Chitu, L., Eichengreen, B., & Mehl, A. 2014, "When Did the Dollar Overtake Sterling as the Leading International Currency? Evidence from the Bond Markets", *Journal of Development Economics*, 111, pp.225—245.

Cornell, B., & French, K. R. 1983, "The pricing of stock index futures", *The Journal of Futures Markets*, 3(1), p.1.

Crain, S. J., & Lee, J. H. 1995, "Intraday volatility in interest rate and foreign exchange spot and futures markets", *The Journal of Futures Markets*, 15(4), pp.395—421.

Diamond, D. W. 1984, "Financial intermediation and delegated monitoring", *The review of economic studies*, 51(3), pp.393—414.

Diebold, F. X., & Yilmaz, K. 2014, "On the Network Topology of Variance Decompositions: Measuring the Connectedness of Financial Firms", *Journal of Econometrics*, 182(1), pp.119—134.

Donohoe, M. P. 2015, "Financial derivatives in corporate tax avoidance: A conceptual perspective", *The Journal of the American Taxation Association*, 37(1), pp.37—68.

Edwards, F. R. 1988, "Futures Trading and Cash Market Volatility: Stock Index and Interest Rate Futures", *Journal of futures markets*, 8(4), pp.421—439.

Firouzi, A., & Vahdatmanesh, M. 2019, "Applicability of financial derivatives for hedging material price risk in highway construction", *Journal of Construction Engineering and Management*, 145(5), 04019023.

Fisher, I. 1896, "Appreciation and Interest: A Study of the Influence of Monetary Appreciation and Depreciation on the Rate of Interest with Applications to the Bimetallic Controversy and the Theory of Interest", *Publications of the American economic association*, 11(4), pp.331—442.

Garbade, K. D., & Silber, W. L. 1983, "Price movements and price discovery in futures and cash markets", *The Review of Economics and Statistics*, 65(2), pp.289—297.

Geczy, C. C., Minton, B. A., & Schrand, C. M. 1997, "Why Firms Use Currency Derivatives", *The Journal of Finance*, 52(4), pp.1323—1354.

Geyer-Klingeberg, J., Hang, M., & Rathgeber, A. 2021, "Corporate financial hedging and firm value: A meta-analysis", *The European Journal of Finance*, 27(6), pp.461—485.

Gospodarchuk, G., & Zeleneva, E. 2022, "Assessment of financial development of countries based on the matrix of financial assets", *Economies*, 10(5), 122.

Gould, F. J. 1988, "Stock index futures: the arbitrage cycle and portfolio insurance", *Financial Analysts Journal*, 44(1), pp.48—62.

Graham, J. R., & Rogers, D. A. 2002, "Do firms hedge in response to tax incentives?" *The Journal of Finance*, 57(2), pp.815—839.

Hicks, J. R. 1939, *Value and Capital: An Inquiry into Some Fundamental Principles of Economic Theory*, Oxford: Clarendon Press.

Hong, Y. 2001, "A Test for Volatility Spillover with Application to Exchange Rates", *Journal of Econometrics*, 103(1—2), pp.183—224.

Kaur, M., & Gupta, K. 2018, "Testing the hedging effectiveness of index and individual stock futures contracts: Evidence from India", *International Journal of Banking, Risk and Insurance*, 6(2), pp.54—66.

Kavussanos, M. G., Visvikis, I. D., & Alexakis, P. D. 2008, "The lead-lag relationship between cash and stock index futures in a new market", *European Fi-

nancial Management，14（5），pp.1007—1025.

Keynes, J. M. 1930, *A Treatise on Money*, Harcourt, Brace and Company.

Keynes, J. M. 1936, *The General Theory of Employment, Interest and Money*, Macmillan Press, Ltd., London.

Klemkosky, R. C., & Lee, J. H. 1991, "The intraday ex post and ex ante profitability of index arbitrage", *The Journal of Futures Markets*, 11（3），pp.291—311.

Kolb, R. W. 1992, "Is normal backwardation normal?" *The Journal of Futures Markets*, 12（1），pp.75—91.

Krugman, P. R. 1980, "Oil and the Dollar", *NBER Working Paper*, National Bureau of Economic Research.

Krugman, P. R. 1984, "The International Role of the Dollar: Theory and Prospect", *Exchange Rate Theory and Practice*, University of Chicago Press.

Kyle, A. S. 1985, "Continuous auctions and insider trading", *Econometrica: Journal of the Econometric Society*, 53（6），pp.1315—1335.

Li, S., & Marinč, M. 2014, "The use of financial derivatives and risks of US bank holding companies", *International Review of Financial Analysis*, 35, pp.46—71.

Mayordomo, S., Rodriguez-Moreno, M., & Peña, J. I. 2014, "Derivatives holdings and systemic risk in the US banking sector", *Journal of Banking & Finance*, 45, pp.84—104.

McKenzie, M. D., Brailsford, T. J., & Faff, R. W. 2001, "New insights into the impact of the introduction of futures trading on stock price volatility", *Journal of Futures Markets: Futures, Options, and Other Derivative Products*, 21（3），pp.237—255.

Netz, J. S. 1995, "The Effect of Futures Markets and Corners on Storage and Spot Price Variability", *American Journal of Agricultural Economics*, 77（1），pp.182—193.

Pericli, A., & Koutmos, G. 1997, "Index futures and options and stock market volatility", *The Journal of Futures Markets*, 17（8），pp.957—974.

Ripple, R., & Broadstock, D. 2019, "China's Crude Oil Futures Contract: It's Characteristics, Trading History, and Potential for Success", *Energy Transitions in the 21st Century, 37th USAEE/IAEE North American Conference*, International

Association for Energy Economics.

Robinson, G. 1993, *The Effect of Futures Trading on Cash Market Volatility: Evidence from the London Stock Exchange*, Bank of England.

Sequeira, J. M., Chiat, P. C., & McAleer, M. 2004, "Volatility models of currency futures in developed and emerging markets", *Mathematics and Computers in Simulation*, 64(1), pp.79—93.

Şendeniz-Yüncü İ., Akdeniz L., & Aydoğan K. 2018, "Do stock index futures affect economic growth? Evidence from 32 countries", *Emerging Markets Finance and Trade*, 54(2), pp.410—429.

Siklos, P. L., Stefan, M., & Wellenreuther, C. 2020, "Metal Prices Made in China? A Network Analysis of Industrial Metal Futures", *Journal of Futures Markets*, 40(9), pp.1354—1374.

Silber, W. L. 1985, *The Economic Role of Financial Futures*, The American Enterprise Institute for Public Policy Research, Washington.

Sims, C. A. 1980, "Macroeconomics and reality", *Econometrica: journal of the Econometric Society*, 48(1), pp.1—48.

Smales, L. A. 2013, "Impact of macroeconomic announcements on interest rate futures: high-frequency evidence from Australia", *Journal of Financial Research*, 36(3), pp.371—388.

Smithson, C. W. 1998, *Managing Financial Risk: A Guide to Derivative Products, Financial Engineering, and Value Maximization*, McGraw-Hill.

Stoll, H. R. 1988, "Index futures, program trading, and stock market procedures", *The Journal of Futures Markets*, 8(4), pp.391—412.

Stulz, R. M. 1996, "Rethinking Risk Management", *Journal of Applied Corporate Finance*, 9(3), pp.8—25.

Tang, H., Xiao, C., Ju, S., Xiao, H., Zhou, J., & Liu, J. 2022, "Avoidance path of foreign exchange risk management for overseas construction enterprises in China", *Mathematical Problems in Engineering*, 2022(1), 3178831.

Tobin, J. 1965, "Money and Economic Growth", *Econometrica*, 33 (4), pp.671—684.

Tse, Y. 1999, "Price discovery and volatility spillovers in the DJIA index and futures markets", *Journal of Futures markets*, 19(8), pp.911—930.

Vengesai, E., & Chikwara, C. 2020, "Derivatives usage and firm value: Evidence from south african listed firms", *African Journal of Business and Economic Research*, 15(2), pp.199—218.

Vo, D. H., Huynh, S. V., Vo, A. T., & Ha, D. T. T. 2019, "The importance of the financial derivatives markets to economic development in the world's four major economies", *Journal of Risk and Financial Management*, 12(1), p.35.

Working H. 1949, "The theory of price of storage", *The American Economic Review*, 39(6), pp.1254—1262.

Xiao, B., Yu, H., Fang, L., & Ding, S. 2020, "Estimating the Connectedness of Commodity Futures Using a Network Approach", *Journal of Futures Markets* 40(4), pp.598—616.

Yang, J., Yang, Z., & Zhou, Y. 2012, "Intraday price discovery and volatility transmission in stock index and stock index futures markets: Evidence from China", *Journal of Futures Markets*, 32(2), pp.99—121.

Yarovaya, L., Brzeszczyński, J., Lau, C. K. M. 2016, "Volatility spillovers across stock index futures in Asian markets: Evidence from range volatility estimators", *Finance Research Letters*, 17, pp.158—166.

Young, M., Hogan, W., & Batten, J. 2004, "The effectiveness of interest-rate futures contracts for hedging Japanese bonds of different credit quality and duration", *International Review of Financial Analysis*, 13(1), pp.13—25.

Zhong, M., Darrat, A. F., & Otero, R. 2004, "Price discovery and volatility spillovers in index futures markets: Some evidence from Mexico", *Journal of Banking & Finance*, 28(12), pp.3037—3054.

图书在版编目(CIP)数据

中国期货市场百年发展史：历程、作用与展望 / 施楠著. -- 上海：上海人民出版社，2025. --（上海社会科学院重要学术成果丛书）. -- ISBN 978-7-208-19738-1

Ⅰ. F832.5

中国国家版本馆 CIP 数据核字第 2025CU6918 号

责任编辑　王　琪
封面设计　路　静

上海社会科学院重要学术成果丛书·专著

中国期货市场百年发展史：历程、作用与展望
施　楠　著

出　　版　上海人民出版社
　　　　　（201101　上海市闵行区号景路 159 弄 C 座）
发　　行　上海人民出版社发行中心
印　　刷　上海商务联西印刷有限公司
开　　本　720×1000　1/16
印　　张　19
插　　页　2
字　　数　228,000
版　　次　2025 年 8 月第 1 版
印　　次　2025 年 8 月第 1 次印刷
ISBN 978 - 7 - 208 - 19738 - 1/F · 2928
定　　价　88.00 元